昆仑信托
KUNLUN TRUST CO.,LTD.

2009-2019

信任十年 感恩有你

昆仑信托“十”心“十”意
恭祝社会各界朋友十全十美

地址：北京市西城区金融大街一号金亚光大厦B座
邮编：100033
地址：浙江省宁波市鄞州区民安东路268号宁波国际金融服务中心北区E座28-31层
邮编：315042
理财咨询电话：北京010-63597777/63597666
宁波0574-87031714/87031730

昆仑信托金融理财中心两大微信公众服务平台

昆仑信托金融理财中心
公众号

昆仑信托金融理财中心
服务号

信约天下 专善所托

DEDICATED TO THE TRUSTS OF ALL

私募投行
Private investment bank

资产管理
Asset management

财富管理
Wealth management

中航信托股份有限公司是由国有特大型企业中国航空工业集团有限公司及境外战略投资者（新加坡）华侨银行有限公司等单位共同发起组建，是国内集央企控股、上市背景、中外合资及军工概念于一身的信托公司，公司净资产近百亿元。

中航信托以广泛认可的创新精神和金融实力，先后获得“中国优秀信托公司”、“中国优秀风控信托公司”等荣誉称号。截至2017年末，公司管理信托资产规模6489亿元，累计向投资人分配信托收益1184亿元，主要经营指标进入行业前十。

财富热线：400-8855-258　　公司官网：www.avictc.com

中航财富

中航资管

中诚信托有限责任公司
China Credit Trust Co.,Ltd

以人為本
至誠至信

中诚信托有限责任公司

中诚信托有限责任公司成立于1995年11月，注册资本金为24.57亿元。成立至今，公司连续21年实现盈利。截至2015年底，公司总资产182.94亿元，净资产141.18亿元，信托资产管理规模超2000亿元。信托业高速发展的近十年，公司累计返还客户本金7690.16亿元、信托收益996.55亿元，所有已结束信托项目均实现100%安全兑付。2016年，中诚信托获评中国信托业协会关于信托公司行业评级A级。

近年，中诚信托先后荣获业内颇具影响力的上海证券报第九届“诚信托”卓越信托公司奖、2015年度中国金融机构金牌榜——年度最具影响力信托公司奖、证券时报社第九届中国优秀信托公司奖、2016年度中国金融机构金牌榜——年度最具影响力信托公司奖等。

中诚信托依托人保集团等强大的股东背景，始终坚持稳健、审慎的经营理念，资管能力和风控水平并重，打造成一流的财富管理机构。公司通过参、控股国都证券、嘉实基金、中诚国际、中诚资本、中诚宝捷思货币经纪、前海中诚等金融机构，搭建全方位的金融服务平台。公司以客户需求为核心，不断创新投融资模式；紧跟行业热点，服务实体经济，资本实力和人均创利稳居行业前列。公司在资产证券化、国际业务、公益信托等创新领域均走在行业前沿。

中诚信托成立21年来，坚持稳健审慎的理念，提高投资管理能力和风险管理水平，创新信托业务和产品模式，构建多元化的资产管理产品体系；提升财富管理服务水平，为个人高净值客户和机构投资者提供个性化、专业化的综合金融服务和解决方案；继续保持行业领先优势，最大程度地实现受益人回报、股东回报和员工回报的多赢发展的格局。中诚信托始终秉承“以人为本、至诚至信”的企业精神，为投资者提供稳健的信托理财服务，为股东和社会创造了良好价值。

财富热线:400 650 0717　http://www.cctic.com.cn/

图书在版编目(CIP)数据

中国信托业发展报告.2019 / 中国人民大学信托与基金研究所著.
—北京:中国经济出版社,2019.3
ISBN 978-7-5136-5561-3

Ⅰ.①中… Ⅱ.①中… Ⅲ.①信托业—研究报告—中国—2019 Ⅳ.①F832.49

中国版本图书馆CIP数据核字(2019)第037633号

责任编辑 严 莉
责任印制 巢新强
封面设计 任燕飞

出版发行 中国经济出版社
印 刷 者 北京柏力行彩印有限公司
经 销 者 各地新华书店
开 本 787mm×1092mm 1/16
印 张 18 **彩页印张** 0.5
字 数 303千字
版 次 2019年3月第1版
印 次 2019年3月第1次
定 价 150.00元
广告经营许可证 京西工商广字第8179号

中国经济出版社 **网址** www.economyph.com **社址** 北京市西城区百万庄北街3号 **邮编** 100037

本版图书如存在印装质量问题,请与本社发行中心联系调换(联系电话:010-68330607)

版权所有 盗版必究(举报电话:010-68355416 010-68319282)

国家版权局反盗版举报中心(举报电话:12390) 服务热线:010-88386794

高 级 顾 问　黄　达　江　平　高传捷

学术委员会主任　陈雨露　庄毓敏

专家委员会主任　夏　斌　瞿　强

专家委员会成员　肖　华　姚江涛　牛成立　傅　强　庞红梅

编委会主任委员　周小明　邢　成

编委会副主任委员　赵廉慧　矫德峰　陈镜宇　袁吉伟　秦红军　曹丽思

编 委 会 委 员　和晋予　徐绍颖　段晶晶　闫丽如　邢知远
徐　倩　郭　浩　辛　清　孙　竟　宫淑梅
赵　颖　高　丽　张雅兰　王　静

主　　编　周小明　邢　成

专家委员会主任：

夏　斌

国务院参事、当代经济学基金会理事长

专家委员会成员：

肖　华	昆仑信托有限责任公司	董事长
姚江涛	中航信托股份有限公司	董事长
牛成立	中诚信托有限责任公司	董事长
傅　强	国投信托有限责任公司	总经理
庞红梅	华融国际信托有限责任公司	总经理

肖 华

昆仑信托有限责任公司　董事长

姚江涛

中航信托股份有限公司　董事长

牛成立

中诚信托有限责任公司　董事长

傅　强

国投信托有限责任公司　总经理

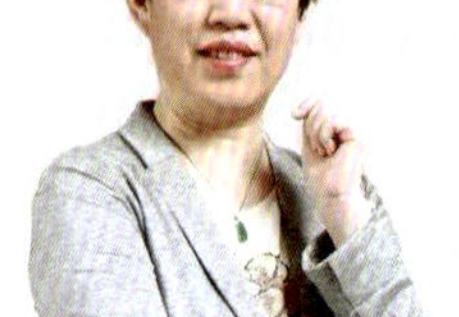

庞红梅

华融国际信托有限责任公司　总经理

前　言

中国人民大学信托与基金研究所是依托中国人民大学成立，我国迄今唯一一家信托基金专业研究机构，长期专注和致力于国内外信托业的理论与实践的研究，深度参与和见证了中国信托业的发展与信托制度建设历程。

迄今中国人民大学信托与基金研究所已于2004—2019年连续十六年出版《中国信托业发展报告》。以其翔实的数据和权威的观点，成为信托业监管、业者经营投资以及信托研究最重要的决策参考资料，受到普遍与热烈的欢迎。在充分总结前几部《中国信托业发展报告》编著与出版经验的基础上，中国人民大学信托与基金研究所继续推出了这部《中国信托业发展报告(2019)》。本报告沿袭了中国人民大学信托与基金研究所一贯秉承的以事实案例和数据统计为根据的研究理念，高度贴近市场与实践，以专业的高度、公正的观点，全面分析了2018年信托业发展的现状，总结存在的问题，提出操作性的方案，并对2019年中国信托业的发展前景和趋势做出预测。报告的研究范围涵盖2018年信托业发展的热点和难点问题，牢牢把握住党的“十九大”提出的防范化解重大金融风险重大战略决策，围绕“回归信托本源定位与服务实体经济”这一主线，从行业分析、信托公司、信托产品、信托市场、法规与政策、焦点问题几个方面，对2018年和2019年的中国信托业进行了全景式的回顾、总结、解析与展望，提出了一系列既具理论高度又有操作价值的思路、观点和理念。是一部十分难得、极具学术价值和实用价值的行业性发展报告。

本报告的主要编写人员为：周小明、邢成、赵廉慧、袁吉伟、矫德峰、陈镜宇、秦红军、徐绍颖等。其中周小明、邢成负责创意和总纂；邢成独立及与陈镜宇、秦红军、袁吉伟等共同撰写完成第一、四、六章；曹丽思、陈镜宇共同撰写第二章；袁吉伟撰写第三章；赵廉慧撰写第五章。

本报告在编写过程中，有关数据得到中国银行保险监督管理委员会信托监管部和中国信托业协会的大力支持；报告中部分资料参考、引用了有关专家、机构和网站的数据和观点；本报告的出版过程中，还得到了昆仑信托有限责任公司、中航信托有限责任公司以及中国经济出版社毛增余社长、严莉编辑的大力支持，在此一并表示衷心的感谢。

中国人民大学信托与基金研究所

2019年3月

目 录

图目录

表目录

第一章

2018 年中国信托业回顾与展望

第一节 2018 年宏观经济形势分析与 2019 年展望

一、发达经济体外部需求放缓，全球经济复苏乏力

（一）全球经济增长率

2018 年西方发达国家政治、经济局势跌宕起伏，英国脱欧谈判进入尾声、意大利财政预算难破僵局、美联储持续加息、欧洲央行结束购债计划给全球经济复苏带来较大变局；另外，美国贸易保护主义和单边主义政策的抬头也给世界经济的复苏带来较强的负外部性。

国际货币基金组织（IMF）于 2018 年 4 月发布《世界经济展望报告》，修正 2017 年全球经济增速为 3.8%，并预测 2018 年全球经济增速为 3.9%。10 月份，IMF 大幅下调了德国、英国、意大利、巴西等部分国家的预期经济增速，对 2018 年经济增速预测进行再次修正，将 2018 年预期全球经济增速降至 3.7%，同时预期 2019 年全球经济增速将维持这一水平。

发达经济体的经济增长依然存在不确定性，IMF 预计 2018 年发达国家经济增速较 2017 年略有回调；另外，受全球流动性紧缩的影响，新兴经济体经济增速也将在 2018 年出现下滑，但不同国家经济增长表现各异，亚洲地区经济增长动力可持续性较强，而中东、北非、拉美等地区新兴市场国家经济增长动力略有不足。在对 2018 年世界经济增速的预期中，IMF 全面下调了除亚洲地区以外的主要经济体经济增速，其中对中东及北非地区经济增速预期出现大幅下调。如表 1－1所示。

表1－1　全球经济增长率 （%）

地区	2017年	2018年10月预期	2018年4月预期
世界范围	3.8	3.7	3.9
发达经济体	2.5	2.4	2.5
新兴经济体	4.9	4.7	4.9
亚洲地区	6.5	6.5	6.5
中东及北非	2.2	2.0	3.2
拉美—加勒比地区	1.3	1.2	2.0

资料来源：国际货币基金组织（IMF）《世界经济展望报告》。

（二）全球商品贸易情况

表1－2报告了自2014年以来世界范围商品贸易的增长情况，2018年全球商品贸易量年增长率为4.2%，较2017年下降1个百分点。其中，新兴经济体出口增速为4.7%，进口增速为6.0%，分别高于发达经济体1.3个百分点和2.3个百分点。2018年发达经济体净出口增速基本持平，而新兴经济体进口需求逐步释放，进口增速明显快于出口，新兴市场为带动外部需求提供了主要动力。

从贸易条件视角来看，2018年发达经济体贸易条件持续恶化；而新兴经济体贸易条件自2017年首次改善以来再次提高，贸易条件的上升表明新兴经济体在参与全球价值链过程中逐步提技术附加值。

表1－2　商品贸易增长情况 （%）

指标	2014年	2015年	2016年	2017年	2018年
贸易量	3.8	2.8	2.2	5.2	4.2
出口：发达经济体	3.9	3.8	1.8	4.4	3.4
出口：新兴经济体	3.2	1.6	3.0	6.9	4.7
进口：发达经济体	3.9	4.8	2.4	4.2	3.7
进口：新兴经济体	4.2	−0.9	1.8	7.0	6.0
贸易条件：发达经济体	0.3	1.9	1.0	−0.2	−0.1
贸易条件：新兴经济体	−0.6	−4.3	−1.4	0.6	1.6

资料来源：国际货币基金组织（IMF）《世界经济展望报告》。

二、我国经济增速放缓，产业结构持续优化

2018 年前三季度，我国以不变价格测算的国内生产总值为 603619.5 亿元，同比增长 6.7%。其中，第一产业和第二产业增加值占比分别为 7.05% 和 40.07%，较上年同期分别降低 0.23 和 0.28 个百分点；第三产业增加值占比 52.88%，较上年同期提高 0.5 个百分点。虽然以不变价格测算的国内生产总值增长率出现小幅回落，但在全球经济放缓、外部需求降低的大背景下，依然维持了较快的经济增长，第三产业增加值增长率在 2018 年逐步上升，展现较强的后发增长势头。

2018 年三产业产值同比增速变动趋势差异明显：其中，第一产业产值同比增速前两季度较为稳定，但在第三季度增速提高 0.4 个百分点；第二产业产值前三季度同比增速逐步下降；第三产业产值同比增速呈现较强的可持续性，从第一季度的 7.5% 升至第三季度的 7.9%。如表 1－3 所示。

表 1－3 2018 年三产业产值同比增速季度数据 (%)

产业	2017Q4	2018Q1	2018Q2	2018Q3
第一产业	4.4	3.2	3.2	3.6
第二产业	5.7	6.3	6.0	5.3
第三产业	8.3	7.5	7.8	7.9

资料来源：国家统计局。

三、消费增速下滑，投资增速趋稳

2018 年 1—11 月，社会消费品零售总额为 345093.4 亿元，较 2017 年同期增长 4.09%。其中 11 月份，当月社会消费品零售总额为 35259.7 亿元，虽然同比增长 3.38%，但比上月减少 274.7 亿元。分季度来看，2018 年前三个季度，社会消费品零售总额在波动中缓慢上升，第二季度和第三季度环比增速分别为 －0.59%、5.06%；各季度同比增速维持在 3% 至 6% 区间波动，与 2017 年相比，社会消费品零售总额各季度同比增速降幅明显。

另外，2018 年 1—11 月，全国固定资产投资完成额为 608985.4 亿元，较 2017 年同期增长 5.9%。其中 11 月份，当月固定资产投资完成额为 61651.8 亿元，较上月环比减少 2445.8 亿元。分季度来看，2018 年前三个季度，全国固定资产投资完成额先增后降，但总体呈现上升趋势。

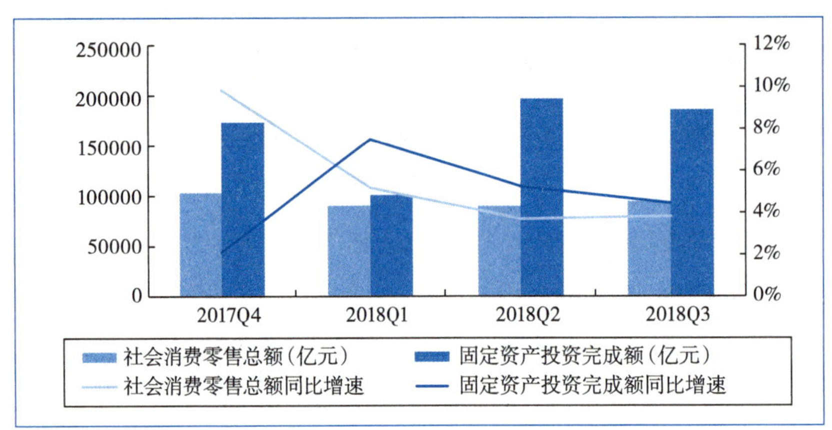

图 1－1　2018 年社会消费零售总额及固定资产投资情况

通过对比发现，受季节性因素影响，2018 年第一季度固定资产投资完成额降幅明显与社会消费零售总额基本持平，但第二季度和第三季度固定资产投资完成额远超过社会消费零售总额。2018 年随着供给侧结构性改革逐步深入，结构性投资驱动产业转型升级，固定资产投资完成额稳步上升。详见图 1－1。

四、CPI 增速结构性调整，PPI 增速回落

从居民部门来看，2018 年 11 月我国居民消费价格指数（CPI）较 10 月略有回调，同比上涨 2.2%。2018 年 1—11 月，CPI 环比最大涨幅出现在 2 月，CPI 环比上涨 1.2%；环比最大降幅出现在 3 月，CPI 环比下降 1.1%，受春节假期等季节性因素影响，CPI 在 2 月和 3 月分别展现超调与回调特征。与上年同期相比，2018 年 11 月居民消费价格指数同比增速上升的有：食品烟酒类居民消费价格指数（上升 3.1%）、衣着类居民消费价格指数（上升 0.2%）、交通和通信类居民消费价格指数（上升 0.3%）、教育文化和娱乐类居民消费价格指数（上升0.5%）；同比增速下降的有：居住类居民消费价格指数（下降 0.4%）、医疗保健类居民消费价格指数（下降 4.4%）、其他用品和服务类居民消费价格指数（下降 0.2%）；另外，生活用品及服务类居民消费价格指数同比增速与上年持平。

另外，分析城乡差异年内变化，发现 2018 年上半年城市居民消费价格同比增速略高于农村，下半年这一情况出现反转，2018 年 1—11 月城市居民消费价格同比增速平均值略高于农村居民消费价格同比增速平均值 7.7 个基点，远小于上年同期水平。其中，2018 年 11 月城市食品烟酒价格同比上升 2.6%，较其他类商品明显高于农村此类价格同比增速；城市居住类居民消费水平同比增速为

2.1%，较其他类商品明显低于农村此类价格同比增速。2017 年城乡差异较大的医疗保健类居民消费价格指数在 2018 年 11 月实现城乡持平。

从生产部门来看，2018 年 11 月我国工业生产者出厂价格（PPI）同比上升 2.7%，环比下降 0.2%，自 5 月份以来首次环比下降。2018 年 1—11 月，PPI 环比最大涨幅出现在 9 月，PPI 上涨 0.6%；环比最大降幅为 0.2%，出现在 3 月、4 月和 11 月。

区分工业部门，11 月出厂价格指数增速较快的四个行业是石油和天然气开采业（同比增长 24.4%），石油、煤炭及其他燃料加工业（同比增长 17.6%），废弃资源综合利用业（同比增长 15.8%），黑色金属矿采选业（同比增长 9%）；降幅较大的两个行业是有色金属冶炼和压延加工业（同比减少 3.1%）、开采专业及辅助性活动（同比减少 2.3%）。

图 1－2 表明 2018 年月度 PPI 增速呈现明显周期性波动趋势，在第一季度末和第二季度末分别达到波谷和波峰，而 CPI 在年初进行超调和回调后全年波动较为平缓；另外，PPI 作为先行指标，对 CPI 的变动具有较强的传导效应，表明市场价格机制逐步健全，市场扭曲程度正在缓解。

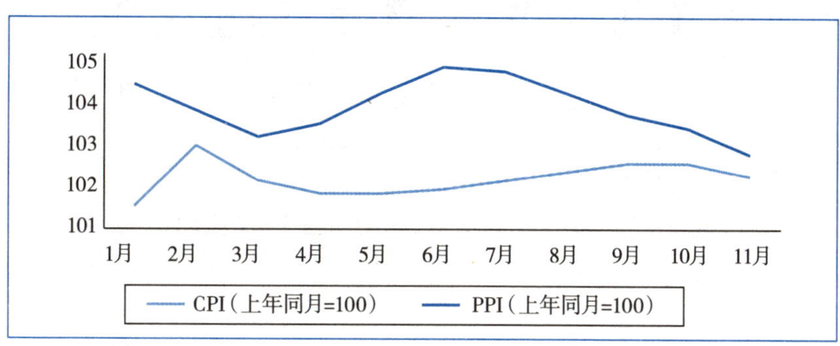

图 1－2 2018 年 CPI、PPI 月度变动情况

资料来源：国家统计局。

五、不同行业 PMI 差异明显，就业人数增速收窄

图 1－3 报告了 2018 年 1—12 月中国制造业、非制造业采购经理指数（PMI）的变动情况。2018 年 12 月，中国非制造业 PMI 为 53.8，较 11 月份上升 0.4，较上年同期下降 2.18%。其中，在手订单指数、存货指数、从业人员指数长期维持较低水平，上述三个指数 12 月分别仅为 43.7、46.6、48.5；投入品价格指数和销售价格指数降幅明显，分别较上年同期下降 4.7 和 5.0，成为拉动非制造业 PMI

年底下探的主要因素。纵观全年，非制造业 PMI 上半年呈现缓慢上扬趋势，下半年以来波动加大，全年整体略有下滑。

另外，2018 年 12 月，制造业 PMI 为 49.4，较 11 月份下降 0.6，较上年同期下降 4.26%，全年首次降至荣枯分界线以下。其中，新出口订单指数、在手订单指数、原材料库存指数、从业人员指数长期维持较低水平，上述四个指数 12 月分别仅为 46.6、44.1、47.1、48.0；出厂价格指数、主要原材料购进价格指数降幅明显，分别较上年同期下降 11.1 和 17.4。纵观全年，制造业 PMI 的波动程度较非制造业 PMI 相对平缓，但制造业景气程度与非制造业相比具有一定差距，制造业成本的上升和产业结构调整有可能是造成这一现象的原因。

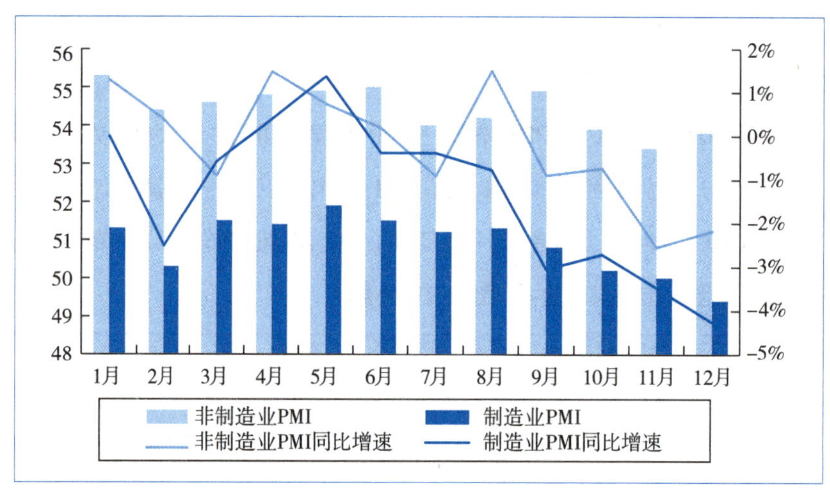

图 1－3　2018 年制造业、非制造业 PMI 变动情况

资料来源：国家统计局。

同时，2018 年 1—10 月城镇新增就业人数为 1200 万人，较 2017 年同期增加 9 万人；城镇失业人员再就业人数为 470 万人，较 2017 年同期减少 1 万人。其中，城镇新增就业人数于 3 月份达到顶峰 154 万人，随后进入下行通道，10 月份降至 93 万人；城镇失业人员再就业人数在 2018 年上半年持续上行并于 6 月达到 60 万人，而下半年再就业人数呈现下降趋势。如图 1－4 所示。

从 2018 年前三季度新增就业和再就业人数同比增速角度来看，2018 年第二季度劳动力市场较为繁荣，两类就业人数同比增速较高，而第一季度和第三季度两类就业人数同比增速下滑明显，甚至呈现负增长。与 2017 年相比，2018 年劳动力就业增量趋于平缓，产业结构升级使高技术劳动力对普通劳动力形成市场替代，结合制造业 PMI 指数的下滑，不难推断企业的普通劳动力需求有所下降，就业形势较2017年稍显严峻。

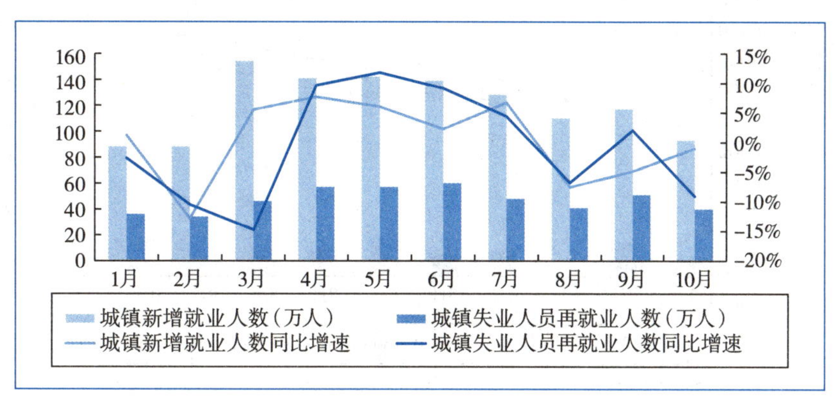

图1-4 2018年1—10月城镇就业人数

资料来源：2018年人力资源社会保障月度数据。

六、贸易争端并未改变贸易差额总体变动趋势

海关总署发布的进出口商品国别（地区）总值表（人民币值）披露，2018年1至11月我国累计出口额为人民币14.93万亿元，同比增长8.17%；累计进口额为人民币12.96万亿元，同比上升14.63%；贸易顺差为人民币1.97万亿元，同比大幅下降21.1%，贸易顺差连续两年持续收窄。

图1-5描述了我国2018年1—11月进出口数据月度变化情况。与2017年有所不同，年初进口额出现较大波动，从而导致3月份我国经常账户出现贸易逆差。此后，出口恢复强劲上升趋势，进口则持续小幅波动，贸易顺差维持在1500亿元左右；9月份以来出口额波动加大，进口额下降，贸易顺差逐步增至3000亿元左右。中美贸易争端虽然在年末给我国出口造成短期下探，但并未显著影响我国贸易差额的稳定增长趋势。

2018年1—11月，我国内地累计出口额最大的前五位目的国（地区）分别为美国（人民币28810.6亿元）、中国香港（人民币18170.3亿元）、日本（人民币8829.4亿元）、韩国（人民币6450.2亿元）、越南（人民币4996.3亿元）。其中，对越南出口同比增速最快，达到14.7%；对美国和中国香港的出口同比增速也维持在10%左右；对日本和韩国的出口增速有所下降，分别为4.6%和1.8%。

另一方面，2018年1—11月，我国内地累计进口额最大的前五位来源国（地区）分别为韩国（人民币12516.1亿元）、日本（人民币10928.5亿元）、中国台湾（人民币10833.2亿元）、美国（人民币9471.3亿元）、德国（人民币6478.9亿

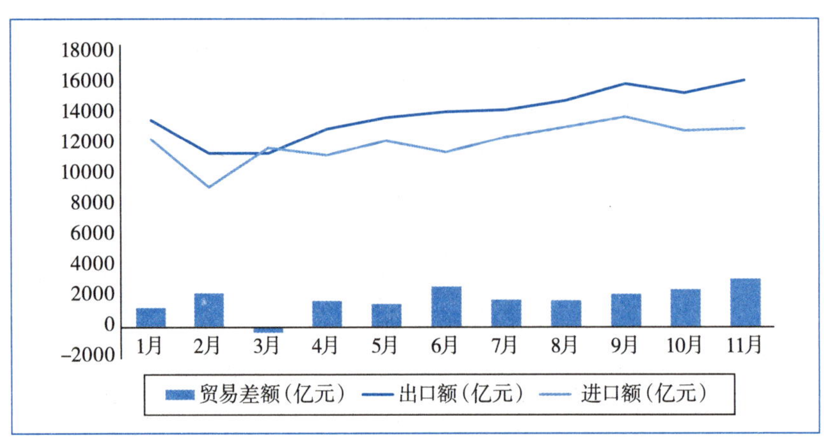

图1－5　2018年进出口额月度变化情况

资料来源：海关总署。

元）。其中，从韩国的进口同比增速最快，达到15.1%；从中国台湾的进口同比增速紧随其后，达到13.6%；受中美贸易争端的影响，从美国的进口同比增速在五个国家和地区垫底，由上年的19.6%降至1.2%。

七、2019年经济形势展望

2018年下半年以来，伴随地区局势动荡加剧，全球经济整体复苏趋缓。国际货币基金组织在10月下调2019年经济增速的预期，2018年10月发布的《世界经济展望报告》预测2019年全球经济增速将达到3.7%，将4月份的预期下调0.2个百分点。其中，对中国2019年经济增速的预期也从4月份的6.4%下调至6.2%。同时，中东、东欧等地区的政治局势动荡，以及欧洲经济凝聚力下降，给全球经济的缓慢复苏蒙上了一层阴影。西方国家的贸易保护主义抬头也一定程度上降低了中国经济增长的外需动力。同时，产业结构的升级和国内制造业PMI指数的下降也使2019年我国面临经济增长机遇与困境并存的情况，我国急需创新稳定的经济增长点。

首先，在经济总量方面，经济增长压力有所上升。其一，我国贸易顺差近几年持续收窄，外部局势动荡造成外需减缓，中美贸易争端也要求我国进一步提高出口产品市场竞争力，积极扩展外部市场，优化产品出口目的地结构。结合近两年贸易顺差变动趋势，预期2019年我国贸易顺差也将小幅下挫。其二，2018年12月，中央经济工作会议在北京召开，会议首次明确指出“经济运行稳中有变、变中有忧，外部环境复杂严峻，经济面临下行压力”，直面经济下行压力，并强调要通过提升产品质量、改善消费环境、提升消费能力，扩大消费对经济增长的贡献程度，强化经济内生增长动力。其三，供给侧结构性改革深入实施优化了我国产业结构，加速挤出落后产能，投资的结构性调整将逐步过渡为总量性调整，中央经济工作会议指出要推动制造业高质量发展，加强人工智能、工业互联网、物联网等新型基础设施建设，并重点关注农村基础设施建设，投资需求潜力仍然巨大，预计 2019 年固定资产投资将有所提高以应对制造业智能化、基础设施等领域的需求。2019 年中国经济增长虽面临严峻挑战，但随着中央经济会议精神的逐步落地，经济增长前景向好，预计 2019 年我国经济增速将会在 6.3% ~6.5% 区间波动。

其次，在价格方面，世界银行 2018 年 10 月份预测 2019 年大宗商品价格增速将有所回落。其中，原油价格在 2018 年快速上涨，全年平均 69.3 美元/桶，2019 年原油价格预期将回落至 68.8 美元/桶；食品价格在 2018 年上涨 2.3%，预计 2019 年食品价格增速将回落至 1.7%。另外，国内在 2018 年下半年逐步释放流动性以应对经济发展的阶段性困局，虽然不存在输入性通胀的压力，但投放的流动性有可能会造成 CPI 温和上升的情况。因此，预计 2019 年 CPI 同比增速将进入 2.3% ~2.5% 区间。相对于 CPI 而言，拉动 PPI 增长的因素并不明确，预计 2019 年 PPI 同比增速将较 2018 年持平。

最后，在企业经营活力方面，减税将成为财政政策的主基调。2018 年底中央经济工作会议明确指出“继续实施积极的财政政策，实施更大规模的减税降费”，表明政府部门坚定信心，激发市场主体活力，推进中国经济高质量发展。营商环境的改善和税费降低必然在 2019 年进一步激发企业活力，为国家经济增长提供可持续动力。

第二节 2018 年金融货币政策分析与 2019 年展望

一、净现金投放规模下降，广义货币增速略有回落

2018 年，中国人民银行通过调整准备金率和临时准备金动用安排（CRA）等多种货币政策的协同，维护了长期和短期流动性的平稳。一方面，年初全面实施普惠金融定向降准，约释放长期流动性 4500 亿元；10 月初中国人民银行决定大

幅下调大型商业银行、股份制商业银行、城市商业银行、非县域农村商业银行、外资银行人民币存款准备金率 1 个百分点，以置换到期的中期借贷便利（MLF）并再次释放 7500 亿元左右的长期流动性。另一方面，自年初开始，全国性商业银行陆续使用期限为 30 天的临时准备金动用安排进行短期流动性调剂，对冲货币需求的季节性波动。

2018 年 11 月末，我国广义货币（M2）余额 181.32 万亿元，同比增长 8.57%，增速较上年同期回落 0.55 个百分点；狭义货币（M1）余额 54.35 万亿元，同比增长 1.48%，增速较上年同期大幅回落 11.17 个百分点；流通中货币（M0）余额 7.06万亿元，同比增长 2.83%，增速较上年同期回落 2.9 个百分点。另外，2018 年前三季度现金净投放 609 亿元，同比减少 836 亿元。11 月净投放现金 457 亿元，同比增加 65 亿元，净投放现金月度规模明显高于前三个季度的平均水平。

图 1－6 描述了 2018 年 1—11 月广义货币（M2）余额的变化情况以及三类货币（M2、M1、M0）余额同比增速，发现 M2 货币同比增速在 2018 年较为稳定，维持在 9% 附近波动；M1 货币同比增速在年初快速上升，下半年进入长期下行阶段；M0 货币同比增速在 1 月份罕见负增长，但 2 月份迅速回调，随后进入下行趋势，在 9 月份达到 2.16%，为 2 月份以来的最低水平。

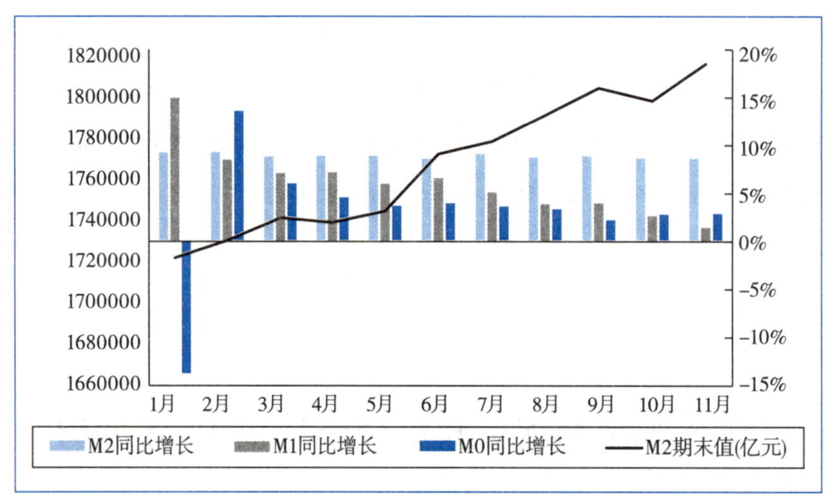

图 1－6　2018 年货币供应量

资料来源：国家统计局网站及中国人民银行《金融统计数据报告》。

2018 年中国人民银行更加注重通过政策组合来管理流动性，M0 和 M1 余额同比增速大幅下降表明监管高层对通胀问题的关注，但 M2 余额同比增速较为稳定也说明了货币政策组合的有效，通过准备金率的调整在稳通胀的同时，确保了社会流动性需求。

二、社会融资规模增量减少，债券市场交易活跃

（一）社会融资规模

2018 年 11 月末，社会融资规模存量达到 199.3 万亿元，较上年同期增加 9.9%。其中，人民币贷款、企业债券、委托贷款分别占比 67.1%、9.93%、6.31%，占比较高；信托贷款和未贴现的银行承兑汇票增速由正转负，较上年同期下降明显，同比增速分别为 -4.9% 和 -15.3%；地方政府专项债券和人民币贷款增速较快，分别为 34.0% 和 12.9%。

2018 年 1—11 月，社会融资规模增量累计为 17.67 万亿元，比上年同期少增 0.6 万亿元，同比下降 3.28%。其中，1 月、8 月、9 月社会融资规模增量为 3.08 万亿元、1.94 万亿元、2.17 万亿元，位居前三。另外，外币贷款、委托贷款、信托贷款、未贴现银行承兑汇票规模增量总体为负，占据融资类别总数目的一半。

图 1-7 报告了 2018 年 1—11 月社会融资规模增量中企业贷款、债券、股票融资结构变化的月度数据。人民币贷款依然是社会融资的主要渠道，并且对社会融资规模增量的贡献度较上年大幅提高，而股票融资对社会融资规模增量的贡献度长期处于较低水平，债券融资对社会融资规模增量的贡献度在全年表现出较强的波动性。

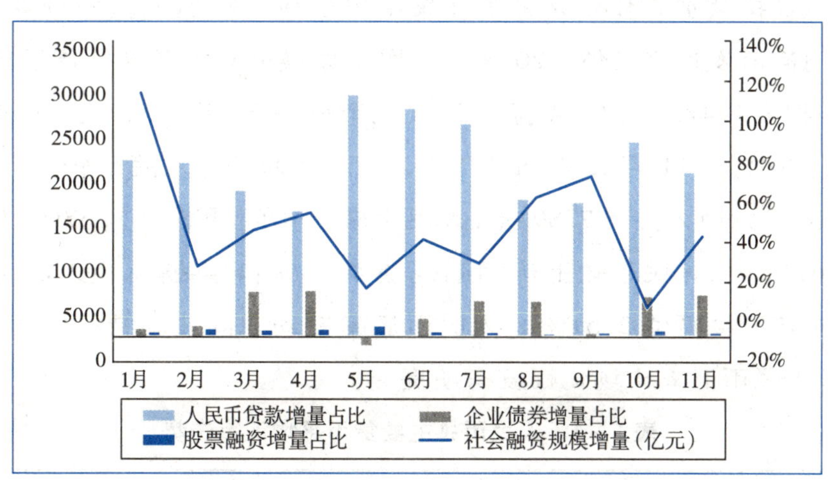

图 1-7　2018 年中国社会融资规模增量

资料来源：中国人民银行网站。

（二）债券市场发行与运行情况

2018 年 12 月 20 日，中国人民银行发布《2018 年 11 月份金融市场运行情况》。报告显示，11 月份，债券市场共发行各类债券 4.0 万亿元，与上年同期持平。其中，国债发行 2599 亿元，较上年同期下降 17.7%；地方政府债券发行 459 亿元，较上年同期大幅下降 89.9%；金融债券发行 5834 亿元，较上年同期增长 39.8%；公司信用类债券发行 8357 亿元，较上年同期大幅增加 54.7%；资产支持证券发行 2708 亿元，较上年同期大幅增长 186.9%；同业存单发行 2.0 万亿元，较上年同期增长 11.1%。

11 月份，银行间债券市场现券成交额为 18.0 万亿元，较上年同期增加 69.8%；交易所债券市场则展现不同的特征，现券成交额为 5670 亿元，较上年同期减少 7.48%。两类市场现券成交额变动趋势与上年截然相反。另外，11 月末，银行间债券总指数为 187.66 点，较上年同期上升 13.24 点，较上月末上涨 1.80点，展现稳定的增长势头。

总的来说，公司信用类债券和资产支持证券的快速增长抵消了国债和地方政府债券规模下降的影响，稳定了债券市场发行规模。债券市场的成交规模同比增幅明显，交易活跃度有所上升。

三、人民币汇率指数先增后降，全年呈贬值趋势

受美联储持续加息和新兴经济体集中出现货币贬值的负面预期的影响，国际资本纷纷回流发达经济体。2018 年人民币兑换世界主要储备货币出现总体贬值趋势，但程度各异。表 1－4 报告了人民币兑美元、欧元、日元、英镑的月平均汇率走势。2018 年 11 月，1 美元兑换人民币 6.94 元，人民币较上年同期贬值 4.83%；1 欧元兑换人民币 7.89 元，人民币较上年同期贬值 1.67%；100 日元兑换人民币 6.12 元，人民币较上年同期贬值 4.43%；1 英镑兑换人民币 8.97 元，人民币较上年同期贬值 2.51%。人民币汇率变动双向波动特征明显，变动弹性逐步加大，人民币汇率市场化程度有所提高。

表 1－4　人民币兑主要货币平均汇率走势

日期	1USD	1EUR	100JPY	1GBP
2017－12	6.59	7.8	5.84	8.84
2018－01	6.43	7.83	5.79	8.83

续表

日期	1USD	1EUR	100JPY	1GBP
2018 - 02	6.31	7.78	5.84	8.81
2018 - 03	6.31	7.79	5.96	8.81
2018 - 04	6.29	7.74	5.84	8.87
2018 - 05	6.37	7.53	5.81	8.59
2018 - 06	6.47	7.55	5.89	8.61
2018 - 07	6.71	7.86	6.03	8.87
2018 - 08	6.84	7.92	6.17	8.8
2018 - 09	6.85	7.99	6.12	8.95
2018 - 10	6.93	7.96	6.17	9.03
2018 - 11	6.94	7.89	6.12	8.97

资料来源：中国外汇交易中心、中国货币网。

总体来看，人民币相对欧元和英镑的贬值趋势高度相关，并且相对温和；相对美元和日元的贬值趋势高度相关，但贬值程度相对显著。另外，人民币兑换欧元和英镑的币值变化在 7 月份出现拐点，而兑换美元和日元的拐点则在 5—6 月提前出现。

从人民币汇率指数视角来看，CFETS 人民币汇率指数、BIS 货币篮子人民币汇率指数、SDR 货币篮子人民币汇率指数均显示人民币币值在 2018 年上半年升值趋势明显，但下半年出现断崖式贬值，年底虽然出现一定程度回调，但并未改变总体贬值趋势。如图 1 - 8 所示。

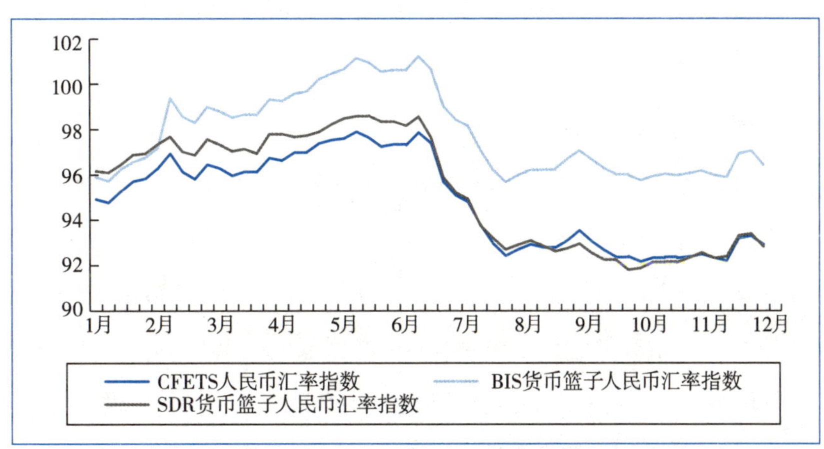

图 1 - 8 2018 年人民币汇率指数走势

资料来源：中国外汇交易中心、中国货币网。

四、金融市场运行逐步规范

2018 年，中国人民银行、银保监会、证监会密集颁布多项金融法规，关注领域重点为规范业务流程和发挥金融市场的本源职能。

（一）业务流程逐步规范

在规范对外开放业务领域，2018 年 1 月 5 日，中国人民银行发布《关于进一步完善人民币跨境业务政策促进贸易投资便利化的通知》，规范了人民币跨境交易的领域，包括企业跨境结算、个人经常账户跨境结算、碳排放权交易、境外投资者直接投资、境内企业在境外发行人民币债券等。5 月 16 日，再次印发《中国人民银行办公厅关于进一步完善跨境资金流动管理 支持金融市场开放有关事宜的通知》，规范境外人民币业务清算行和境外人民币业务参加行开展同业拆借、跨境账户融资、银行间债券市场债券回购交易等业务模式。

在整治业务乱象方面，2018 年 1 月 13 日，银监会印发《中国银监会关于进一步深化整治银行业市场乱象的通知》整治银行业市场乱象，严查资金空转行为、业务层层嵌套、业务发展与风险管理能力匹配、监管套利等行为。2 月份，中国人民银行发布《关于开展金融扶贫领域作风问题专项治理的通知》，规范扶贫工作作风，确保金融扶贫的效果。

在新业务领域，2018 年 12 月，证监会发布《证券基金经营机构信息技术管理办法》，对数据的获取、存储和处置进行规范；同时，对证券基金经营机构在使用信息技术时的职责进行规范，主要包括清晰、准确、完整地掌握重要信息系统的技术架构、业务逻辑和操作流程等内容。

（二）风险管理逐步规范

2018 年 1 月，银监会发布《金融资产管理公司资本管理办法（试行）》，设定集团母公司各级资本充足率的最低要求。其中，核心一级资本充足率不得低于 9%。另外，明确了对集团母公司风险加权资产计量、杠杆率的计算方法，以及集团合格资本、最低资本要求、超额资本等计量的要求。

2018 年 9 月 4 日，中国人民银行联合中国证券监督管理委员会发布公告（〔2018〕第 14 号），规范信用评级机构业务流程。信用评级机构应当建立完善公司治理机制、内部控制和业务制度，防范利益冲突，恪守职业操守，按照独立、客观、公正的原则，充分揭示受评对象的信用风险，采取一切必要的措施保证评级质量。另外，在银行间债券市场和交易所债券市场同时开展业务的信用评级机构应当统一评级标准，并保持评级结果的一致性和可比性。

（三）金融市场回归本源

2018 年金融监管部门密集出台政策，对金融市场支持领域进行引导，使金融市场业务创新服务于国家经济战略转型，服务于实体经济的融资需求。

2018 年 3 月，证监会联合中央网络安全和信息化办公室，发布《关于推动资本市场服务网络强国建设的指导意见》，鼓励符合条件的网络或信息化企业利用多层次资本市场拓宽债券融资渠道，支持符合条件的企业发行公司债券、可转换债券等，充分发挥政府投资基金、私募基金对企业发展的支持，通过创新金融产品和服务，促进网络或信息化企业高效对接资本市场。

4 月到 8 月期间，证监会、人民银行、银保监会密集发文《关于推进住房租赁资产证券化相关工作的通知》《关于进一步深化小微企业金融服务的意见》《关于进一步做好信贷工作提升服务实体经济质效的通知》，强化金融市场对住房租赁、小微企业、三农等相关实体经济领域的支持，实现普惠金融职能。

具体政策如表 1 –5 所示。

表 1 –5　2018 年主要金融政策汇总

时间	发布机构	法规名称	目的
1 月	中国人民银行	《关于进一步完善人民币跨境业务政策促进贸易投资便利化的通知》	明确凡依法可使用外汇结算的跨境交易，企业都可以使用人民币结算
	银监会（后与保监会合并为银保监会）	《金融资产管理公司资本管理办法（试行）》	明确了对集团母公司风险加权资产计量、杠杆率的计算方法；明确了集团合格资本、最低资本要求、超额资本等计量的要求
	银监会（后与保监会合并为银保监会）	《中国银监会关于进一步深化整治银行业市场乱象的通知》	从公司治理不健全、违反宏观调控政策、侵害金融消费者权益、利益输送、违法违规展业、行业廉洁风险等方面整治银行业市场乱象
2 月	中国人民银行	《关于开展金融扶贫领域作风问题专项治理的通知》	计划用一年左右时间，集中解决金融扶贫领域存在的各项问题，强化金融扶贫工作合力，确保金融助推脱贫攻坚取得实效

续表

时间	发布机构	法规名称	目的
3月	证监会、中央网络安全和信息化办公室	《关于推动资本市场服务网络强国建设的指导意见》	支持符合条件的网络或信息化企业利用多层次资本市场做大做强，通过创新金融产品和服务，促进网信企业高效对接资本市场
4月	证监会、住房城乡建设部	《关于推进住房租赁资产证券化相关工作的通知》	优先支持大中城市、雄安新区以及利用集体建设用地建设租赁住房试点城市的住房租赁项目开展资产证券化
5月	中国人民银行	《中国人民银行办公厅关于进一步完善跨境资金流动管理 支持金融市场开放有关事宜的通知》	进一步完善跨境资金流动管理，推进金融市场开放
6月	中国人民银行、银保监会、证监会、发改委、财政部	《关于进一步深化小微企业金融服务的意见》	强化多层次资本市场支持，稳妥推进资产证券化，有序拓宽小微企业融资渠道，鼓励完善应收账款融资产品制度
6月	银保监会	《金融资产投资公司管理办法（试行）》	要求金融资产投资公司建立组织健全、职责清晰的公司治理结构，在资金、人员、业务方面进行有效隔离
8月	银保监会	《关于进一步做好信贷工作提升服务实体经济质效的通知》	文件强调进一步疏通货币政策传导机制，满足实体经济有效融资需求；大力发展普惠金融，强化小微企业、“三农”、民营企业等领域金融服务
9月	中国人民银行、财政部	《全国银行间债券市场境外机构债券发行管理暂行办法》	进一步促进债券市场对外开放，规范境外机构债券发行
9月	中国人民银行、证监会	中国人民银行 中国证券监督管理委员会公告〔2018〕第14号	加强对信用评级行业统一监管，推进债券互联互通
12月	证监会	《证券基金经营机构信息技术管理办法》	维护资本市场安全稳定运行，保护投资者合法权益，引导证券基金经营机构在依法合规、有效防范风险的前提下，持续强化现代信息技术对证券基金业务活动的支撑作用

资料来源：基于中国人民银行、银监会、证监会等监管机构官方网站披露信息整理。

五、2019 年金融货币政策展望

2018 年底召开的中央经济会议描绘了 2019 年中国经济发展的主基调，即坚持以供给侧结构性改革为主线不动摇，通过制度改革降低营商成本，提升微观企业活力，实现经济稳定增长。金融货币政策作为金融制度改革的主要工具，必将围绕经济发展的主基调展开。预计 2019 年金融货币政策将重点发力降低融资成本、防范系统性风险、拓宽融资渠道、规范业务流程等方面。

首先，自 2018 年第四季度以来，中国人民银行实施全面降准政策，表明货币当局在供给侧结构性改革成功挤出落后产能之后，增加市场流动性的意愿，中央经济工作会议也将 2019 年货币政策的表述由“货币中性”变为“保持流动性合理充裕”。另外，结合美联储持续加息动力降低，人民币汇率贬值压力缓解，央行有可能在 2019 年继续将降准、降息作为主要政策工具，为金融市场提供适度流动性。

与此同时，流动性的提高将在一定程度上压缩人民币升值的空间，但随着国际投资者对新兴市场国家出现金融危机的负面预期的消散，存在人民币小幅升值回调的可能。另外，一方面 2018 年下半年国际大宗商品价格的企稳，我国 2019 年出现输入型通胀的可能性并不高，随着金融市场运行的逐步规范，货币传导机制进一步完善，通胀率势必有所降低；另一方面 2019 年可预期的流动性适度宽松也将使 CPI 增长率与 2018 年持平。在生产者部门方面，2019 年高质量制造业的兴起所带动总需求的扩张也将有利于制造业 PMI 指数回调。

其次，制造业高质量的发展、企业活力的提升离不开宏观金融政策的扶持，通过金融产品创新和金融制度创新拓宽融资渠道，预计将成为 2019 年我国金融改革的主要着力点。监管高层将通过开放资本市场引入境外投资者扩大投资主体范围，通过资产证券化等措施提高二级市场流动性，促进一级市场融资需求的有效满足，通过私募股权投资基金的引入降低企业杠杆率。因此，预计 2019 年金融政策的关注重点将围绕引入境外投资者、资产证券化、私募股权投资基金等领域出台细则指引，改善社会融资结构。

第三节 宏观金融政策对信托业的主要影响

2018年我国货币政策整体趋稳，广义货币M2增速较2017年有所下滑；社会融资规模增量减少，信托贷款呈现负增长；债券发行增速减缓，银行间债券市场交易活跃度上升。在上述市场背景下，调整准备金率和临时准备金动用安排等宏观货币政策相继实施，《关于规范金融机构资产管理业务的指导意见》《金融资产投资公司管理办法(试行)》等宏观金融政策纷纷出台。监管机构出台的一系列宏观金融政策规范金融市场秩序，提高企业活力。同时，宏观金融政策也将在风险管理、业务合作和展业领域三个方面对信托业产生影响。

一、信托公司风险管理需求上升

2018年中央经济工作会议明确指出经济增长存在下行压力，信托业具有较强的顺周期特征，流动性放缓将制约信托资产的增长。另外，4月份出台的《关于规范金融机构资产管理业务的指导意见》也将约束信托同业合作，禁止违规开展同业业务，信托资产规模下降已成定局。

信托资产规模的下降使信托公司急需通过产品创新实现业务转型，而在产品创新的过程中，信托公司要充分认识到宏观经济下行所带来的挑战，经济下行具体表现为实体经济经营利润下降，企业投资回收期延长，难以按时还本付息，信托兑付风险增加。因此，在信贷增速放缓的政策背景下，信托公司针对产品风险的聚集势必要健全风险管理体系，提高对信托产品潜在风险的管理能力。

一方面，工商企业信托受经济下行因素影响，成为信托产品出现兑付危机的主要领域。据公开披露数据显示，2018年前三季度共有39起信托违约事件，其中工商企业信托有24件，占比61.5%。

另一方面，2018年债券发行市场出现结构性调整，其中地方政府债券发行较上年同期大幅下降。2018年金融政策加强对地方政府和金融机构的双向监管，地方融资平台融资渠道收窄，由此而产生的期限错配、资金链紧张使政信合作信托产品积累了较高风险。

针对信托产品出现的潜在风险，信托公司势必增加信托赔偿准备金规模，而资管新规也要求金融机构应当按照资产管理产品管理费收入的 10% 计提风险准备金，直至其达到产品余额的 1%。信托公司在金融政策的引导下也将更加注重对风险的管理和防控，虽然在短期减少了向股东分配的利润，但在长期提高了信托公司风险管理能力，有助于信托公司拓展业务领域，丰富信托产品结构，实现利润长期增长。

二、信托公司合作业务模式进一步规范

2018 年金融监管政策注重规范金融机构在展业过程中的合作业务模式，以及注重金融机构所开展业务与国家宏观经济金融政策的一致性。因此，信托公司在开展合作业务的过程中，要注重相关行业规范对产品的潜在影响。

在与银行业金融机构的合作方面，2018 年 1 月 13 日，银监会发布《进一步深化整治银行业市场乱象的意见》，规范银行业经营行为，培育依法合规展业、稳健经营发展的行业文化。具体而言，从公司治理不健全、违反宏观调控政策、影子银行和交叉金融产品风险、侵害金融消费者权益、利益输送、违法违规展业、案件与操作风险、行业廉洁风险等方面整治银行业市场乱象。严查资金脱实向虚在金融体系空转的行为，严查同业、理财、表外等业务层层嵌套，业务发展速度与内控和风险管理能力不匹配，违规加杠杆、加链条、监管套利等行为。因此，信托公司在开展同业合作业务时，要注重业务模式和产品结构的合规性。

2018 年 6 月 29 日，银保监会发布《金融资产投资公司管理办法（试行）》。一方面，规范了银行业债权转股权业务，规定业务发起主体应该是金融资产投资公司，并由符合条件的商业银行作为主要股东，其他法人机构也可以认购金融资产投资公司股权，但是除了需要满足财务、经营方面条件之外，还要承诺 5 年内不将所持有的股权进行转让、质押或设立信托。该政策并未限制信托公司参与银行业债券转股权源头业务，但对参与的角色和条件进行规范。

另一方面，金融资产投资公司开展债转股业务应当符合国家产业政策导向，政策文件对投资客体有所引导，优先考虑发展前景良好但遇到暂时流动性困难的优质企业，具体包括：因行业周期性波动导致困难但仍有望逆转的企业；因高负债而财务负担过重的成长型企业，特别是战略性新兴产业领域的成长型企业；高负债居于产能过剩行业前列的关键性企业以及关系国家安全的战略性企业。信托公司在参与债权转股权业务时，对融资主体要穿透识别，注重与国家产业政策的一致性。

在慈善组织合作方面，2018 年 10 月 30 日，民政部发布《慈善组织保值增值投资活动管理暂行办法》，规范慈善组织的投资活动，防范慈善财产运用风险。文件第四条规定了慈善资金投资活动范畴：直接购买银行、信托、证券、基金、期货、保险资产管理机构、金融资产投资公司等金融机构发行的资产管理产品；通过发起设立、并购、参股等方式直接进行股权投资；将财产委托给受金融监督管理部门监管的机构进行投资。若慈善组织直接进行股权投资的，被投资方的经营范围应当与慈善组织的宗旨和业务范围相关；若慈善组织开展委托投资的，应当选择中国境内有资质从事投资管理业务，且管理审慎、信誉较高的机构。

虽然信托公司深耕投资管理多年，有望在监管法规约束慈善投资细则后，释放与慈善机构的合作潜力，但也应该注意文件明确了慈善组织的投资原则，即购买与本组织风险识别能力和风险承担能力相匹配的产品。因此，信托公司在与慈善组织合作开展慈善信托业务的过程中，要加大慈善信托产品的创新力度，增强产品的差异性，满足不同慈善组织投资选择的需要。

三、信托资产支持领域将更加明确

2018 年，政府职能部门和监管部门密切协作，出台了一系列文件对资本市场重点支持领域进行指引，主要包括：网络信息化产业、住房租赁市场、小微民营企业、三农、基础设施建设、消费市场等。

2018 年 3 月 30 日，中央网络安全和信息化委员会办公室和证监会联合发布《关于推动资本市场服务网络强国建设的指导意见》，使资本市场发挥建设网络强国的积极作用，促进网信企业规范发展。文件要求资本市场要拓宽债券融资渠道，支持符合条件的网信企业发行公司债券、可转换债券等。充分发挥政府投资基金、私募基金对网信企业发展的支持，优化投资结构，通过创新金融产品和服务，促进网信企业高效对接资本市场。

2018 年 4 月 25 日，证监会和住房城乡建设部联合发布《关于推进住房租赁资产证券化相关工作的通知》，加快培育和发展住房租赁市场，支持专业化、机构化住房租赁企业发展，鼓励发行住房租赁资产证券化产品。文件具体指出，优先支持大中城市、雄安新区以及利用集体建设用地建设租赁住房试点城市的住房租赁项目开展资产证券化；重点支持以持有不动产物业作为底层资产的权益类资产证券化产品，试点发行房地产投资信托基金（REITs）。

2018 年 6 月 25 日，中国人民银行、银保监会、证监会、发改委、财政部五部委联合发布《关于进一步深化小微企业金融服务的意见》，引导金融机构将更多资金投向小微企业等经济社会重点领域和薄弱环节，支持培育新动能。文件具体要求，金融机构要建立分类监管考核评估机制，加强对单户授信总额 1000 万元及以下小微企业贷款利率的监测和考核。另外，银行业金融机构要加强对普惠金融重点领域的支持，聚焦小微企业中的薄弱群体，缩短融资链条，清理不必要的“通道”和“过桥”环节。鼓励完善应收账款融资产品制度，通过稳步推进资产证券化有序拓宽小微企业融资渠道，强化通过多层次资本市场支持小微企业的融资需求。

2018 年 8 月 18 日，银保监会再次发声，出台《关于进一步做好信贷工作提升服务实体经济质效的通知》，强调进一步疏通货币政策传导机制，满足实体经济有效融资需求。进一步对具体支持领域出台细则：大力发展普惠金融，强化小微企业、“三农”、民营企业等领域金融服务；支持基础设施领域补短板，推动有效投资稳定增长；积极发展消费金融，增强消费对经济的拉动作用。此外，要求会管金融机构有效运用保险资金，切实发挥风险管理和保障功能，并规范经营行为，严禁附加不合理贷款条件。

基于此，信托公司在提高主动管理能力进行业务转型时，要使信托产品的设计符合国家产业政策指引方向，加强对关键产业（网络信息化产业、房地产租赁产业）、关键主体（小微企业、民营企业、三农）、关键市场（基础设施领域、消费领域）的支持力度。

第四节 2018 年中国信托业现状与特征分析

一、信托资产规模变化趋势遇拐点，信托公司增资潮减退

（一）信托资产增速遇拐点

截至 2018 年第三季度，信托资产规模合计 231392.10 亿元，较上年末大幅减少 31060.9 亿元，环比下降 4.65%，2018 年前三季度信托资产规模持续下滑；另外，2018 年前三季度信托资产同比增速分别为 16.6%、4.88%、-5.19%，2018 年第三季度首次出现信托资产同比增速为负的情况。然而信托资产规模增长拐点在 2018 年年初就已然形成，2018 年第一季度信托资产规模为 256130.6

亿元，较上年末减少 6322.4 亿元，首次出现信托资产规模净增长为负。

从图 1－9 可以看出，自 2015 年第四季度以来，信托资产规模持续上升直到 2018 年出现拐点；同比增速倒 U 型分布特征明显，同比增速拐点早于信托资产规模增长拐点一个统计周期出现。2018 年信托资产规模增速负增长主要原因在于监管高层对资管行业的发展加以规范，以简单追求规模增长的粗放型低附加值产品的发行被严格限制，此外行业竞争也伴随机构转型逐步加剧从而导致信托资产规模适度下降。

当前，信托业处于行业调整发展的关键期，较信托资产规模的简单扩张的粗放式发展而言，在此刻通过提高主动管理能力创新发展模式、优化业务结构等集约式发展模式，有助于信托行业的长期健康发展。

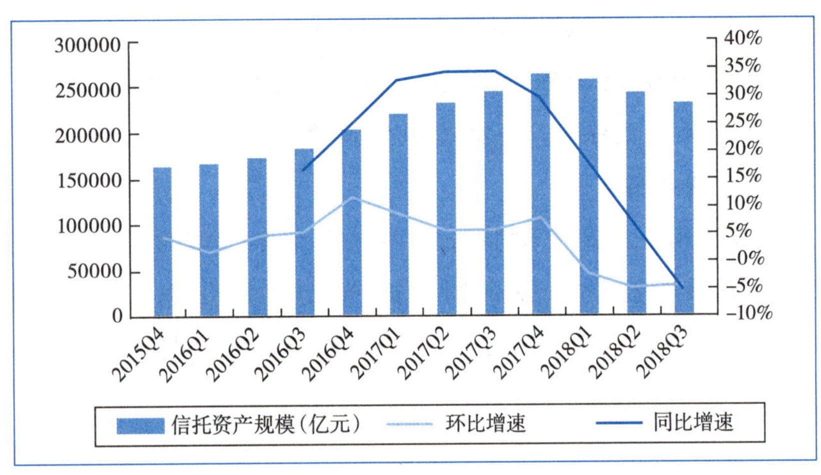

图 1－9　信托资产规模（2015Q4—2018Q3）

（二）信托资产结构变化遇拐点

1. 资产来源结构

截至 2018 年第三季度，单一资金信托余额为 102535.61 亿元，较上年末减少 17482.58 亿元；单一资金信托占比 44.31%，较第二季度略有下降，单一资金信托占比在 2018 年呈现小幅下降趋势。2018 年第三季度集合资金信托余额为 92403.17 亿元，较上年末减少 3647.23 亿元；集合资金信托占比 39.93%，与第二季度相比上升 0.73 个百分点，集合资金信托占比在 2018 年呈现持续小幅上升趋势。2018 年第三季度管理财产信托余额为 36453.32 亿元，较上年末减少 6931.21 亿元；管理财产信托占比 15.75%，较第二季度小幅下降，全年呈现波动下降趋势。如图 1－10 所示。

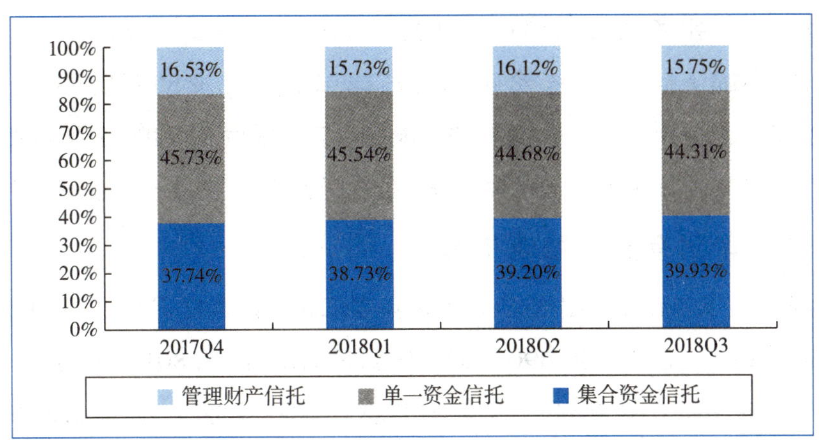

图 1－10 信托资产来源结构（2017Q4—2018Q3）

2018 年，信托业在监管法规的引导下大幅缩减银信通道业务，而此类业务被归结为单一资金信托，因此单一资金信托占比下降符合预期；与其相对应，集合资金信托占比稳定上升，表明集合资金信托业务发展态势较为积极。另外，管理财产信托受政策影响较大，在监管细则具体出台之前，此类业务占比出现小幅波动，表明信托公司在开展此类业务时也处于尝试、观望、调整阶段。

2. 资产功能结构

2018 年第三季度事务管理类信托余额为 136107.4 亿元（占比 58.82%），规模和占比分别较前一季度降低了 6901.16 亿元和 0.11 个百分点，事务管理类信托占比在 2018 年呈现持续小幅下降趋势；投资类信托余额为 52869.96 亿元（占比 22.85%），规模和占比分别较前一季度降低了 3030.6 亿元和 0.18 个百分点；融资类信托余额为 42414.77 亿元（占比 18.33%），规模较前一季度减少了 1360.57 亿元，占比则提高 0.29 个百分点。如图 1－11 所示。

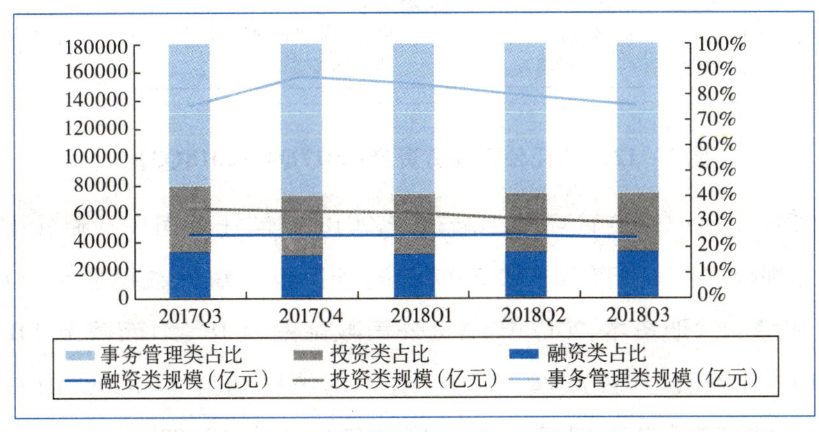

图 1－11 信托资产功能结构（2017Q3—2018Q3）

值得注意的是，事务管理类信托占比持续快速上升势头在进入2018年后戛然而止，转而出现小幅下挫态势；投资类信托占比虽然环比变动并不明显，但较上年同期大幅减少3.23个百分点，规模和占比较上年同期同时大幅下降；融资类信托虽然规模下降，但其占比有所上升，对投资类信托业务产生了一定的替代效应。

（三）信托公司固有资产增速下滑

中国信托业协会最新数据显示，2018年第三季度信托公司总固有资产从第一季度的6682.28亿元增长到6903.63亿元，同比增长8.80%，较上一季度下滑3.65个百分点，此外，2018年前三季度固有资产环比增速分别为1.57%、3.16%和0.15%，环比增速波动下降趋势明显。

具体而言，占固有资产最大比重的投资类资产在第三季度末达到5489.21亿元，同比增加9.86%，较年初有所收窄，但其在资产总额中占比上升至79.51%，为2014年以来的最高水平；贷款类资产在第三季度末达到335.59亿元，同比增加7.1%，占比为4.86%，全年变动较为稳定；货币类资产规模在第三季度末达到412.29亿元，同比减少7.78%，维持自2016年第三季度以来的下行趋势，占比进一步降至5.97%，为2014年以来的最低水平。如图1－12所示。

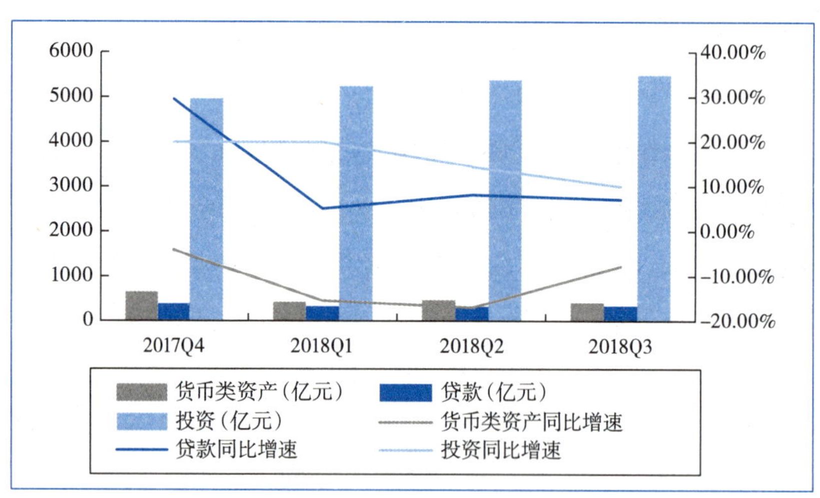

图1－12　信托公司固有资产（2017Q4—2018Q3）

自资管新规出台以来监管环境逐渐趋严，2018年信托公司在战略转型的过程中不再单纯依靠规模扩张，增资需求较2017年有所降低。统计数据显示，2016年共有21家信托公司增加注册资本，2017年增资公司数量变为18家，而截至2018年12月20日，仅有10家信托公司完成增资。其中，华润信托增资50亿元、山东信托增资26.59亿元、中建投信托增资33.34亿元、华能信托增资19.95亿元、华鑫信托增资

13.75亿元、英大信托增资 10.07 亿元、爱建信托增资 16.03 亿元、陆家嘴信托增资 10 亿元、陕国投信托增资 9.64 亿元、东莞信托增资 2.5 亿元，2018 年 10 家信托公司注册资本增加总额为 191.87 亿元，较 2017 年下降 37.84%，同比降幅明显。

二、信托公司利润承压下滑，产品收益率止跌回升

（一）信托公司的收入与利润

2018 年前三季度信托公司经营收入 747.66 亿元，较上年同期下降 1.15%。其中，信托公司投资收益降至 155.11 亿元，较上年同期下降 8.64 亿元，成为拉动 2018 年经营收入大幅下降的主要原因；信托业务收入和利息收入分别为 530.91亿元和 45.13 亿元，较上年同期分别增长 0.19% 和 12.35%。另外，2018 年前三季度信托公司利润总额为 494.43 亿元，较上年同期下降 10.72%；人均利润为 174.01 万元，较上年同期下降 17.25%。在资本市场收益率整体放缓和信托业务收缩的双重压力下，信托公司利润出现较大程度下滑。

分季度比较，2018 年第一季度经营收入为 243.36 亿元，同比上升 12.25%，利润总额为 167.67 亿元，同比上升 7.92%；第二季度经营收入和利润总额较第一季度分别上升至 269.96 亿元和 192.38 亿元，但两者同比增速均降至零点以下，分别为 –3.94% 和 –8.16%；第三季度经营收入和利润总额分别回落至 234.34亿元和 134.38 亿元，经营收入同比下降 9.35%，而利润总额则大幅下降 28.87%。值得关注的是，2018 年第三季度信托公司经营收入总规模与第一季度相比并未出现明显下降，但利润总额却出现大幅下降，表明信托公司利润率在 2018 年第三季度出现大幅下滑。如图 1 – 13 所示。

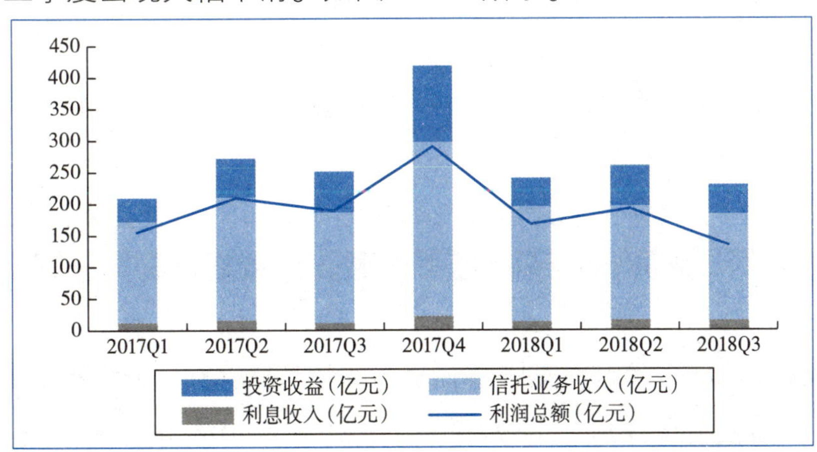

图 1 – 13　信托公司收入与利润（2017Q1—2018Q3）

（二）信托产品的收益

1. 清算产品收益情况

2018 年第三季度清算信托项目 1523 个，较第二季度减少 311 个；清算涉及实收信托金额 8826.11 亿元，较第二季度减少 615.51 亿元；向投资者支付收益 616.21 亿元，较第二季度减少 358.91 亿元；年化综合实际收益率 5.05%，较第二季度降低 0.52 个百分点。与 2017 年同期相比，2018 年前三季度信托项目平均年化综合实际收益率从 5.96% 降至 5.38%，在资管新政要求破除刚性兑付后，信托产品收益波动趋稳，但收益率持续下降。如图 1－14 所示。

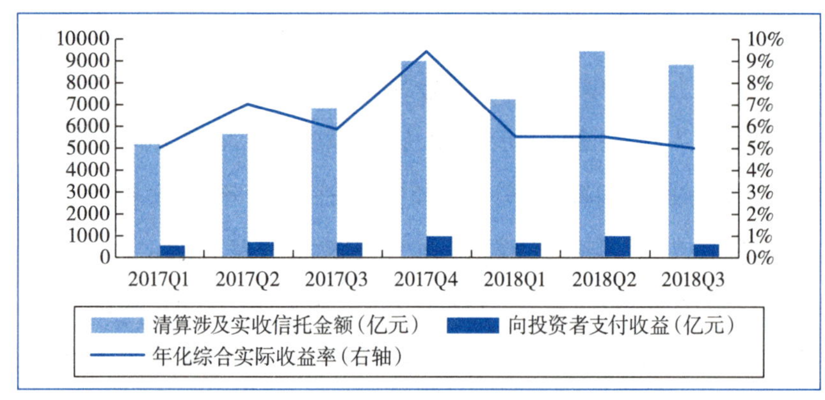

图 1－14　信托产品收益（2017Q1—2018Q3）

2. 新成立产品收益情况

用益信托网产品信息数据披露，截至 2018 年 12 月 25 日，信托公司发行信托产品 14203 个，规模总计 20454.6 亿元，平均期限 1.79 年，平均年收益率 7.94%。与 2017 年全年相比，发行产品数量增加 2686 个，总规模下降 7318.2 亿元，平均期限略增 0.05 年，平均年收益率提高 1.16 个百分点。

分月份来看，2018 年 12 月新发行产品规模 923.1 亿元，产品平均年收益率为 8.36%，较 11 月提高 6 个基点，自 9 月份以来连续 4 个月展现收益率上升的趋势。全年仅有 3 月、6 月、9 月所发行的信托产品平均年收益率出现环比下降，这一现象也并不排除是由于季节性因素导致的短期震荡所致。如图 1－15 所示。

总的来看，在对冲信托产品规模因素和期限因素对收益率的反向影响机制之后，2018 年新发行信托产品的预期收益率扭转了 2017 年的下跌趋势，开始稳步回升。资管新政对行业发展的约束使信托公司在转型的过程中提高了主动管

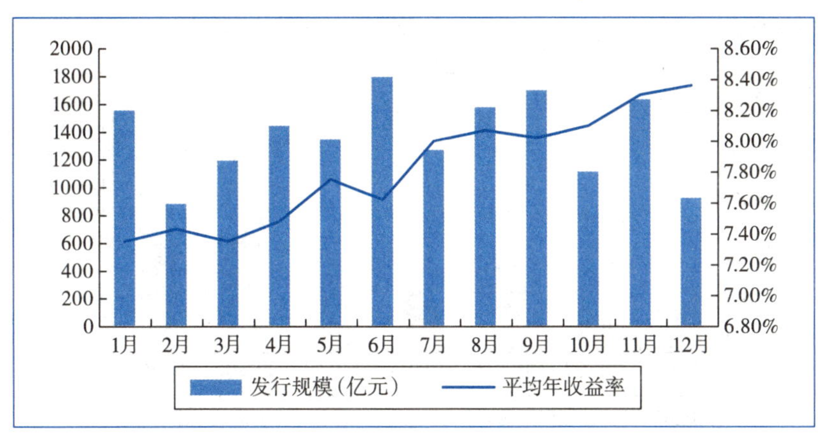

图 1－15 2018 年新发行信托产品平均年收益率

注：12 月数据统计期为 2018 年 12 月 1 日至 2018 年 12 月 25 日。

理能力，并对合作项目参与程度逐步深入，信托产品收益率在经历行业短期调整震荡之后开始上升。

三、信托风险项目结构性差异凸显

（一）信托风险项目个数与资金规模

2018 年，我国宏观经济下行压力加大，部分实体企业信用违约风险上升，同时伴随股票市场持续低迷，质押业务风险凸显，信托业也频陷违约风波。其中，中江信托在上半年发生 7 起兑付事件，涉及政信项目、工商企业等多类业务；山西信托“信达 3 号”“信实 55 号”也在年初相继违约；英大信托上海融御项目也在年初到期并逾期，等待融资方回购。另外，行业龙头中信信托涉及天房集团 2 亿元项目到期无法还款，也险遭违约风波。

据信托业协会数据披露，2018 年第三季度信托风险项目 832 个，较第二季度增加 59 个，风险项目资金规模为 2159.73 亿元，较第二季度增长 12.9%。其中，集合资金信托风险项目资金规模为 1387.1 亿元，较第二季度增长 16.61%；单一资金信托风险项目资金规模为 732.8 亿元，较第二季度增长 6.59%；财产管理权信托风险项目资金规模为 39.9 亿元，较第二季度增长 10.65%。

信托风险项目个数和资金规模自 2018 年以来均持续快速增加。其中，集合资金信托风险项目资金规模与 2017 年末相比，增长 123.77%，是拉动风险项目资金规模快速增加的主要因素；单一资金信托和财产管理权资金信托在此期间风险项目资金规模分别增长 10.61% 和 24.86%。集合资金信托取代单一资金信托成为风险资产快速扩张的“主力”因素。如图 1－16 所示。

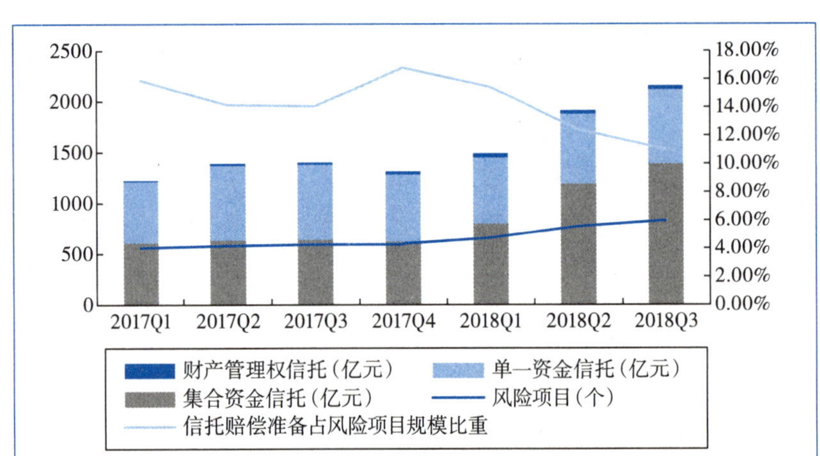

图 1－16　信托风险项目个数与资金规模（2017Q1—2018Q3）

另外，信托公司信托赔偿准备在 2018 年第三季度增至 237.78 亿元，较 2017 年末提高 7.53%，但与信托风险项目资金规模相比增速依然较慢，导致信托赔偿准备占信托风险项目资金规模比重在 2018 年第三季度降至 11.01%，为 2015 年以来的最低水平。虽然在打破刚性兑付后，信托公司通过信托赔偿准备金兑付的压力减小，但从行业发展趋势来看，信托公司赔偿准备金缺口依然较大。

（二）信托风险项目分类占比情况

2018 年第三季度信托风险项目资金规模与信托资产规模比例（后文简称“风险资金规模占比”）为 0.93%，同比增长 0.36 个百分点，环比增长 0.15 个百分点。其中，集合类产品风险资金规模占比为 1.5%，同比增长 0.8 个百分点，环比增长 0.25 个百分点；单一类产品风险资金规模占比为 0.71%，同比增长 0.07 个百分点，环比增长 0.08 个百分点；财产权类产品风险资金规模占比为 0.11%，同比增长 0.08 个百分点，环比增长 0.02 个百分点。

2018 年第三季度，集合类、单一类和财产权类信托产品风险资金规模占比实现同比、环比双增。比较不同类信托产品的风险资金规模占比的季度数据，从长期来看，自 2017 年第一季度以来，全部产品的风险资金规模占比均有所上升，单一类信托产品风险资金规模占比上升幅度较为温和，而集合类和财产权类信托产品风险资金规模占比上升幅度较大；从短期来看，在 2018 年财产权信托产品风险资金规模占比变动较为温和，而集合类和单一类信托产品风险资金规模占比提高幅度较大。如表 1－6 所示。

表 1－6 信托风险项目分类占比情况

时间	全部	集合类	单一类	财产权类
2017Q1	0.56%	0.76%	0.57%	0.04%
2017Q2	0.60%	0.74%	0.66%	0.03%
2017Q3	0.57%	0.70%	0.64%	0.03%
2017Q4	0.50%	0.63%	0.55%	0.07%
2018Q1	0.58%	0.80%	0.56%	0.11%
2018Q2	0.79%	1.25%	0.63%	0.09%
2018Q3	0.93%	1.50%	0.71%	0.11%

资料来源：中国信托业协会网站，经整理得到。

总体上，单一类信托产品风险项目资金规模占比在 2018 年出现较大上升，信托公司在进行风险管理时应该对单一类信托产品风险资产快速上升现象重点关注，同时在业务转型中开发安全性较高的财产权类信托产品，兼顾提高主动管理能力以及优化整体信托产品风险结构。

（三）未来产品到期情况

2018 年 12 月 14 日，中国信托业协会发布《2016 年 3 季度末信托公司主要业务数据》，其中披露了 2019 年 1—9 月即将到期信托项目个数及规模。由于 2019 年信托项目集中于每季度末到期清算，项目个数和规模展现明显的季节性翘尾特征。如表 1－7 所示。

2019 年前 9 个月到期项目数合计 9927 个，预计较 2018 年同期减少 6.40%，到期项目规模合计 39964 亿元，预计较 2018 年同期下降 7.01%。其中，风险资金规模占比较高的集合类到期信托产品资金规模为 18355 亿元，同比上升 5.62%；风险资金规模占比增速较快的单一类到期信托产品资金规模为 16259 亿元，同比下降 21.06%；安全级别较高的财产权类到期信托产品资金规模为 5350 亿元，同比增长 7%。

表 1－7 2019 年 1—9 月到期信托项目个数及规模

时间	个数	全部（亿元）	集合（亿元）	单一（亿元）	财产权（亿元）
2019 年 1 月	1082	4128	1882	1468	778
2019 年 2 月	749	2957	1136	1347	474
2019 年 3 月	1315	4664	1982	1989	693

续表

时间	个数	全部(亿元)	集合(亿元)	单一(亿元)	财产权(亿元)
2019 年 4 月	939	3852	1773	1664	415
2019 年 5 月	1006	4211	1637	2016	558
2019 年 6 月	1230	5493	2340	2421	732
2019 年 7 月	1040	3834	1776	1534	524
2019 年 8 月	1069	5194	2936	1730	528
2019 年 9 月	1497	5631	2893	2090	648

资料来源：中国信托业协会网站。

虽然 2018 年信托产品风险项目资金规模出现一定增长，但信托公司 2019 年产品清算压力有所减缓，总的到期清算产品数量及规模双双下降；并且产品风险结构也展现差异化特征，在 2018 年风险资产规模增速较快的单一资金信托到期清算产品规模在 2019 年出现显著下降，表明信托公司在监管约束下提高风险防控的针对性和有效性，注重根据产品差异化的风险，精准实施风险防控措施，并未在破除刚性兑付过程中忽略行业风险防控责任。

四、信托公司业务结构持续优化

2018 年资管市场逐步由粗放式发展向内涵式发展转变，基于内涵式发展的主要特征（即产品异质性强、主动管理能力强、业务布局多样化），信托公司纷纷调整业务模式优化业务结构。在传统业务分类领域，工商企业信托、房地产信托业务进一步扩张，同业信托业务持续收缩，表明信托业回归本源、关注实体经济的总原则得到坚定的落实；在新兴业务领域，以慈善信托、绿色信托、家族信托、消费信托、资产证券化信托为代表的新业务发展迅速，信托通过市场细分和制度创新服务实体经济持续深化。

（一）工商企业和房地产领域成为信托展业蓝海

根据中国信托业协会数据披露，截至 2018 年第三季度，投向工商企业的资金信托规模为 194938.78 亿元，虽然较第二季度环比下降 3.38%，但较 2017 年第三季度同比上升 3.36%。结合同期资金信托余额同比下降 5.57%，工商企业信托占资金信托比重达到 29.49%，同比上升 2.55 个百分点，环比依然上升0.26 个百分点，工商企业信托占比在 2018 年前三季度呈现持续上升趋势，表明虽然工商企业信托受信托总资产整体缩水的影响出现规模下降，但降幅明显低于资金信托总体水平，信托行业在业务结构调整的过程中持续加大对工商企业的资金支持，助力实体经济的发展。具体如图 1-17 所示。

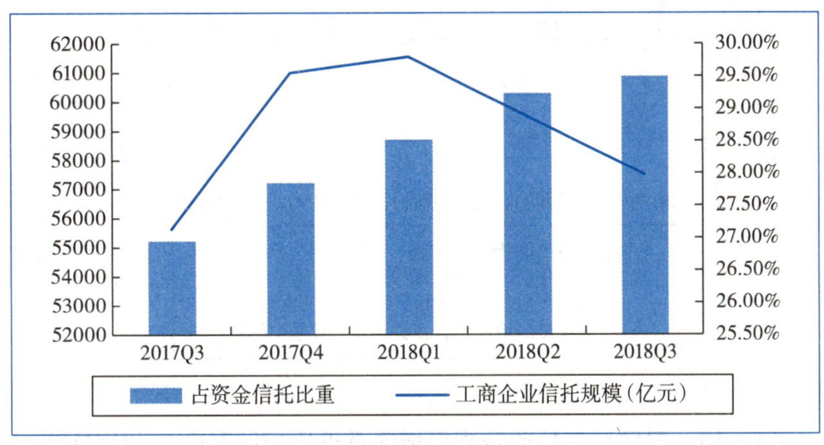

图 1-17　工商企业信托规模及占比（2017Q3—2018Q3）

另外，在房地产领域，截至 2018 年第三季度，投向房地产行业的资金信托规模为 26151.49 亿元，较 2017 年第三季度同比上升 26.58%，增幅十分明显；较第二季度环比上升 4.3%，全年呈现持续上升趋势，总规模较上年末大幅增加 3323.17 亿元。从比例角度来看，2018 年第三季度投向房地产的资金信托余额占资金信托比重为 13.42%，同比上升 3.41 个百分点，环比上升 1.1 个百分点，前三季度占比呈现持续稳定上升趋势，房地产信托成为 2018 年资金信托中少有的快速增长的板块之一。

另外，截至 2018 年第三季度，特色信托业务中的基金化房地产信托余额为 51.41 亿元，较 2017 年第三季度同比下降 8.43%；较上一季度环比下降 0.57%，全年呈现先增后降倒 U 型趋势，总规模较上年末小幅增加 5.51 亿元，2018 年基金化房地产信托业务的规模扩张程度远远小于传统房地产信托业务。从比例角度来看，2018 年第三季度基金化房地产信托业务占资金信托比重为 0.0264%，与上年同期基本持平，环比提高 0.1 个基点，前三季度占比呈现小幅上升趋势。因此，基金化房地产信托在业务整体收缩的大背景下存在较大的业务拓展空间。具体如图 1-18 所示。

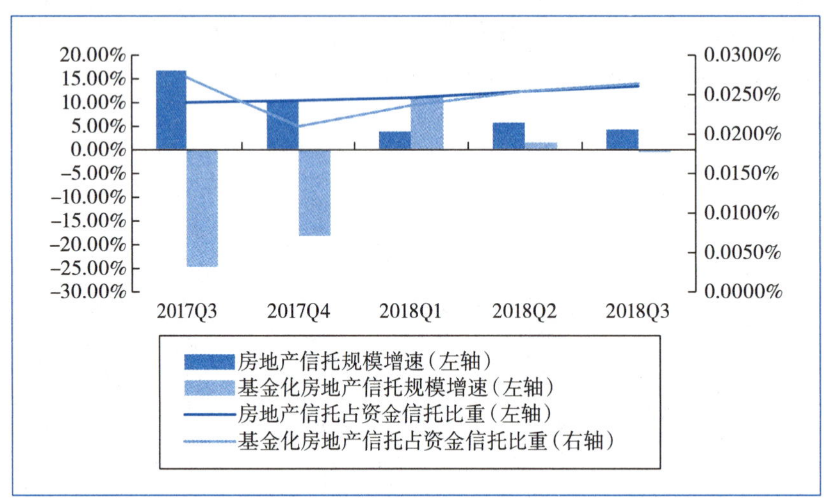

图 1－18　房地产信托业务规模增速及占比（2017Q3 —2018Q3）

（二）慈善信托普惠特征日益深化

信托公司是金融市场上唯一能够横跨资本市场、货币市场和实业市场的综合性金融机构，能够借助金融机构的资产管理优势，提高慈善信托资产的保值增值能力。自《中华人民共和国慈善法》实施以来，慈善信托得到跨越式发展，截至 2018 年 11 月底，全国慈善信息公开平台共有 120 条慈善信托的备案信息，财产总规模共 16.74 亿元。其中，2018 年前 11 个月慈善信托备案 53 项，比 2017 年全年多 19 项；2018 年 1—11 月慈善信托管理资产规模为 7.79 亿元，较上年同期上升 16.09%。

从机构层面看，2018 年备案慈善信托的机构包括：百瑞信托、北京信托、广东粤财信托、国投泰康信托、杭州工商信托、华润信托、平安信托、厦门信托、山东信托、陕国投信托、上海信托、四川信托、苏州信托、天津信托、万向信托、五矿信托、西部信托、新华信托、长安信托、中诚信托、金谷信托、民生信托、中航信托、中建投信托、中融信托、中信信托、重庆信托等 27 家信托公司。其中，天津信托、五矿信托、中航信托备案数量最多，均为 4 项；万向信托、中信信托、山东信托作为受托人的慈善信托资产规模位居前三，分别为 60011 万元、3124.3 万元、2500 万元。

对比 2018 年慈善信托月度备案情况，1—11 月，慈善信托备案数量整体呈现波动上升趋势，平均财产规模则展现先上升后下降的倒 U 型趋势。2018 年前 11 个月慈善信托平均规模 1470.9 万元/单，较 2017 年降低 541.9 万元。虽然慈善信托平均规模下降，但备案规模和数量双双上升，体现了我国慈善信托并没有集中于个别项目粗放式发展，反而是逐步成熟提高慈善事业的普惠程度。如表 1－8所示。

表 1－8　2018 年慈善信托备案情况

月份	备案数量（项）	财产规模（万元）	平均规模（万元）
1 月	7	1599.6	228.5
2 月	2	190	95.0
3 月	5	3950	790.0
4 月	4	2674.3	668.6
5 月	1	1500	1500
6 月	2	60010	30005
7 月	6	461.5	76.9
8 月	7	3794.8	542.1
9 月	10	2525.8	252.6
10 月	3	127.2	42.4
11 月	6	1127.2	187.9

资料来源：全国慈善信息公开平台，经总结整理得到。

（三）绿色信托助力可持续发展

中国人民银行于 2016 年 8 月联合财政部、发展改革委、环境保护部、银监会、证监会、保监会七部委下发《关于构建绿色金融体系的指导意见》，在我国首次正式建立绿色金融的政策框架体系。其中规范了绿色金融的含义，即为支持环境改善、应对气候变化和资源节约高效利用的经济活动，对环保、节能、清洁能源、绿色交通、绿色建筑等领域的项目投融资、项目运营、风险管理等所提供的金融服务。绿色信托内嵌于绿色金融体系，展业方式主要体现为以信托资金支持节能减排、生态保护、环境污染治理、清洁能源以及循环经济等绿色产业的发展。相对其他金融部门，信托具有制度灵活的自身优势，能够在绿色产业的不同发展阶段对其进行资金支持。

2018 年 10 月，在中国人民银行研究局和银保监会产业金融政策处的指导下，中国信托业协会成立了绿色信托标准制定工作组。在绿色信托发展初期，通过确立绿色信托标准制定的指导原则和内容，编制绿色信托指引的制定要点和统计报表，对规范绿色信托的发展方向和模式具有紧迫的时代意义。

2018 年 9 月，《中国信托业 2017 年度社会责任报告》发布，披露绿色信托存续项目涵盖了蓝天计划、污水管网工程、河道整治、新能源汽车、生物能源等业务类型。截至 2017 年年底，信托业存续绿色信托项目 564 个，较 2016 年翻一番；资金规模达到 1693.19 亿元，较 2016 年同期增长 65.7%；绿色信托规模占信托资产总规模的 0.65%，较 2016 年同期提高 0.14 个百分点。

自 2018 年年初，信托公司致力拓展绿色信托业务。1 月 17 日，中建投信托于深圳证券交易所成功发行 2 单信托受益权资产证券化业务，规模合计 19 亿元。4 月 19 日，绿色创新投资业务合作签约仪式在南京举行，江苏信托与中国清洁发展机制基金管理中心签约绿色创新投资业务。5 月 8 日，中航信托与中华环境保护基金会作为共同受托人，启动“中航信托 · 绿色生态慈善信托”九寨沟生态恢复工程。5 月 18 日，紫金信托携手中投证券于上海证券交易所成功发行“南京地铁信托受益权一期绿色资产支持专项计划”，发行规模 12 亿元，该项目偿付来源依托地铁沿线商业物业和地铁空间经营收入，有效增强了项目信用（评级 AAA），募集资金用于轨道交通建设。7 月 11 日，由长安信托设立的“昆山市公共交通集团有限公司 2018 年度第一期绿色资产支持票据”正式发行，发行规模 2.8 亿元，该项目偿付来源依托昆山市公共交通集团有限公司运营的 236 条公交线路的客票收益，所募集资金主要将用于昆山公交采购新能源公交车，有效地解决城市交通拥堵并减少城市碳排放量。8 月 30 日，由杭州工商信托股份有限公司联合万向信托股份公司、中建投信托股份有限公司共同设立的“杭工信 · 之江 1 号生态保护慈善信托”在杭州正式成立，信托资金将用于捐助中国境内从事生态环境保护公益事业的个人、组织以及法人机构，该项目作为绿色环保事业的助推器，为其良性发展带来了正向激励。9 月 12 日，由阿拉善生态基金会和中诚信托作为双受托人的“中城银信 · 阿拉善生态保护慈善信托”正式签约，初始资金规模为 100 万元人民币，存续期为 3 年并可以延期，信托本金及收益全部用于支持中国生态环境保护相关事业，促进绿色生态事业发展，该项目运用信托制度优势将慈善信托与绿色信托充分结合，极大促进了区域环保事业的发展。

2018 年以来，绿色信托愈发成为信托公司业务转型的重点，我国信托业不断创新绿色信托模式，引导信托资金投入绿色发展项目，积极贯彻落实党的十九大关于“加快生态文明体制改革，建设美丽中国”的战略部署。2017—2018 年我国信托业绿色信托具体项目发展情况如表 1 - 9 所示。

表 1－9 2017—2018 年我国绿色信托业务发展现状

绿色信托支持内容	信托公司	项目
支持新能源产业发展	建信信托	建信信托发行“金风科技风电 2 号”项目，用于江苏连云港建设风电场，建成后每年可减少二氧化碳排放约 20 万吨以上，为江苏的能源结构优化做出大力支持
	五矿信托	五矿信托设立的“汇通 40 号开放式单一资金信托计划”向广汽比亚迪新能源客车有限公司发放流动资金贷款。新能源客车的广泛使用有效减少汽油车尾气排放，降低我国碳排放量，改善空气质量
	华能信托	华能信托采用基金化运作模式，向光伏发电企业发放信托贷款，支持光伏发电企业的技术改造，扩大经营规模
	长安信托	长安信托设立“昆山市公共交通集团有限公司 2018 年度第一期绿色资产支持票据”，将客票收益作为偿付来源，所募集资金主要将用于昆山公交采购新能源公交车，有效降低了城市碳排放量
美化生态环境	中诚信托	中诚信托向阿拉善盟绿盟生态环境有限公司借款人民币 6 亿元，用于阿拉善盟生态修复及附属设施建设项目。对优化阿拉善盟地区生态体系发挥重要的促进作用
	渤海信托	渤海信托向株洲市云龙发展投资控股集团发放信托贷款 5 亿元，资金用于株洲市磐龙湖片区水利工程项目，对建设资源节约型环境友好型城市起到关键作用
	陕国投信托	陕国投向西安浐灞河生态区河流治理、生态恢复相关项目提供资金 4 亿元，改善区域居民生活环境，提升区域城市环境品位
	中航信托	中航信托与中华环境保护基金会作为共同受托人，启动“中航信托·绿色生态慈善信托”九寨沟生态恢复工程，协助九寨沟进行生态恢复，推动九寨沟日后的可持续绿色发展
城市污染防治	建信信托	建信信托支持南京河道治理，与中国铁建共同出资设立产业投资平台，募集信托资金 3 亿元投向南京市河道治理项目。为社会经济发展和居民生活创造良好的生态环境条件
	外贸信托	外贸信托发行“动物固废处理系列集合资金信托计划”，用于安徽、湖南等地区的病死畜禽无害化处理，防止病死牲畜随意抛弃污染江河水质环境

续表

绿色信托支持内容	信托公司	项目
城市污染防治	长安信托	长安信托募集信托资金6亿元用于对菏泽市赵王河上游进行综合治理。该项目对修复绿色环保生态走廊起到重要作用
	中江信托	中江信托设立"衡阳西渡应收账款债权投资集合资金信托计划"募集资金2.5亿元,用于衡阳县城污水处理设施及污水管网维护工程,对促进当地生态建设具有重要意义
	中建投信托	中建投信托与天风证券携手推出"天风平银—启迪桑德废电产品基金补贴信托受益权绿色资产支持专项计划",规模4.45亿元,该项目基于废电产品的中央补贴绿色ABS,具有较高的绿色环保及创新意义
扶持节能环保产业	昆仑信托	昆仑信托设立规模2.4亿元的"广西石化合同能源管理项目收益权投资集合信托计划",用于中国石油广西石化氢气回收节能项目,减少了现有装置75%的能源消耗
	中航信托	中航信托设立"挪宝北戴河新能源集合资金绿色信托计划",信托资金4.52亿元,采用投贷联动方式,用于秦皇岛市北戴河区清洁能源集中供暖改造
	大业信托	大业信托设立"德能热源专利收益权投资集合资金信托计划",规模8000万元,支持北京市顺义区农村村庄空气源热泵采暖项目和通州区煤改电项目
支持环境保护事业	兴业信托	兴业信托发起设立"兴阳丰利集合资金信托计划(3期)",向福建阳光集团发放并购贷款,用于产业并购,为环保企业的战略发展提供有力的资金支持
	厦门国际信托	厦门国际信托作为首层SPV参与"中国中投证券—武汉地铁信托受益权一期绿色信贷资产支持专项计划",发行规模共计15亿元,用于绿色产业项目和清洁交通建设
	金谷信托	金谷信托在银行间市场成功发行"北控水务(中国)投资有限公司2017年第一期绿色资产支持票据",规模21亿元,用于污水处理、节水及非常规水资源利用等绿色项目建设运营

续表

<table>
<tr><th>绿色信托支持内容</th><th>信托公司</th><th>项目</th></tr>
<tr><td rowspan="4">支持环境保护产业</td><td rowspan="2">紫金信托</td><td>紫金信托设立“本田中国单一资金信托”，信托财产及其收益全数用于支持内蒙古乌兰察布市兴和县沙化土地的生态保护和修复工程，极大地改善了当地的生态环境</td></tr>
<tr><td>紫金信托携手中投证券于上海证券交易所成功发行“南京地铁信托受益权一期绿色资产支持专项计划”，发行规模 12 亿元，募集资金用于轨道交通建设</td></tr>
<tr><td>江苏信托</td><td>江苏信托受托管理由中国清洁发展机制管理中心和江苏省财政厅设立的绿色创新投资基金，向省内绿色发展、节能减排项目发放信托贷款，有效助力江苏省绿色发展转型</td></tr>
<tr><td>杭州工商信托、万向信托、中建投信托</td><td>共同设立“杭工信 · 之江 1 号生态保护慈善信托”，信托资金将用于捐助中国境内从事生态环境保护公益事业的个人、组织以及法人机构</td></tr>
</table>

资料来源：中国信托业协会，经整理得到。

（四）家族信托业务细分与品牌建设备受关注

2018 年 10 月 18 日，瑞士信贷研究院（Credit Suisse Research Institute）发布《2018 年全球财富报告》。2017 年 7 月至 2018 年 6 月，中国居民财富总额增加了 2.3 万亿美元，截至 2018 年 6 月底居民财富总规模达到 52 万亿美元，仅次于美国，并且进一步预计五年内中国财富总额在全球财富占比将由 2018 年的 16% 增至 19%。与此同时，报告期（2017 年 7 月至 2018 年 6 月）内中国超高净值人群（财富规模达到 5000 万美元以上）新增成员 640 名，全球排名第二位。

随着我国高净值客户数量快速增长，虽然信托公司开展家族信托业务时间较晚，但高净值人群对财富管理和传承的需要日益提高，家族信托业务呈现了较快的增长速度。目前涉足家族信托业务的机构主要包括信托公司、商业银行、家族办公室、律师事务所、保险公司等。同时，高净值人群作为委托人参与家族信托业务的目的主要包括资产配置、事务管理、财富传承、保险信托、公益慈善等。因此，在面对客户专业化和多元化需求时，信托公司依托其成熟丰富的产品线帮助客户实现多目标综合资产管理需求，较其他机构具有明显的比较优势。另一方面，信托公司拥有信托牌照，在开展家族信托业务时具有天然的制度优势。

2018 年 8 月，银保监会发布《关于加强规范资产管理业务过渡期内信托监管工作的通知》，明确家族信托不适用于资管新规，为家族信托业务的开展带来了政策红利，但同时对家族信托的定义和范畴进行了明确说明。其一，家族信托的委托人可以是单一个人也可以是家庭；其二，家族信托的主要目的是保护、传承和管理家庭财富；其三，家族信托主要提供定制化事务管理和金融服务，业务模式主要包括提供财产规划、风险隔离、资产配置、子女教育、家族治理、公益（慈善）事业等；其四，家族信托准入门槛为财产金额或价值不低于1000万元；其五，家族信托受益人应包括委托人在内的家庭成员，但委托人不得为唯一受益人。其六，单纯以追求信托财产保值增值为主要信托目的，具有专户理财性质和资产管理属性的信托业务不属于家族信托。

在上述监管条文为开展家族信托业务提供标准化的指引同时，2018年信托公司的家族信托业务也取得了较快的发展。建信信托在家族信托细分领域相对其他信托公司具有较大优势，其半年报数据披露，截至2018年6月底，建信信托家族信托业务已落实配置规模超过300亿元，各系列家族信托设立单数超过800单，几乎占领了国内家族信托业务的半壁江山。

其他信托公司也在2018年加速布局家族信托业务。年初，中国外贸信托成功将家族信托的资产类别扩大到不动产领域，我国首单不动产传承家族信托产品落地正式运行；同期，中建投信托发行首单家族信托产品——中建投信托·传承壹号单一信托，以现金、信托受益权和保险金请求权等为主要受托财产，为客户提供家族财富综合管理；4月底，平安信托在全权委托型家族信托基础上推出了标准化咨询型家族信托，降低了投资门槛，使更多中产阶级享有家族信托提供的信托服务；同期，长安信托与中德安联人寿保险公司合作推出的“安享世家保险金信托”；9月份，光大信托实现了家族信托业务的突破，发行首单家族信托产品——光大信托·传承系列1号家族信托，产品初始规模1100万元，聚焦资产配置、财富传承、事务管理、家庭成员生活保障、教育以及公益慈善等方面。

总体而言，2018年家族信托展现三大特点。其一，保险金信托备受关注。据用益信托披露，2017—2018年能够提供保险金信托服务的保险公司数量翻了一倍；另外，保险金业务的客户数量从2014年的10位跃升至2017年的超过1000位，信托资产规模超过50亿元，占家族信托资产规模10%以上。保险金信托从1.0版本衍生至3.0版本，即由保险在家族信托体系外成立衍生至保险嵌入家族信托体系。

具体而言，保险金信托1.0指保险和家族信托分别成立，投保人（即信托委托人）将受益人变更为信托公司；保险金信托 2.0 指保险与家族信托均成立后，投保人、受益人均变更为信托公司，由信托公司利用信托财产继续缴纳保费；保险金信托 3.0 指家族信托成立后，由信托公司利用信托财产购买保险，订立保险合同，由此保险合同的投保人、受益人就视为信托公司。2.0 与 3.0 版本的保险金信托可以兼顾稳定的保费来源以及丰富信托资产的组合，利用保险杠杆效应传承资产。

其二，信托公司布局家族信托细分市场。以平安信托为例，家族信托产品线细分为：保险金信托（由平安信托与平安人寿联合推出，兼具保险的保障功能和信托的财富传承、隔离和资产配置功能）、定制型家族信托（门槛 1000 万元，可接受客户提供现金、保单相关权利、金融产品等多种委托资产类别）、专享型家族信托（门槛 3000 万元，可充分按照客户的意愿，设置专享的传承方案与资产配置方案）、家族办公室模式家族信托（门槛 1 亿元，由平安信托承担受托职能，并联合委托人的家族办公室团队一起实现动态的专享家族事务管理以及资产配置功能）。截至 2018 年 9 月，平安家族信托客户数超过 2000 人，管理规模近 70 亿元，平安信托家族信托业务得到全面升级。

其三，信托公司关注家族信托品牌的建设。据《证券日报》披露，自 2010 年以来，超过 30 家信托公司提出了 50 余次商标申请。2018 年，继平安信托升级推出"平安家族信托"品牌之后，11 月份天津信托和山东信托分别发布家族信托品牌。天津信托为其家族信托申请的商标名称为"世嘉信"，包括"天信世嘉·信远"资金家族信托和"天信世嘉·信弘"保险家族信托等系列。山东信托发布"德善齐家"家族信托品牌，系列产品核心的功能就是在家族信托中设立孝悌金、婚姻祝福金、教育奖励金、教育慈善基金和疾病救助基金，引导家族成员传承正确的价值观和良好的家风。

（五）消费信托

2018 年 3 月 5 日，李克强总理在第十三届全国人民代表大会第一次会议上指出要"顺应居民需求新变化扩大消费，着眼调结构增加投资，形成供给结构优化和总需求适度扩大的良性循环"。这一论述充分体现了国家对扩大消费、推动消费升级的高度关注，通过消费提高我国经济内生增长动力是维持经济可持续发展的重要途径。2018 年，天猫双十一当天成交额达到 2135 亿元人民币，较 2017 年增加 26.9%，消费细分市场的活力与规模在 2018 年得到充分释放，消费金融也因此成为金融机构争夺的新兴领域。

近年来，多家信托公司也悄然发力消费金融领域。其中，中融信托将消费金融业务定位为公司主营业务，并专门设立了消费金融部，业务上与多家电商平台合作，在消费金融领域提供融资、消费、理财的综合金融主动管理服务。2018 年 8 月 17 日，中信信托参与发起设立中信消费金融公司，继渤海信托于 2015 年出资 1.1 亿元成为中邮消费金融公司第三大股东（持股 11%）后，成为第二家参与设立消费金融公司的信托机构，而中信信托在此次设立消费金融公司项目中占主导地位，在信托行业内尚属首次。

根据信托业协会数据披露，截至 2017 年底，已有 18 家信托公司开展了消费金融信托业务。其中，外贸信托、云南信托、渤海信托、中融信托、中航信托、中泰信托 6 家信托公司消费金融信托资产规模超过 100 亿元；另有 5 家信托公司的消费金融信托资产规模超过 10 亿元，7 家信托公司小规模试水消费金融领域。2018 年初，消费金融信托业务产品规模超过 1000 亿元。与此同时，2018 年 6 月前瞻产业研究院发布的《消费金融行业市场前瞻与投资战略规划分析报告》，指出 2018 年我国消费金融行业市场规模预测 30.51 万亿元（其中预测中国互联网消费金融交易规模 1.94 万亿元），行业利润水平可达到 9092 亿元。显然，将 1000 亿元的消费金融信托资产规模与消费金融市场容量相比，可见消费金融领域巨大的发展前景。

2018 年信托公司在消费金融信托业务上纷纷发力。据中国信托登记有限责任公司产品成立公示数据披露，2018 年 1—11 月，68 家信托公司共新登记消费信托产品 48 个，月均登记产品数量为 4.36 个，较 2017 年月均登记数量提高 63.3%。其中，华润信托、华能贵诚信托、安徽国元信托登记产品数量位居 68 家信托公司前三名，在中国信托登记有限公司公示消费信托产品数量分别为 9 个、8 个和 6 个。

2018 年消费信托产品的发行数量呈现首尾月份高位运行，年中月份波动上扬的趋势。受季节性因素影响，2018 年 1—2 月消费信托登记数量维持较高水平，随后快速降至低位并在 3 月触底慢慢回升；4—8 月消费信托产品登记数量上行趋势明显，信托公司在消费信托领域进入集中发力期；第三季度以来，消费信托产品的发行数量波动程度急剧上升，10 月份只有 1 单消费信托产品备案公示，而 11 月消费信托产品备案数量突然跃升至 7 单，仅次于 8 月份消费信托备案数量。如图 1 – 19 所示。

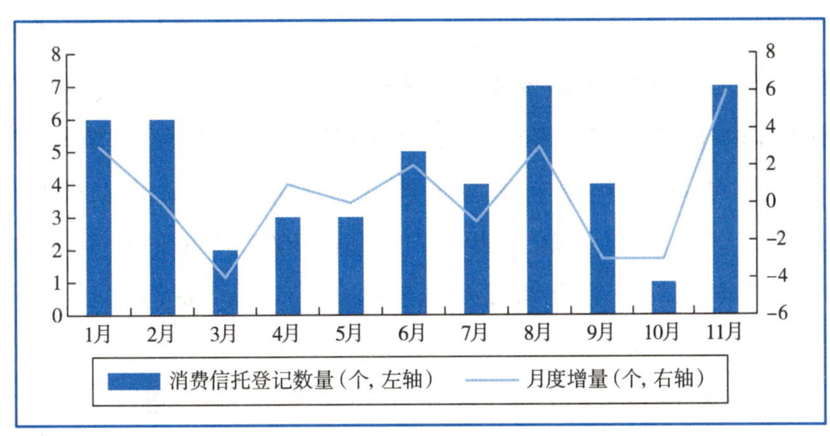

图 1－19 2018 年 1—11 月消费信托登记数量

（六）资产证券化

2018 年，信托业为了更好助力供给侧结构性改革，提高资本市场资金配置效率，多家信托公司纷纷缩减通道业务，转而开展向资产证券化市场深水区的探索。资产证券化业务主要包括银行贷款证券化（CLO）、企业资产支持证券（ABS）、交易商协会资产支持票据（ABN）三个领域。信托公司参与资产证券化业务有助于进一步健全金融市场的职能。一方面，资产证券化业务提高了信托公司的主动管理能力。信托公司在 CLO、ABN 领域主要扮演受托人角色，在前期招标和尽职调查过程中，对底层资产的把控和管理能力不断增强。另一方面，信托公司的参与也提高了资产证券化对市场要素的配置效率。在企业资产支持证券（ABS）领域，信托公司将中小额贷款、信托受益权、租金、收费权等基础资产整合成为适合证券化的资产池，并承担部分项目的投资人角色，提高了基础资产的流动性，优化了实体企业现金流的期限结构。

据中国信托业协会数据披露，截至 2018 年 9 月末，已有近半数的信托公司开展信贷资产证券化业务，累计发行产品超过 500 个，规模超过 2 万亿元；近 20 家信托公司开展信托型资产支持票据业务，累计发行产品超过 80 个，涉及的基础资产包括企业应收账款、租赁债权、信托受益权、收费收益权、PPP 债权、委托贷款、票据收益权等财产权利以及基础设施等。

从增量视角来看，中国信托登记有限责任公司产品成立公示数据披露，2018 年 1—11 月，68 家信托公司共新登记资产证券化信托产品 121 个。其中，银行贷款证券化（CLO）和企业资产支持证券（ABS）信托产品 83 个，占比 68.6%；交易商协会资产支持票据（ABN）信托产品 38 个，占比 31.4%。2018 年前 11 个月，资产证券化信托产品月均新发行 11 个，远高于 2017 年月均水平（5 个），表明信托公司参与资产证券化市场的程度大幅提升。

具体而言，2018 年资产证券化信托产品的发行数量呈现波动上扬的趋势。受季节性因素影响，2018 年第一季度资产证券化信托产品的发行数量自年初缓慢下降，总体发行情况在全年较为低迷，但相对 2017 年依然略有增加；第二季度资产证券化信托产品发行月度情况差异不大，进入产品发行的稳定期，月产品发行数量维持在 5 到 10 之间；第三季度以来，资产证券化信托产品的发行集中爆发，7 月份当月新发行产品 17 个，在全年新发行产品数量上仅次于 11 月（24 个）。如图 1－20 所示。

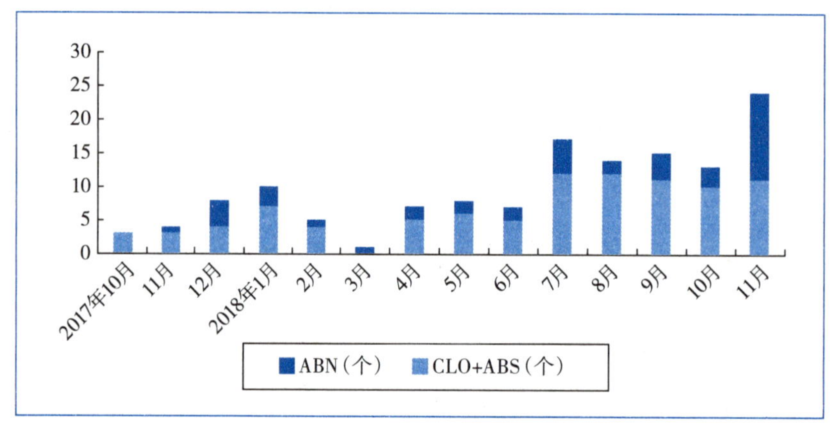

图 1－20　2017—2018 年资产证券化信托产品月度数量变化

在资产证券化信托产品发行主体上，华润信托无论从信贷资产、企业资产证券化方面还是资产支持票据方面，产品新发数量均领跑国内其他信托公司，2018 年 1—11 月共发行资产证券化信托产品 26 个。建信信托紧随其后，同期新发行资产证券化信托产品数量为 18 个。上海信托、中海信托、华能信托、中铁信托、对外经贸信托、五矿信托、长安信托、昆仑信托在资产证券化领域相对其他信托公司也展现诸多成果。如表 1－10 所示。

表 1－10　2018 年资产证券化信托产品发行数量前 10 名的信托公司　　单位：个

排名	信托公司	CLO + ABS 信托产品数量	ABN 信托产品数量	合计
1	华润信托	18	8	26
2	建信信托	17	1	18
3	上海信托	11	2	13

续表

排名	信托公司	CLO + ABS 信托产品数量	ABN 信托产品数量	合计
3	中海信托	13	0	13
5	华能信托	2	5	7
6	中铁信托	4	2	6
7	对外经贸信托	5	0	5
7	五矿信托	0	5	5
9	长安信托	1	3	4
9	昆仑信托	3	1	4

资料来源：中国信托登记有限责任公司发行公示数据，经整理得到。

在信托公司通过资产证券化业务谋转型的过程中，其所扮演的角色也更加丰富，信托公司已不满足仅仅作为单一受托人参与资产证券化业务，从 ABS 资产形成前为原始权益人融资到基础资产管理、交易结构设计、尽职调查、产品的发行与管理，信托公司充分参与到资产证券化业务中，通过主动管理承担风险并获取较高的收益。

五、监管新政配套细则纷纷出台

2017 年，信托业注重制度设计的规范性、完备性建设，监管评级、登记制度、慈善信托等多方面出台监管细则，监管高层在年底重磅推出《关于规范金融机构资产管理业务的指导意见（征求意见稿）》。2018 年，随着《关于规范金融机构资产管理业务的指导意见》的正式发布，资管行业纷纷出台细则，落实资管新政中的监管要求，各类资管主体的业务模式、流程、范围逐步明确。

行业监管趋严使信托处罚层出不穷，据公开数据披露，2018 年前三季度信托行业共开出罚单 22 张，合计罚款金额 779 万元，其中银保监会开出的罚单 19 张，接近 2017 年的全年开出罚单数量。其中，1 月份有 5 家信托公司被开出 7 张罚单，处罚原因涉及房地产、股权投资、资产池、地方融资平台等多个领域。

另外，2018 年信托公司在业务转型领域频频发力，监管部门在部门设置、政信合作、同业合作等领域也进行了一系列顶层设计。具体如表 1 – 11 所示。

表 1－11　2018 年影响信托业发展的行业新规

时间	发布机构	政策、文件名称	主要内容
1 月	银保监会	《中国银监会关于印发商业银行委托贷款管理办法的通知》	明确委托贷款的业务定位和各方当事人职责、规范委托贷款的资金来源、规范委托贷款的资金用途、要求商业银行加强委托贷款风险管理、加强委托贷款业务的监管等五方面内容
	银保监会	《保险资金运用管理办法》	保险资金运用形式包括：银行存款；买卖债券、股票、证券投资基金份额等有价证券；投资不动产；投资股权等。保险资金投资保险资产管理产品以外的其他金融产品（包括信托产品），金融产品信息应当在中国保监会认可的资产登记交易平台进行登记和披露
3 月	银保监会	《银行业金融机构从业人员行为管理指引》	从业人员范围涵盖签订劳动合同的在岗人员以及银行业金融机构聘用或与劳务派遣机构签订协议从事辅助性金融服务的其他人员。银行业金融机构应配备专人负责从业人员行为管理，重点防范从业人员不当行为引发的信用风险、流动性风险、操作风险和声誉风险等各类风险
	财政部	《关于规范金融企业对地方政府和国有企业投融资行为有关问题的通知》	金融企业发行银行理财、信托计划等资产管理产品参与地方建设项目，应按照“穿透原则”全面掌握底层基础资产信息，强化期限匹配，并不得要求或接受地方政府承诺回购，对不合规的 PPP 项目不能提供融资
	银保监会	《保险公司股权管理办法》	资产管理计划、信托产品可以通过购买公开发行股票的方式投资上市保险公司。单一资产管理计划或者信托产品持有上市保险公司股票的比例不得超过该保险公司股本总额的 5%。另外，严禁挪用保险资金，或者以保险公司投资信托计划、私募基金、股权投资等获取的资金对保险公司进行循环出资
	证监会	《证券期货市场诚信监督管理办法》	将证券期货市场投资者、新三板挂牌公司等纳入诚信信息覆盖的主体范围，实现资本市场诚信监管“全覆盖”，建立主要市场主体诚信积分管理制度，对主要市场主体实施诚信分类监管

续表

时间	发布机构	政策、文件名称	主要内容
4月	中国人民银行、银保监会、证监会、外管局	《关于规范金融机构资产管理业务的指导意见》	该文件旨在规范金融机构资产管理业务，统一同类资产管理产品监管标准，有效防范和控制金融风险，引导社会资金流向实体经济，更好地支持经济结构调整和转型升级。主要包括：公募产品投资限制、资管产品禁止多层嵌套、约束资金池业务、避免期限错配、控制杠杆、破除刚性兑付等
	银保监会	《保险公司信息披露管理办法》	明确了保险公司应当进行披露的信息，包括：基本信息、财务会计信息、保险责任准备金信息、风险管理状况信息、保险产品经营信息、偿付能力信息、重大关联交易信息、重大事项信息
5月	银保监会	《银行业金融机构数据治理指引》	明确了银行业金融机构数据治理架构，董事会、监事会和高管层等的职责分工，提出可结合实际情况设立首席数据官。明确银行业金融机构数据管理方面的要求，涵盖数据标准化、信息系统、数据共享、数据安全、应急预案、问责机制等方面
	银保监会	《银行业金融机构联合授信管理办法（试行）》	多家银行业金融机构对同一企业进行授信时，可建立信息共享机制，共同收集汇总、交叉验证企业经营和财务信息。对进入企业融资风险预警状态进行明确说明
8月	银保监会	《信托部关于加强规范资产管理业务过渡期内信托监管工作的通知》	按照“实质重于形式”原则，以财产权信托的名义开展资金信托业务的情况，适用于资管新规。同时，将家族信托、公益（慈善）信托确定为不受资管新规规制的产品，但是具有专户理财性质和资产管理属性的信托业务不属于家族信托
9月	银保监会	《商业银行理财业务监督管理办法》	商业银行理财产品财产独立于管理人、托管机构的自有资产，因理财产品财产的管理、运用、处分或者其他情形而取得的财产，均归入银行理财产品财产
	中国信托业协会	《信托公司受托责任尽职指引》	对信托公司的尽职调查、投资者适当性等问题均作出了规定，旨在明确信托公司开展信托业务的受托责任、尽职要求，达到约束受托人和委托人“卖者尽责、买者自负”的目的

续表

时间	发布机构	政策、文件名称	主要内容
10 月	证监会	《证券期货经营机构私募资产管理业务管理办法》	明确各类私募资管产品均依据信托法律关系设立，主要包括：明确资管计划财产独立，独立于管理人、托管人的固有财产；规定“卖者尽责、买者自负”，经营机构勤勉尽责，坚持客户利益至上，明确经营机构应履行的各项主动管理职责。另外，还对业务主体、业务形式、信息披露、风险管理等方面进行说明
	证监会	《证券期货经营机构私募资产管理计划运作管理规定》	资产管理计划应当向合格投资者非公开募集，并约定了合格投资者的类别。另外，明确了证券期货经营机构资产管理计划募集、投资、风险管理、估值核算、信息披露以及其他运作活动的细则
12 月	银保监会	《商业银行理财子公司管理办法》	银行理财子公司开展理财业务，应当遵守成本可算、风险可控、信息充分披露的原则，严格遵守投资者适当性管理要求，保护投资者合法权益。同时，规定了银行理财子公司的设立条件、股东的资格、业务规则、产品投资领域、同业合作、风险管理等内容

资料来源：根据银保监会、证监会、信托业协会等机构披露资料，经整理得到。

（一）监管新政逐步落实

2018 年 4 月，中国人民银行、银保监会、证监会、外汇管理局正式出台《关于规范金融机构资产管理业务的指导意见》（后文简称《指导意见》），主要涉及打破刚性兑付、限制产品分级、禁止资金池业务、明确合格投资者标准、规范多层嵌套、明确产品认购起点等方面。与 2017 年 11 月发布的《关于规范金融机构资产管理业务的指导意见（征求意见稿）》（后文简称《征求意见稿》）相比，在约定业绩报酬、合格投资者条件、金融机构的管理人职责、标准化债权类资产的范畴、净值化管理等方面存在细微调整。

在约定业绩报酬方面，《指导意见》第二条相对于《征求意见稿》进一步补充说明“金融机构可以与委托人在合同中事先约定收取合理的业绩报酬，业绩报酬计入管理费，须与产品一一对应并逐个结算，不同产品之间不得相互串用”。该条款强调了金融机构要独立核算产品的投资收益，并以此根据与委托人的约定计提报酬，避免层层嵌套造成收益核算不清，同时避免资金池业务对委托人权益的混淆。

在合格投资者条件方面，《指导意见》第五条相对于《征求意见稿》完善了对合格投资者的定义，在“家庭金融资产不低于500 万元”的基础上补充了“家庭金融净资产不低于300 万元”，并且明确表示投资者不得使用贷款、发行债券等筹集的非自有资金投资资产管理产品。该条款同时约束了合格投资者的资产端和债务端，有效规避了潜在的投资风险。

在金融机构的管理人职责方面，《指导意见》第八条相对于《征求意见稿》将金融机构应当履行的管理人职责增加了“在兑付受托资金及收益时，金融机构应当保证受托资金及收益返回委托人的原账户、同名账户或者合同约定的受益人账户”。该条款体现监管部门对于委托人权益的保护，避免打破刚性兑付后投资收益分配流程的混乱不清，同时对管理人行使职责提出了更高的要求。

在标准化债权类资产的范畴方面，《指导意见》第十一条相对于《征求意见稿》将标准化债权类资产应当同时符合的条件补充归纳为“等分化，可交易；信息披露充分；集中登记，独立托管；公允定价，流动性机制完善；在银行间市场、证券交易所市场等经国务院同意设立的交易市场交易”。该条款进一步强调了标准化债权类资产在产品登记、托管、交易过程中应具备的典型特征。同时，对该类产品的管理流程也提出了具体要求。

在净值化管理方面，《指导意见》第十八条相对于《征求意见稿》将净值管理单独列出，体现了监管部门对净值管理的高度关注。《指导意见》补充了净值管理的具体方式，要求托管机构进行核算并定期提供报告，外部审计机构进行审计确认，被审计金融机构及时披露审计结果并同时报送金融管理部门。虽然指导意见鼓励采用市值计量方法测算公允价值，但同时规定两种情况下（即：资产管理产品为封闭式产品，且所投金融资产以收取合同现金流量为目的并持有到期；资产管理产品为封闭式产品，且所投金融资产暂不具备活跃交易市场，或者在活跃市场中没有报价也不能采用估值技术可靠计量公允价值），也可采用摊余成本计量公允价值。

《指导意见》的颁布规范了资管行业的秩序，随后监管部门也出台了一系列配套文件和实施细则，落实《指导意见》的相关条款。

2018 年 8 月，银保监会发布《信托部关于加强规范资产管理业务过渡期内信托监管工作的通知》，规范金融机构资产管理业务，统一同类资产管理产品监管标准。文件明确指出公益（慈善）信托、家族信托、财产权信托不适用《指导意见》相关规定。同时，在“实质重于形式”的监管原则下，监管部门将加强对各类信托业务及创新产品的穿透式监管，还原其业务和风险实质（即同类业务适用同一监管标准)。基于此,文件也指出单纯以追求信托财产保值增值为主要信托目的,具有专户理财性质和资产管理属性的信托业务不属于家族信托,应避免该类产品以家族信托的形式绕开监管;同理,以财产权信托名义开展的资金信托业务依旧适用于《指导意见》。

另外,《信托部关于加强规范资产管理业务过渡期内信托监管工作的通知》强调对事务管理类信托业务要区别对待,依据信托目的、信托资产来源及用途的合法合规性,严格限制为委托人提供监管套利的事务管理类信托业务,支持符合监管要求并且资金投向实体经济的事务管理类信托业务。

2018 年 9 月,信托业协会落实《指导意见》,发布《信托公司受托责任尽职指引》,进一步规范信托公司的经营行为,明确信托公司开展信托业务的受托责任尽职要求。文件规定了信托公司制定的信托业务操作规程应包括尽职调查与审批管理、产品营销与信托设立、运营管理、合同规范、终止清算、信息披露、业务创新等环节,涵盖了信托业务的所有流程。

《信托公司受托责任尽职指引》落实了《指导意见》中"卖者尽责"的理念,指出信托公司在尽职调查完成后,应当真实、准确、完整地出具调查报告。具体而言,应至少包括以下内容:尽职调查工作简要介绍(调查人员、调查对象、调查时间、调查地点、调查方法等);调查内容(可由信托公司根据信托财产运用的方式进行适当调整);调查结论。信托公司应该妥善保存尽职调查报告以及相应的文件依据。

另外,《信托公司受托责任尽职指引》在产品营销过程中,落实了《指导意见》中"加强投资者适当性管理"的规定。明确规定首次推介产品时进行风险适应性调查,调查结果两年有效,从一定程度上减少了投资者后续认购信托的操作成本。同时,文件也明确了问卷调查的方式,既可以使用书面形式也可以在身份认证后使用电子形式,为信托公司应用金融科技提高产品营销效率、降低营销成本提供了便利。

《信托公司受托责任尽职指引》在运营管理、合同规范、终止清算、信息披露、业务创新也作出了明确说明,落实《指导意见》中的相关规定。具体而言,信托公司应当建立业务人员的资格认定、培训、考核评价和问责制度,并且对受托机构开展尽职调查,实行名单制管理;信托公司应当采取书面形式设立信托,信托文件应当明确约定信托当事人在尽职调查、信托设立、信托财产管理、运用和处分中的权利义务及风险责任承担;信托公司应当在信托文件中明确约定受托人报酬、各项信托费用及支付方式，并向委托人充分披露；信托公司不得以业务创新为名，违反法律、行政法规、部门规章及其他规范性文件的规定或变相逃避监管。

与此同时，2018 年 9—10 月，银保监会发布《商业银行理财业务监督管理办法》，证监会发布《证券期货经营机构私募资产管理业务管理办法》和《证券期货经营机构私募资产管理计划运作管理规定》，纷纷落实《指导意见》相关规定。信托公司作为同业参与者，与银行、证券的同业业务也将受到影响。一方面，商业银行应当通过具有独立法人地位的子公司或者通过总行设立的理财业务专营部门开展理财业务，银信合作业务将受到压缩；另一方面，证券公司、基金管理公司、期货公司开展的私募资管业务得到统一规范，包括禁止证券期货经营机构通过合同约定让渡管理职责，禁止管理人按照委托人或其指定第三方的指令或者建议进行投资决策，信托公司与上述金融机构的同业合作也将面临进一步转型的压力。

总的来说，自 2018 年 4 月《关于规范金融机构资产管理业务的指导意见》出台以来，信托、银行、证券行业纷纷出台行业监管细则，具体规范去除刚性兑付、禁止绕开监管的通道业务，明确“卖者尽责、买者自负”的资管理念在行业内的具体实现措施。

（二）顶层设计进一步规范行业发展

1. 部门设置日益完善

2018 年 3 月 20 日，银监会（现在合并为银保监会）印发《银行业金融机构从业人员行为管理指引》，以督促银行业金融机构加强从业人员行为管理，促进银行业安全、稳健运行。其中，第三条规定银行业金融机构从业人员包括：按照《中华人民共和国劳动合同法》规定，与银行业金融机构签订劳动合同的在岗人员；银行业金融机构董（理）事会成员、监事会成员及高级管理人员；银行业金融机构聘用或与劳务派遣机构签订协议从事辅助性金融服务的其他人员。该条款意在强化金融机构的社会责任，避免机构高层将业务流程的违规操作归结于临时聘用人员来逃避主体责任。另外，第五条和第十条分别强调金融机构应建立覆盖全面、授权明晰、相互制衡的从业人员行为管理体系，银行业金融机构应配备专人负责从业人员行为管理，该岗位的从业人员应品行端正、业务熟练，并具有与履职相匹配的经验和适当的职级。上述条款旨在通过组织机构建设、制度建设重点防范从业人员不当行为引发的信用风险、流动性风险、操作风险和声誉风险等各类风险。

2018 年 5 月 21 日，银保监会发布《银行业金融机构数据治理指引》，指导银行业金融机构加强数据治理，提高数据质量，发挥数据价值，提升经营管理能力。其中，第十一条明确规定银行业金融机构高级管理层负责建立数据治理体系，确保数据治理资源配置，制定和实施问责和激励机制。银行业金融机构可根据实际情况设立首席数据官，设置监管数据相关工作专职岗位。另外，银行业金融机构数据管理应涵盖：数据标准化、信息系统、数据共享、数据安全、应急预案、问责机制等方面；同时，要建立相应的评估机制，评估内容应覆盖：数据治理架构、数据管理、数据安全、数据质量和数据价值实现等方面，并每年向监管部门提交评估报告。随着投资者理财意识的提高，资管产品的市场需求被急速放大，客户结构和层次也更加多样化，金融机构数据管理体系的构建有助于提高其对客户服务的效率，在降低管理成本的同时完善风险隔绝和监控体系，保护投资者的合法权益。

2. 政信合作须规范

2018 年 3 月 28 日，财政部印发《关于规范金融企业对地方政府和国有企业投融资行为有关问题的通知》，规范金融企业在服务地方发展、支持地方基础设施和公共服务领域建设中的政信合作业务，避免捆绑地方政府、捆绑国有企业等问题，消除财政金融风险隐患。文件指出，当金融企业向参与地方建设的国有企业或 PPP 项目提供融资时，应按照“穿透原则”加强资本金审查，确保资本金来源合法合规，融资项目满足资本金比例要求。同时，规定了政府性融资担保机构应按照市场化方式运作，依法依规开展融资担保服务，自主经营、自负盈亏，不得要求或接受地方政府以任何形式在出资范围之外承担责任。

该文件结合资管新规的要求，旨在加强对项目资金来源、期限、基础资产等核心要素的审查，并依照“穿透原则”进行监管。该文件要求金融机构强化项目的风险管理能力，不能过度依靠政府信用确保现金流的收益。因此，体现信托公司和地方政府合作的 PPP 项目将面临更加严格的行业监管。

3. 同业合作约束与机遇并存

2018 年 1 月 24 日，保监会（后合并为银保监会）发布《保险资金运用管理办法》，以规范保险资金运用行为，防范保险资金运用风险。文件规定，除了投资保险资产管理产品（包括银行存款、债券、股票、基金、不动产、股权等）以外，保险资金还可投资于其他金融产品（包括信托产品），同时规定金融产品信息应当在中国保监会认可的资产登记交易平台进行登记和披露。因此，信托公司与保险的合作将由业务模式创新演变为投资领域创新，进一步拓展合作空间。

此外，2018 年 3 月 2 日，银保监会发布《保险公司股权管理办法》，加强保险公司股权监管，规范保险公司股东行为。文件具体指出，资产管理计划、信托产品可以通过购买公开发行股票的方式投资上市保险公司，但进一步约束了单一资产管理计划或者信托产品持有上市保险公司股票的比例不得超过该保险公司股本总额的 5%。另外，严禁挪用保险资金，或者以保险公司投资信托计划、私募基金、股权投资等获取的资金对保险公司进行循环出资。该监管文件与《保险资金运用管理办法》提供了信托与保险合作的制度准备，扫清了信保合作制度模糊不明的障碍。

2018 年 5 月 22 日，银保监会发布《银行业金融机构联合授信管理办法（试行）》，规定多家银行业金融机构对同一企业进行授信时，可建立信息共享机制，共同收集汇总、交叉验证企业经营和财务信息。同时要求，各金融机构对进入企业融资风险预警状态进行明确说明。

2018 年 12 月，银保监会发布《商业银行理财子公司管理办法》，要求银行理财子公司开展理财业务，应当遵守成本可算、风险可控、信息充分披露的原则，严格遵守投资者适当性管理要求，保护投资者合法权益。同时，规定了银行理财子公司的设立条件、股东的资格、业务规则、产品投资领域、同业合作、风险管理等内容。因此，商业银行势必将原有银信合作业务转移至与银行理财子公司的合作业务中，信托公司与银行理财子公司在业务上的竞争趋势加剧。

六、金融科技助力信托业务和展业模式融合创新

2018 年，随着资管新政逐步落实，信托公司在业务去通道和行业竞争的双重压力下，进一步加大信托创新力度，通过提高主动管理能力积极布局细分市场。在此背景下，不同细分领域业务的交叉结合、信托资产端创新、金融科技的应用成为 2018 年信托业加速创新的突破点。

（一）消费信托与资产证券化相结合

近几年，信托公司在开展资产证券化业务的过程中积极参与包括底层的资产筛选、现金流切割、分层结构设计等核心环节，提高在该业务领域的主动管理能力。与此同时，信托公司在资产证券化业务领域步入深层创新阶段，2017 年信托公司在基础资产、交易结构层面展开诸多创新性设计，积极布局资产证券化业务。2018 年，信托公司在资产证券化领域的创新步伐持续向前，不同信托细分业

务的相互融合成为新的创新方向。

资产证券化是信托公司产品创新的重要模式，消费信托是信托公司产品创新的重要领域。平安信托曾在2017年将两者融合，携手京东成功发行国内首单消费金融信托型ABN。2018年8月，平安信托作为发行载体管理机构，进一步将互联网消费金融、债券通、ABN模式创新性地结合在一起，成功发行国内首批公募债券通ABN项目——北京京东世纪贸易有限公司2018年度第一期资产支持票据（债券通），该项目通过“债券通”创造性地引入了境外投资者，在扩大潜在投资规模的同时优化了我国银行间市场的交易者结构，为具有融资需求的实体企业提供了多样化金融服务。该项目初期发行规模10亿元，填补了国内互联网消费金融债券通ABN领域的空白。

债券通的概念在2016年1月被提出来，目的在于连通内地主要在岸债券市场基础设施，提供跨境现货债券交易及结算。2017年7月3日，“北向通”正式上线运行，即境外投资者通过“北向通”可以投资于所有在银行间债券市场交易流通的券种，主要包括两种形式：其一，参与银行间债券市场发行认购；其二，通过二级市场买卖。

由于该项目向境外投资者开放认购，因此在传统国内评级基础上首次引入国际评级机构（惠誉国际）对该项目的优先A级资产支持票据进行评级，获得了“A+”级国际评价，汇丰银行、渣打银行等境外投资机构积极开展对该项目的认购。

具体而言，平安信托“债券通”项目的基础资产为“京东白条应收账款”债权，委托人和发起机构为北京京东世纪贸易有限公司，平安信托为基础资产的受托机构并管理发行载体。由于该项目属于银行间债券市场发行的资产支持票据，因此投资方为银行间市场的机构投资者，投资收益来源于“京东白条应收账款”的还款资金。该项目分为四档：优先A级资产支持票据（发行规模7.5亿元，发行利率4.8%）、优先B级资产支持票据（发行规模1.5亿元，发行利率4.9%）、中间级资产支持票据（发行规模0.5亿元，发行利率7.15%）、次级资产支持票据（发行规模0.5亿元），其中前三档资产支持票据在全国银行间债券市场进行公开发售。如表1－12所示。

表 1－12　北京京东世纪贸易有限公司 2018 年度第一期资产支持票据分级结构

产品	评级	规模（百万）	占比	预期到期日	预期期限（年）	摊还方式	利率及类型
优先 A 级	AAA	750	75%	2020/2/25	1.5	过手摊还	4.8%，固定
优先 B 级	AA	150	15%	2020/2/25	1.5	过手摊还	4.9%，固定
中间级	BBB⁻	50	5%	2020/2/25	1.5	过手摊还	7.15%，固定
次级	未评级	50	5%	2020/2/25	1.5	—	—

资料来源：《北京京东世纪贸易有限公司 2018 年度第一期资产支持票据（债券通）募集说明书》。

北京京东世纪贸易有限公司 2018 年度第一期资产支持票据（债券通）的基本交易结构、各方法律关系、现金流情况如图 1－21 所示。平安信托作为特定目的信托管理机构与发起机构（京东）签订信托合同，将京东合法拥有、依法可以转让的京东白条应收账款作为入池资产加以管理，以该信托财产为基础向主承销商（中国银行）发行各级资产支持票据。投资者将认购资金交由主承销商，并获取承销资产支持票据，享有信托项下相应信托受益权，认购资金最终成为发起机构的发行收入。

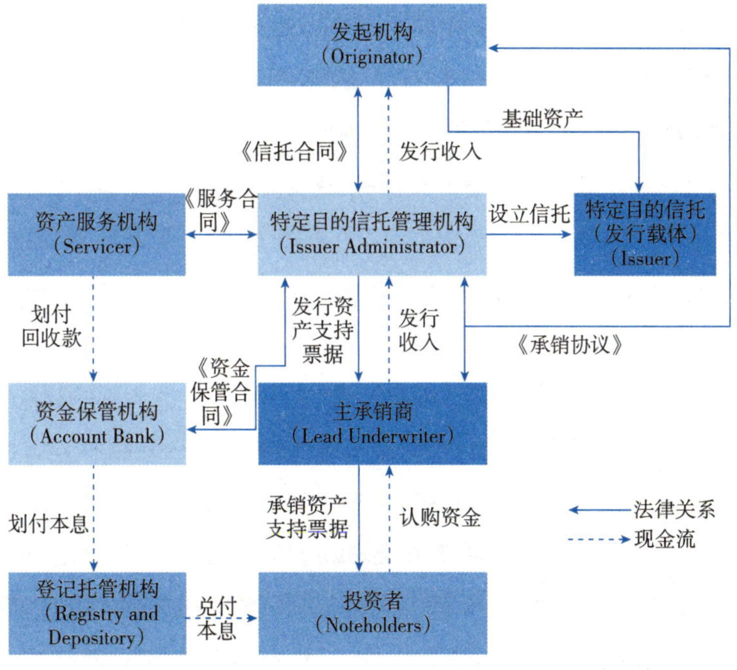

图 1－21　北京京东世纪贸易有限公司 2018 年度第一期资产支持票据交易结构

资料来源：《北京京东世纪贸易有限公司 2018 年度第一期资产支持票据（债券通）募集说明书》。

由于采用内部增信机制，偿付顺序依次为优先级、中间级、次级。次级和中间级为优先级资产支持票据的偿付提供一定的信用支持；次级为中间级资产支持票据的偿付提供一定的信用支持。

（二）养老信托体现资产端创新

截至2017年末，中国65岁以上年龄段占人口总数达11%，老龄人口比例持续攀升，老龄化趋势成为我国人口结构变化的新特点。随着老龄化问题的凸显，社会养老负担越来越重，以往我国居民养老的经济来源主要体现为退休金，而退休金的构成主要包括社保和企业年金。但中国居民的养老意识逐步加强，发展各类养老理财产品满足养老资金累积的需求逐步释放，保险、银行等金融机构已积极开拓养老金融领域，以养老为主题的银行理财、公募基金不断增多。

2018年11月初，安信信托推出了行业首款养老消费信托产品——安颐养老信托，产品总规模30亿元，预期存续期限20年（各期信托计划每满24个月开放赎回）。安颐养老信托计划将养老入住权益、消费权益和投资服务功能融为一体，体现了信托公司在资产端的又一创新，在银行理财和公募基金的基础上丰富了养老金融领域的产品结构。

养老信托可被归类于事务管理类信托，是委托人基于对受托人的信任，将其财产委托给受托人，由受托人按委托人的意愿对财产进行管理或者处分，为受益人提供全面养老服务，或将财产或财产权用于养老产业的开发和建设。认购安颐养老信托产品的投资者可获得一系列经安信信托尽职调查并筛选的优质养老服务，包括居家养老、社区养老机构的优惠购买权，及高端养老机构的优先入住权。与此同时，信托产品本身还会为老人持续贡献收益，以补充其在高端养老机构消费、生活的费用。

具体而言，在产品认购方面，该信托计划由合格个人或机构投资者以现金认购，可分期募集，后续募集的信托受益权与首期信托受益权同时到期，信托受益权单笔认购金额最低不能低于人民币300万元。

在信托利益方面，主要包括现金形式的信托利益和非现金形式的消费权益。信托计划每满两年公布次两年预期收益率，首次公布预期基准年化收益率为6.5%；除了现金形式的信托利益，受益人本人（或其指定第三方养老服务对象）每认购300万元产品份额，可优先在上海市颐和苑老年服务中心获得享有一个房间的优先入住权，同时也享有公布的其他养老服务消费的优惠权。

在资金运用方式方面，安颐养老信托计划资产配置方案主要包括短期融资券、中期票据、公司债、企业债及其他信用债等资产，银行存款、国债、央行票据、政策性金融债、货币市场基金、股票及公开募集的证券投资基金等标准化资产，另外，也包括信贷资产、信托贷款、应收账款、各类受（收）益权、非上市公司股权等非标准化资产。

信托公司开展养老信托金融服务一方面创新了传统业务模式，另一方面则提高了主动管理能力，回归了信托业的本源，也同时展现了信托在金融体系中的不可替代性。

（三）金融科技（FinTech）广泛应用

随着互联网对实体经济的渗透，以互联网产业化、工业智能化为代表的工业 4.0时代即将到来，实体企业生产环节中的投入、产出、销售等信息数据化模式成为转型方向。信托助实体是行业发展的重要方向，新兴产业与资本的深度融合使信托公司深耕金融科技领域。以人工智能、大数据为代表的金融科技研发与应用能够提高信息传输的安全性，提高信托公司防御金融、信息风险的能力。同时，金融科技的运用令信息收集变得更有效率、真实可靠，为运营效率的提高创造了便利条件。

2018 年，金融科技的应用使信托公司在业务模式领域创新颇多，主要体现在区块链、互联网科技与信托的融合。

1. 区块链与信托

2018 年 1 月，万向信托在行业内首次将区块链技术应用到信托业务中，使信托公司在向投资者提供信托服务的同时，保障了投资者的信息安全。数字存证系统利用现代加密技术将所存数字资产进行防护，万向信托将区块链技术应用于数字存证系统以后，极大提高了业务数据存储的周密性和安全性。目前，该项目已正式在万向信托的家族信托业务中上线使用。

区块链早期被定义为一种按照时间顺序将数据区块以顺序相连的方式组合成的一种链式数据结构，以密码学方式保证的不可篡改和不可伪造的分布式账本。后来区块链技术的概念被进一步拓展，即利用块链式数据结构来验证与存储数据、利用分布式节点共识算法来生成和更新数据、利用密码学的方式保证数据传输和访问的安全、利用由自动化脚本代码组成的智能合约来编程和操作数据的一种全新的分布式基础架构与计算方式。

区块链系统的基础架构模型由数据层、网络层、共识层、激励层、合约层和应用层组成。其中，数据层封装了底层数据区块以及相关的数据加密和时间戳等技术；网络层则包括分布式组网机制、数据传播机制和数据验证机制等；共识层主要封装网络节点的各类共识算法；激励层将经济因素集成到区块链技术体系中来，主要包括经济激励的发行机制和分配机制等；合约层主要封装各类脚本、算法和智能合约，是区块链可编程特性的基础；应用层则封装了区块链的各种应用场景和案例。基于上述基础架构的设计，区块链的应用领域可以包括：智能合约、证券交易、电子商务、物联网、社交通讯、文件存储、存在性证明、身份验证和股权众筹等。

万向信托将区块链技术应用于文件存储，借助区块链技术应用服务平台（BaaS），将各项具体业务中的关键材料和信息经过数字加密处理后转换成不可逆推的特征值，并将这些信息以特征值的形式存放于区块链。此项金融科技的应用一方面解决了数字资产的安全性问题，使得业务上具有更高的文档安全性；另一方面，在信托合同的真实性、合同签订时间的有效性等信息的验证中，实现了更低的线上线下存储成本、更快捷的验证效率。客户如需进行数据验证，只要将已有的材料和信息再次经过数字加密处理，然后在区块链上与其对应的信息特征值进行对比，即可验证信托合同中重要的信息是否被篡改。

具体而言，区块链在信托业务中的应用主要体现为两类场景：其一，写入上链。将重要业务资料的扫描件及部分关键信息，生成唯一且不可逆推的特征值，写入到区块链上，永久保存，不可篡改。其二，审计核对。通过区块链上不可篡改的信息，核对其所对应的线下业务资料是否曾被修改，由于信息上链的时间同样被保存在区块链上，对于追溯信托服务的有效期也极为重要。

区块链技术的应用使金融基础设施的建设进一步完善，该技术在资产管理、财富管理、风险管理等方面具有极大的应用潜力，将对未来包括信托在内的各金融业态发展起到积极的推动作用。

2. 互联网科技与信托

伴随信托业务的转型升级，产品市场渗透程度持续深入，信托公司在展业时零售业务的比重持续提高。2018 年，信托业对互联网科技（IT）的发展持续关注，围绕互联网科技开展信托业务成为行业创新的焦点。2 月初，中国信托业协会在北京主办“信托公司 IT 系统建设与发展”主题沙龙活动，32 家会员单位、协会专家理事、中国信托业保障基金共 80 余人参加此次研讨活动。

另外，信托公司对信息系统的关注和投资规模屡创新高。据 2018 年中国信托业协会对信托公司问卷调查数据披露，2017 年共有 64 家信托公司投资于信息系统建设，累计投资额 10.81 亿元，较 2016 年增长 14.61%。其中，预算投入在 1500 万元以上的信托公司有 23 家（占比为 35.94%），较 2016 年增加 7 家。从信息技术人员配置视角来看，2017 年 68 家信托公司信息技术从业人员共计 616 人，较 2016 年增加 70 人，增幅为 12.82%，显著高于行业总体人员增幅。

随着信托公司对信息技术部门和信息系统的重视程度的提升，信托公司纷纷创新业务模式。2018 年 9 月，外贸信托上线"五行生财"APP，建立针对资金端客户的全生命服务体系，从用户的角度出发搭建系统和设计功能。

"五行生财"APP 的主要功能包括：远程开户及双录、产品查询及预约、账户资产与交易、信息披露。一方面，针对潜在客户提供远程开户、在线双录、在线合同签署等一站式的注册、交易解决方案，并且通过多样化筛选功能便捷查询中国外贸信托"五行财富"新近发行的各类产品信息（包括产品名称、预期收益率、起投金额、产品期限、产品类型等），通过"五行财富"财富顾问提供专属服务。另一方面，针对存量客户提供快速查询所持有的信托资产信息服务（包括合同交易明细、收益及盈亏状况、产品净值信息等），并在线完成开放期产品申赎与转投申请。外贸信托也将通过 APP 实时披露产品成立公告、产品净值、产品运营报告、信托事务管理报告等信息。

另外，"五行生财"APP 还提供一系列增值服务，除了使客户能够实时查看财富管理及投资相关原创研究信息之外，利益返还账户变更、资产证明函开立、份额确认书导出等均可在线上完成。在 APP"发现"页面，客户可以体验一键预约私塾活动，免费参加子女教育、健康关怀、高端运动、金融投资、艺术品鉴赏收藏等活动。

七、同业竞争日益激烈，合作领域依然广泛

（一）同业信托规模占比双双下降

2018 年监管新政重点规范了资管行业同业业务开展模式，信托行业的同业业务规模持续缩减，展现新的变动趋势。中国信托业协会数据披露，截至 2018 年第三季度，投向金融机构的资金信托余额为 31455.81 亿元，较 2017 年第三季度同比下降 19.52%；较上一季度环比下降 8.65%，全年呈现持续下降趋势。从比例角度来看，2018 年第三季度投向金融机构的资金信托余额占资金信托比重为 16.14%，同比下降 2.19 个百分点，环比下降 0.78 个百分点，全年依然呈现持续下降趋势，表明投向金融机构的资金信托规模缩减的速度快于信托总资产规模缩减的速度，信托资产总规模的变化和监管政策带来的信托资产结构性变化

是产生这一现象的主要原因。具体如图 1－22 所示。

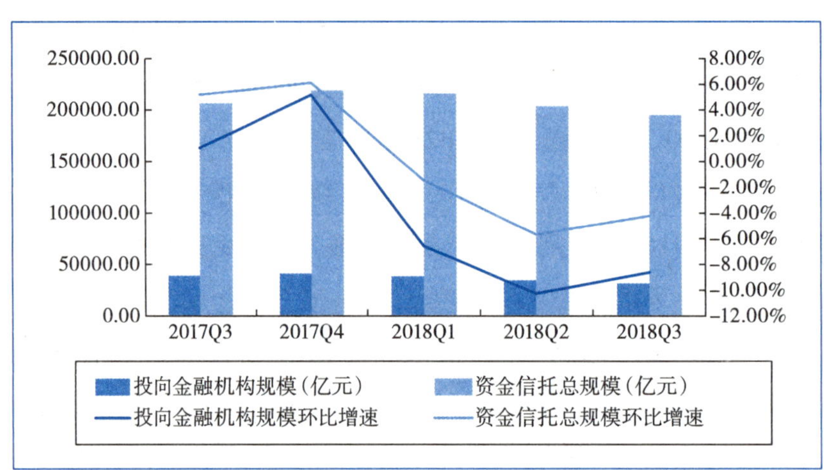

图 1－22　投向金融机构资金信托规模（2017Q3—2018Q3）

在银信合作方面，截至 2018 年第三季度，投向银信合作领域的资金信托余额为 53552.54 亿元，较 2017 年第三季度同比下降 1.45%；较上一季度环比下降 5.51%，全年呈现持续下降趋势，总规模较上年末缩水 8149.62 亿元。从比例角度来看，2018 年第三季度投向银信合作领域的资金信托余额占资金信托比重为 27.47%，同比下降 1.15 个百分点，环比下降 0.37 个百分点，前三季度占比呈现先升后降的倒 U 型趋势。

另外，截至 2018 年第三季度，证券投资信托细分市场中的银信合作信托余额为 18008.55 亿元（占银信合作信托业务总规模的 33.63%），较 2017 年第三季度同比下降 18.78%；较上一季度环比下降 7.97%，全年呈现持续下降趋势，总规模较上年末缩水 4968.85 亿元，成为带动银信合作资金信托规模下降的主要动力。从比例角度来看，2018 年第三季度证券投资信托中银信合作业务占资金信托比重为 9.24%，同比下降 1.5 个百分点，环比下降 0.38 个百分点，前三季度占比呈现持续下降趋势。因此，证券投资信托中银信合作业务规模的下降成为带动银信合作信托业务持续缩水的主要原因。具体如图 1－23 所示。

在私募基金合作方面，截至 2018 年第三季度，投向私募基金合作领域的资金信托余额为 4807.39 亿元，较 2017 年第三季度同比下降 25.3%，降幅明显；较上一季度环比下降 17.18%，全年呈现快速持续下降趋势，总规模较上年末大幅缩水 2170 亿元。从比例角度来看，2018 年第三季度投向私募基金合作领域的资金信托余额占资金信托比重为 2.47%，同比下降 0.65 个百分点，环比下降 0.39

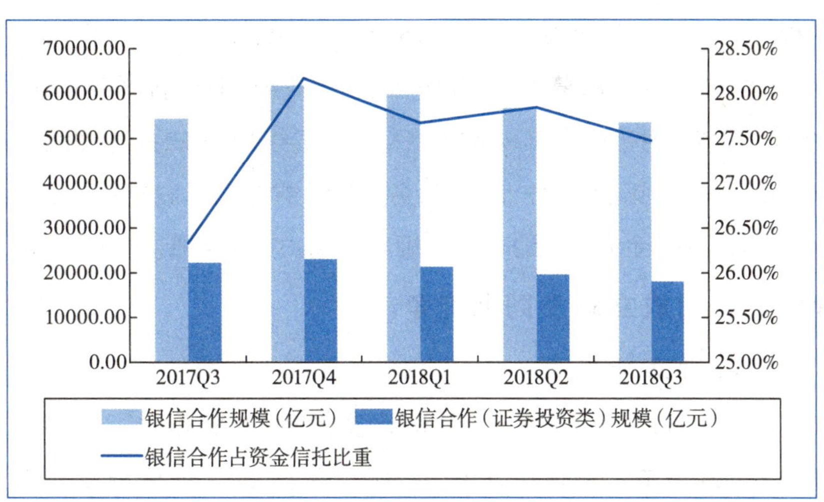

图 1 －23 银信合作信托业务规模（2017Q3 —2018Q3）

个百分点，前三季度占比呈现持续显著下降趋势，与私募基金的合作成为信托同业合作中受到影响最为显著的板块。

另外，截至 2018 年第三季度，证券投资信托细分市场中的私募基金合作信托余额为 3755.08 亿元（占私募基金合作信托业务总规模的 78.11%），较 2017 年第三季度同比下降 18.43%；较上一季度环比下降 15.53%，全年呈现持续下降趋势，总规模较上年末缩水 1357.21 亿元，业务收缩程度缓于总体私募基金合作信托业务。从比例角度来看，2018 年第三季度证券投资信托中私募基金合作业务占资金信托比重为 1.93%，同比下降 0.3 个百分点，环比下降 0.26 个百分点，前三季度占比呈现小幅下降趋势。因此，证券投资信托中私募基金合作业务规模的相对稳定减缓了私募基金合作信托业务缩水的程度。具体如图 1 －24 所示。

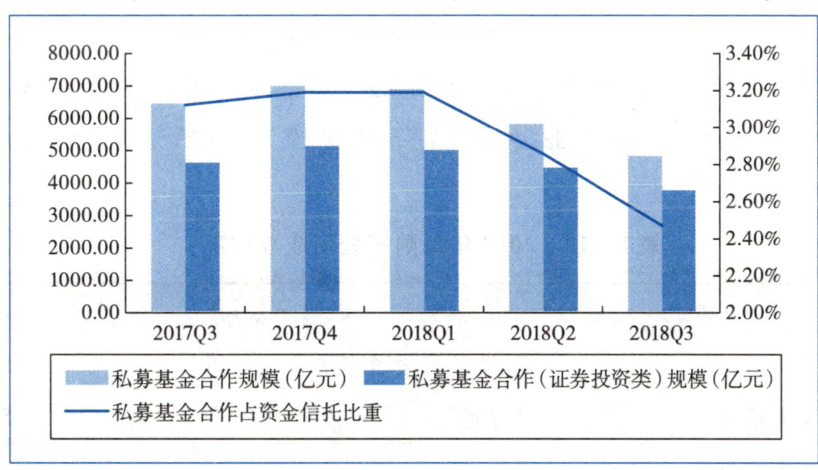

图 1 －24 私募基金合作信托业务规模（2017Q3—2018Q3）

总体来看，信托公司同业业务在2018年存在展业压力，投向金融机构信托业务、银信合作信托业务、私募基金合作信托业务纷纷收缩，但银信合作与私募基金合作在证券投资信托中的表现截然相反。证券投资信托中的银信合作业务规模下降程度高于总体银信合作信托业务，而证券投资信托中的私募基金合作业务却成为总体私募基金合作信托业务规模变动的稳定器。

（二）理财子公司成立触发同业竞争

1. 理财子公司设立情况

2018年4月27日，《关于规范金融机构资产管理业务的指导意见》（后文简称《资管新规》）正式发布，明确指出商业银行应设立具有独立法人地位的子公司开展资产管理业务。银保监会于10月19日出台《商业银行理财子公司管理办法（征求意见稿）》，随后于12月2日正式发布《商业银行理财子公司管理办法》，对银行理财子公司各项业务开展的实施细则进行具体说明。一系列政策的密集出台表明我国监管高层通过加强对商业银行理财子公司的监督管理来规范金融机构资产管理业务的决心和效率。

此后，多家商业银行纷纷发布公告，拟设立资管子公司。2018年11月26日，中国农业银行发布公告，拟出资不超120亿元投资设立农银理财有限责任公司；时隔仅1个小时，中国工商银行发布公告拟出资不超过160亿元，发起设立全资子公司工银理财有限责任公司。截至2018年11月底，国有四大银行（中国银行、中国建设银行、中国农业银行、中国工商银行）都发起设立理财子公司，合计出资不超过530亿元。而在此之前，已有包括招商银行、北京银行、交通银行、广发银行、浦发银行在内的15家商业银行宣布设立理财子公司，12月份又有三家商业银行（即邮储银行、青岛银行、顺德农商行）加入设立理财子公司行列，2018年商业银行合计出资不超过700亿元，虽然平均规模不及四大国有银行的三分之一，但商业银行出资总规模已经超过四大行。具体如表1－13所示。

表1－13　2018年理财子公司成立情况

时间	银行	理财子公司	注册资本
3月	招商银行	招银资产管理有限责任公司	50亿元
4月	华夏银行	“待定”	50亿元
	北京银行	“待定”	未披露

续表

时间	银行	理财子公司	注册资本
5 月	宁波银行	宁行资产管理有限责任公司	10 亿元
	交通银行	交银资产管理有限责任公司	80 亿元
6 月	光大银行	“待定”	50 亿元
	平安银行	平银资产管理有限责任公司	50 亿元
	南京银行	“待定”	20 亿元
	民生银行	“待定”	50 亿元
7 月	广发银行	“待定”	50 亿元
8 月	兴业银行	兴银资产管理有限责任公司	50 亿元
	浦发银行	浦银资产管理有限责任公司	100 亿元
	杭州银行	“待定”	10 亿元
10 月	徽商银行	徽银资产管理有限责任公司	20 亿元
11 月	中国银行	中国银行理财有限责任公司	100 亿元
	建设银行	建信理财有限责任公司	150 亿元
	农业银行	农银理财有限责任公司	120 亿元
	工商银行	工银理财有限责任公司	160 亿元
12 月	邮储银行	中国邮储银行理财有限责任公司	80 亿元
	青岛银行	青岛银行理财有限责任公司	10 亿元
	顺德农商行	“待定”	未披露

注：中信银行于 2015 年 11 月发起设立中信银行资产管理股份有限公司，注册资本 20 亿元。因此，包含表中 21 家银行和中信银行，截至 2018 年底共有 22 家银行设立理财子公司，合计注册资本 1230 亿元。

2. 信托业面临的压力

商业银行通过理财子公司布局资管市场有助于优化市场结构，完善资管市场价格发现功能。商业银行通过成立理财子公司可以面向不特定社会公众或合格投资者，分别采用公开或非公开发行方式发行理财产品，对受托的投资者财产进行投资和管理；另外，还可以从事理财顾问和咨询服务以及经国务院银行业监督管理机构批准的其他业务。

但同时理财子公司的出现也给信托、证券、基金、保险等同业机构带来不小冲击。相较于其他金融同业，信托行业、信托公司、信托业务将受到巨大的直接影响。银行理财子公司的牌照在资产管理较大细分领域中相当于升级版的信托牌照，理财子公司的出现将进一步打破信托业少数制度垄断，冲击信托公司的“牌照红利”。与此同时，资管市场将势必形成更高层次、更加完善、更加规范的行业竞争。

一方面，以往银信合作主要基于分业经营条件下，商业银行通过借助信托工具和信托渠道突破政策、监管和工具层面的诸多约束。当前银行理财子公司落地，上述模式的银信合作通道业务无疑将受到巨大冲击。反馈到具体的信托业务数据上，2018 年以来，作为信托通道业务归口的单一资金信托占资产规模比重持续下降，银信通道业务收缩趋势明显。

另一方面，银行理财子公司承接母银行原先的理财业务，理财子公司与母银行在业务协同、销售渠道及客户资源共享方面具有天然的优势，银行对理财产品的代销将毋庸置疑向其理财子公司倾斜，信托产品的银行代销模式也将存在极大不确定性。

3. 信托业差异化发展遇机遇

虽然银行理财子公司的出现持续挤压信托公司传统业务，但理财子公司也并不拥有“万能牌照”。银行理财子公司不能发放贷款，而中小企业财务风险较高，一贯秉承稳健风格的商业银行对高风险企业贷款支持依旧谨慎，因此银信非标的通道业务依然存在发展空间，并且对于没有设立理财子公司的商业银行而言，银信合作的通道业务并不会骤然收缩。

当然，信托公司银行纷纷成立理财子公司的背景下，不能完全依靠银信通道业务被动发展，提高主动管理能力和回归信托业务本源才能顺应市场赋予的发展机遇。监管细则明确规定“银行理财子公司不能开展财产权信托、动产或不动产信托、慈善信托等业务”，而这些业务正是信托公司 2018 年深耕细作的重点领域，也是体现信托公司的主动管理能力。

另外，在非标业务领域，信托公司相对银行理财子公司存在政策优势。从指标层面来看，理财子公司的非标业务不能超过总理财业务的 35%。而目前对于信托公司非标业务的限制尚不明确，也不存在对非标业务占比的限制性规定。

（三）同业合作依然存在广泛空间

虽然银行理财子公司的出现使同业竞争日趋激烈，但同业合作空间依然广泛。2018 年信托公司与商业银行合作不乏典型案例。1 月 17 日，中诚信托与民生银行签署战略合作协议，双方将在投融资业务、优质项目推介、代理推介金融产品、资金代理收付、托管业务、资金结算网络、资产管理、财务顾问业务等方面进行全面合作；4 月 3 日，光大银行武汉分行与国通信托签署了战略合作协议，双方将在信托业务、资金收付业务等方面开展全面合作；4 月 25 日，建设银行河南省分行与百瑞信托举行“战略合作暨同业平台合作签约仪式”，双方将在投资领域咨询、大数据应用、运营系统技术支持、硬件设备支持、银信增值业务等方面开展合作；5 月 2 日，中航信托与建设银行签订战略合作备忘录，双方将在产业基金、联合投资、并购、托管、资产证券化、产品开发等各类业务及金融科技支持服务与解决方案领域开展合作；5 月 14 日，四川信托与潍坊银行签署战略合作协议，双方将在资产证券化、债券领域开展深入合作；6 月上旬，民生银行成都分行与四川信托签订了川信 APP 项目战略合作协议，民生银行成都分行为四川信托提供线下一类账户联名卡用来归集客户资金。总结 2018 年信托公司与商业银行的同业合作模式，不难发现双方均依托自身比较优势在投资领域、金融科技等方面展开深入合作。

具体而言，信托公司可与中小型银行在理财子公司领域进行优势互补，通过相互参股、投顾、委外等方式进一步加强合作。

其一，《商业银行理财子公司管理办法》规定银行理财子公司的注册资本应当为一次性实缴货币资本，最低金额为 10 亿元人民币或等值自由兑换货币。虽然准入门槛并不高，但随着理财子公司进入资管市场深水区，会使刚刚达到准入门槛条件的中小商业银行理财子公司面临净资本压力，如果理财子公司在业务领域效仿信托和基金子公司，即使 100 亿元净资本也并不充足。此时，信托公司可以通过受让股权的方式注资并参股银行理财子公司，开展同业合作。

其二，《商业银行理财子公司管理办法》规定理财投资合作机构应当是具有专业资质并受金融监督管理部门依法监管的金融机构或国务院银行业监督管理机构认可的其他机构。因此，非金融机构（例如私募基金）作为银行理财投顾的可能性几乎不存在，而信托作为“持牌金融机构”与银行理财子公司在投顾业务、委外业务上的合作拥有政策空间。

另外，银行间 ABN 和信贷 ABS 领域也存在信托公司与商业银行的合作。在该领域，信托公司作为特殊目的载体（SPV）在破产隔离、构造基础资产的资产池方面具有难以替代的地位，理财子公司在这一方面的职能缺失将助推信托公司与商业银行在资产证券化领域的合作持续深化。

最后，在资管新业态下，信托公司积极布局与证券公司的合作。2018 年 7

月,中信信托携手国信证券与至明科技签署合作协议,将FOF投资应用于家族信托。在此次合作中,中信信托的自身优势体现为多元化投资和科学管理体系,而国信证券则在技术、数据和母基金管理人的服务方面存在优势,双方通过优势互补进行产品创新。

八、信托股权变动趋冷,人事变动平稳

(一)信托公司股权变动

2018年公开披露信托公司股权变动事件15起,较2017年有所趋缓,主要包括曲线上市、股权内部划转、股权转让三种方式。一方面,监管政策趋紧,基于防范和化解金融风险的首要目标,金控平台的发展被严格控制。因此,规模较大的信托公司更加注重提升主动管理能力,并加大创新力度优化信托业务结构,粗放型的增资需求有所下降。另一方面,经济下行压力使股东企业的资金链比较紧张,一些规模较小的信托公司的增资需求无法通过原有股东持续增资来实现,只能通过混改、引入新的战略投资者等方式增强资本实力。

信托公司股权变更情况并不多见,2018年12月银保监会批准雪松控股受让领锐资产、大连昱辉、天津瀚晟、深圳振辉4家公司所持有的71.3%中江信托股权。变更后,雪松控股成为中江信托第一大股东;江西省财政厅持股20.44%,成为中江信托第二大股东;江西省江信国际大厦持股5.3%,成为中江信托第三大股东。

引入战略投资者成为2018年信托公司股权变动的主流,1月份,英大信托变更注册资本并调整股权结构的申请获银监会批复,南方电网作为战略投资者持股25%,成为英大信托的第二大股东,国家电网持股比例由84.55%降至63.41%,依旧是英大信托控股股东。4月份,天津信托控股股东拟让渡39.73%股权引入3家战略投资者,但在2018年并未征集到合格投资者。11月份,北方信托混合所有制改革最终敲定,日照钢铁控股集团有限公司、上海中通瑞德投资集团有限公司、益科正润投资集团有限公司分别受让北方信托18.30%、17.65%、14.12%股权,日照钢铁代替泰达控股成为北方信托第一大股东。

(二)信托公司人事变动

2018年有24家信托公司出现高管人事变动,主要包括股权结构变化带来的高管人员调整,以及正常人事更迭带来的内部升任与调整。

其中，涉及董事长变动的信托公司主要包括：3 月，安信信托执行董事高超女士选任为公司副董事长；7 月，褚玉接棒李长旭兼任华鑫信托董事长；8 月，交银信托原董事长兼总裁赵炯赴任交银金租，交通银行总行金融机构部总经理童学卫接替其出任交银信托董事长；11 月，王文兵接替周礼耀成为长城信托董事长。

涉及总经理变动的信托公司主要包括：5 月，中建投信托原总经理刘屹辞去总经理职务，该职务暂由副总经理谭硕代理；6 月，刘宛晨接替刘格辉任湖南信托总裁；7 月，华宝信托在前任总经理王波离职 8 个多月后，终于迎来了新任总经理张轶；11 月，原平安信托副总经理庞红梅赴任华融信托总经理；12 月，原前海人寿董事长张金顺在长安信托原崔进离任近 9 个月后，接替其出任长安信托总裁；同期，原长安信托常务副总裁陈英已经正式到任东莞信托，担任总经理一职。

另外，部分信托公司董事长和总经理双双出现变动。华融信托原总经理沈易明代替周道许拟任董事长，叶天放拟任总经理；山东信托原董事长王映黎届满，万众接任董事长，岳增光出任总经理；建信信托原总裁王宝魁升任公司董事长，新总裁人选由集团内部选拔；中海信托原总裁黄晓峰出任董事长，原副总裁张德荣出任中海信托总裁；孙彦敏接替邬小蕙担任中粮信托董事长一职，吴浩军接替辛伟担任中粮信托总经理。

2018 年信托公司高管变动原因多为正常交接，对公司业务的冲击并不大，信托公司到任的新任高管人员将在强监管指引下更加关注合规经营，规范信托业务的整体布局。

九、2019 年信托业发展趋势展望

（一）风险聚集将助推信托业务转型，提升行业风险管理能力

信托业的顺周期特征使行业发展与宏观经济运行具有较强的相关性，2018 年 10 月国际货币基金组织下调了全球经济增速，而伴随供给侧结构性改革的推进，我国经济发展新常态逐步由高速发展转向高质量发展。宏观经济下行风险使信托公司利用传统牌照优势大量开展具有被动管理特征的通道业务的展业模式难以为继，预计 2019 年信托公司将进一步提高主动管理能力回归本源业务，助力实体经济发展。

具体而言，一方面，宏观金融政策约束信托资产粗放式增长，金融去杠杆政策和资管新规的配套细则的实施明显缩减信托通道业务规模，2018 年前三季度

事务管理类信托资产规模、占比均出现不同程度下降，信托资产总规模也在 2018 年首次下滑。预计 2019 年信托资产规模将进一步下探以挤出虚高的“水位”，但下探幅度将有所减缓。

另一方面，信托公司主动管理能力逐步增强，通过业务转型进一步优化业务结构。在金融去杠杆的背景下，金融同业流动性降低，信托公司被动管理型同业合作业务规模增速将放缓，2018 年单一资金信托规模占比持续降低，而集合资金信托规模占比有所上升。预计 2019 年信托公司业务转型将持续深入，在中国家族财富不断积累、环境规制日趋严格等背景下，家族信托、绿色信托将成为信托公司业务转型的重点领域。此外，通过产业基金、投贷联动模式满足工商企业融资需求的信托业务也将持续发力。

经济下行压力和监管政策趋严也将为信托公司的经营积聚风险因素，经济下行使信托公司发行信托产品的信用环境不断恶化，在破除刚性兑付后 2018 年信托违约事件频发，信托业面临产品吸引力下降的风险，产品销售难度加大。预计 2019 年信托公司获得的资金成本将有所增加，同时伴随信托产品风险的增加，市场对信托收益率上升的需求也将逐步释放，资金来源渠道收窄、清算收益的上升将共同降低信托公司的盈利能力，催生经营风险。

因此，预计 2019 年信托公司势必关注风险管理能力的提升，通过制度的完善、组织机构的设立、新技术的应用等措施，提升风险管理技术，严控风险资产规模，开展与自有资本规模适应的信托业务。同时，提高主动管理能力和信托产品收益，转变行业盈利能力下滑的趋势。虽然外部环境给信托公司的短期经营带来一定风险，但长期有助于提升信托全行业的业务转型速度和风险管理能力，促进信托业可持续健康发展。

（二）行业间与行业内竞争双双加剧，财富中心呼之欲出

资管市场的细分行业主要包括信托公司、银行理财、证券公司、基金公司和保险公司。在近几年的发展中，信托具有明显的财产安全优势，信托业务能够有效地进行风险隔离；另外，信托公司具有牌照优势，业务领域广阔，能够跨领域投资于货币市场、资本市场和实体企业。信托公司凭借制度优势迅速提高在资管市场中所占的份额，截至 2017 年末，资金信托占资管行业总规模 18%，仅次于银行理财。

2018 年 12 月，银保监会发布年度重磅政策——《商业银行理财子公司管理办法》（以下简称《办法》），信托牌照优势被大大削弱。《办法》指出商业银行通过成立理财子公司可以面向不特定社会公众或合格投资者，采用公开、非公开同

时发行理财产品，并对受托的投资者财产进行投资和管理，理财子公司打破了信托业的制度垄断，使资管市场在更高层次进行规范的行业竞争。

相比银行理财子公司，信托公司在低成本的资金来源和长期稳定的金融资产支持方面，存在一定劣势。因此，2019 年信托公司将借助主动管理能力的提升深耕本源业务，利用风险隔离、事务管理、财产权管理等方面存在的差异化优势与同业开展深层次的行业间竞争。

同时，信托公司在通道业务、基建业务、房地产业务、同业业务承压的背景下，转变非标业务主导的模式，2019 年有可能在标准化程度较高的财富管理领域加大布局，大力扩建财富中心，建立产品直销系统，以抵消银行代销标准和费率提高的不利影响。

另外，信托行业内部竞争也有所加剧，在信托业经历高速扩张后，信托公司基于股东的资本实力和自身资产管理能力的差异逐步分化，金控集团或央企控股的信托公司注册资本充足，宽阔的业务领域使其行业市场占有率迅速上升。2018 年初公布的上年度公司年报披露，营业收入排名前五的信托公司（平安信托、中信信托、安信信托、中融信托、重庆信托）营业收入总和占全行业比重达到 23.12%；净利润排名前五的信托公司（平安信托、安信信托、重庆信托、中信信托、华润深国投信托）净利润总和占全行业比重更是高达 24.39%。

市场集中度指标表明综合实力较强的信托公司市场竞争优势十分明显。因此，预计 2019 年中小型信托公司为了抢占细分市场，将会在差异化、特色化的业务领域深耕细作，通过专业化运作与大型信托公司展开行业内竞争，提高行业细分市场的占有率。与此同时，预计 2019 年信托公司的分化将进一步加剧，风险、利润等要素在信托公司间的分配将呈现更大的非均衡趋势。

（三）业务瓶颈有待破解

2018 年，信托公司在业务转型的过程中大力开展家族信托、消费信托等新兴业务。虽然此类业务规模上升明显，但与传统信托业务相比存在发展瓶颈，资产规模也相对较小。预计 2019 年相关政策配套和细则的出台，将有助于破除此类业务瓶颈，提高业务规模。

首先，在家族信托领域，现金类资产设立的家族信托占有绝对比重，而实物资产设立的家族信托并未大规模开展，制约了家族信托业务的进一步发展。主要原因在于实物资产的信托登记与实物保管制度尚待完善。一方面，信托登记制度并未涵盖不动产、股权、专利、艺术品等实物资产，此类实物资产在转入家族信托时将会使委托人承担较高的税务负担，并且增加受托人的资产保管成本；另一方面，与现金资产相比，实物资产价值波动程度较大并且不宜估值，由此增加了受托人计提管理费用的难度。

基于此，涉及实物资产的家族信托难以设置标准化的资产管理程序，大规模开展业务的难度有所增加，家族信托资产规模的增加存在制约瓶颈。但外部环境和同业竞争使信托行业转型迫在眉睫，预计 2019 年在信托财产登记、财产转移和税收等方面的制度建设将会进一步完善，消除家族信托发展的瓶颈。

其次，在消费信托领域，此类信托业务受众分散，并且业务模式多为小额信贷。信托公司在开展消费信托业务时，要将经营理念从传统融资模式转变为新型消费信贷模式，关注风险控制措施的调整。消费信托底层资产单笔额度较小、交易频率较高、个体风险差异较大，适应传统业务模式的信托公司在消费信托领域建立风险控制体系时需要重新摸索。

2018 年，消费金融市场进行洗牌与整合，与市场上鱼龙混杂的 P2P 及互联网金融公司相比，信托公司牌照优势明显，涉足消费信托的动力上升。预计 2019 年，信托公司将通过风控部门人员配置扩展自身团队的业务能力；通过对接央行征信系统建立覆盖消费金融行业的大数据体系，降低产品违约概率；此外，在产品尽职调查流程等方面也将做出相应调整。

同时，消费信托的监管考核方式也将进一步完善。预计 2019 年，监管指标设置和考核体系也有可能在当前参照信托业保障基金制度的基础上适度调整，以适应消费信托等新型业务的发展需求。

（四）金融科技强力渗透

随着大数据体系的建设和互联网技术的升级，金融科技渗透到金融行业的各个领域。2018 年，信托公司处于转型发展的关键期，纷纷尝试金融科技与传统信托业务的融合，提高机构防御金融、信息风险的能力，同时提高了信息收集的效率和可靠性。一方面，较高的运营效率提升了业务操作的速度和准确性；另一方面，提高了对投资者进行分类的准确度，基于投资者的不同风险偏好提供针对性强的差异化信托服务和产品。

但目前，金融科技与信托业的融合依旧有待深化。相对于银行、保险等金融同业，信托公司早期业务模式较为单一，主动管理需求较弱；信托产品面向企业客户私募发行，标准化程度较低。因此，信托公司在早期经营过程中对金融科技的重视程度不足，虽然近年在信息化建设方面的投入逐步增加，但从部门建设存量角度看依然存在短板。

随着信托公司在业务转型过程中逐步提高主动管理能力，以及零售客户比重的增加，预计 2019 年金融科技与信托业的融合将会在客户营销、风险识别、运营管理等方面有所突破。

其一，在产品营销过程中，金融科技的应用有助于信托公司更好地挖掘客户需求，设计研发有针对性的产品，提高营销效率，通过智能手机客户端和微信公众号等方面的技术研发，嵌入客户需求调查与反馈板块，了解客户的风险偏好与投资需求。另外，在产品宣介、信息披露、开户、交易等环节设置便捷的客户交互系统，降低交易成本。

其二，小企业的融资难主要源于无法对项目进行风险识别，信托的普惠金融特征使其更加关注对中小企业投融资服务，因此，借助金融科技中的大数据体系建设将成为对中小企业融资风险评估、识别的关键环节。通过对中小企业的交易、运营、融资进行多维度的数据化，将企业行为通过数据串接起来能够规避由于中小企业多数财务制度不健全而无法进行的风险识别问题。

其三，客户在获得优质的交互体验后，更加关注信托产品到期续投与清算的便捷性及效率，因此，信托公司运营管理的重心之一就要在产品到期清算时提供更高效、安全的体验，而区块链技术的普及有利于保护客户的信息和资金安全，提高服务质量。

（五）高效监管成为新常态

2018 年，信托监管方面的重磅文件是信托部发布的《关于加强规范资产管理业务过渡期内信托监管工作的通知》，该文件对标《关于规范金融机构资产管理业务的指导意见》，进一步将事务管理型信托业务加以分类。一方面，严控信托公司利用牌照优势，向委托人违规提供以规避监管为目的的事务类管理型业务；另一方面，支持信托业务回归本源，鼓励信托公司开展资金投向实体经济的事务管理类型的业务。

2018 年 12 月 25 日至 26 日，2018 年中国信托业年会在北京召开。中国银保监会副主席黄洪在信托业年会首日提出“七方面坚持”，其中在监管层面强调“坚持标本兼治，夯实制度基础，突出重点领域，坚守风险底线，切实加强信托监管能力建设”，监管关注领域总体涉及展业原则、业务转型、改革发展、组织结构建设等方面。预计 2019 年，信托监管政策将进一步兼顾以下四个方面。

其一，信托展业原则体现行业发展的最终目标，即服务于实体经济，服务于现代金融体系的建设。因此，“治乱象、去嵌套、防风险”将成为监管部门持续关注的重点。结合当前信托风险事件凸显，强化风险监测与对风险事件的精准处置，通过跨业监管协作守住不发生系统性风险的底线有望成为 2019 年行业监管的核心环节。

其二，监管政策明确信托业务转型方向，即发展具有直接融资特点的资金信托，发展以受托管理为特点的服务信托，发展体现社会责任的公益信托。预计 2019 年，信托持股上市、财产登记、税收制度等细则将在监管部门出台《信托公司管理条例》后逐步落实，以破解新兴信托业务的展业瓶颈。

其三，随着资本市场开放程度的提高，信托产品对接海外市场的需求极大释放，信托业通过深层改革实现高水平开放具有紧迫性。行业监管政策同步跟进信托国际化领域，促进行业高质量发展，将有可能成为 2019 年的监管政策调整的新领域。

其四，信托业务的转型需要信托公司组织机构改革跟进调整，黄洪提出信托业要坚持德才兼备，打造忠诚干净担当的高素质队伍。预计 2019 年，监管部门在关键岗位设置、行业乱象治理、领导干部责任落实等方面持续严监管。

（六）净值管理蕴含凭证化发展需求

资管新规提出信托公司破除刚性兑付的要求，核心在于净值管理。在传统业务模式尚未完全转型和监管细则有待进一步完善的背景下，信托业突然打破刚性兑付不利于保护受益人权益，甚至降低信托产品的市场份额。然而，通过基金化模式有助于信托业非标转标，并实现收益的净值化管理，平稳实现监管新规所要求的打破刚性兑付。

2018 年，业务创新能力较强的信托公司在基础设施、房地产、PPP 等传统业务架构上，通过城市发展基金、产业基金、REITS 等方式实现了基金化和净值化。预计 2019 年，信托业基金化、净值化发展趋势将更加明显。

虽然目前信托产品主要采用非公开方式发行，但部分产品公募化也并不一定长期成为信托业务的禁区。信托凭证作为净值管理与公募化相结合的产物，如果在市场化运作中得到充分的交易与流通，将打通风险转移和市场定价的渠道，使刚性兑付一去不返。

第二章

信托机构

第一节 2018年部分信托公司经营指标概览

截至2019年1月17日，已有61家信托公司公布2018年度经营业绩，根据其未经审计的2018年度财务数据来看，虽然信托行业总体经营状况不容乐观，但也存在亮点①。总体来看，超过一半的信托公司净利润和净资产收益率下滑，行业发展步入慢车道；另外，行业间各家信托公司业务收入差异化程度加剧，数家信托公司逆势增长，亮点频出。如表2-1所示。

表2-1 2018年信托公司部分财务指标汇总　　单位：亿元

序号	信托公司	营业收入	手续费及佣金	利息净收入	投资收益	净利润	净资产
1	爱建信托	20.29	18.47	-0.50	2.29	11.15	64.89
2	百瑞信托	16.75	9.54	1.11	3.06	10.12	77.95
3	北方信托	6.23	4.66	2.23	0.14	4.19	43.48
4	北京信托	15.56	10.64	2.17	2.73	8.19	87.23
5	渤海信托	19.85	15.72	3.07	1.13	10.36	120.33
6	光大兴陇信托	20.98	18.00	0.15	3.31	10.66	90.79
7	国联信托	2.96	2.23	0.07	0.74	1.98	46.83
8	国民信托	8.72	8.37	-0.24	0.21	1.16	25.57
9	国通信托	12.37	11.44	未披露	1.74	6.52	55.55

① 截至2019年1月17日，披露财报的信托公司已有61家。银行间市场披露的财务数据未经审计，可能与最终的年报数据有些许出入。此外，近期的财报仅披露资产负债、利润两张表，因此关于数据的详细说明、信托资产规模及创新业务等均需等年报披露。

续表

序号	信托公司	营业收入	手续费及佣金	利息净收入	投资收益	净利润	净资产
10	国投信托	10.87	8.79	未披露	2.82	6.24	55.30
11	国元信托	5.97	3.50	1.06	1.40	3.60	69.06
12	杭工商信托	11.31	7.42	0.75	3.06	6.38	40.75
13	湖南信托	12.56	5.40	-0.34	7.59	10.01	74.74
14	华澳信托	7.38	4.30	0.29	2.79	4.10	38.25
15	华宝信托	16.50	10.43	0.11	4.38	9.49	77.95
16	华宸信托	0.52	0.09	0.06	0.37	0.21	11.41
17	华能信托	34.92	24.39	-1.22	13.02	24.18	184.70
18	华融信托	0.84	9.39	-3.14	6.23	0.61	92.72
19	华润信托	25.97	13.03	-1.54	14.22	21.96	206.50
20	华鑫信托	10.34	7.02	0.18	3.14	5.99	62.07
21	华信信托	11.46	6.32	-0.08	5.15	8.07	120.57
22	吉林信托	5.57	2.06	2.15	1.29	3.83	35.96
23	建信信托	29.36	21.69	0.11	5.08	18.17	128.77
24	江苏信托	23.71	11.03	-0.15	12.83	19.67	177.15
25	交银信托	16.77	10.84	0.35	4.41	10.57	110.66
26	金谷信托	4.75	3.63	0.32	0.82	1.22	39.63
27	昆仑信托	15.06	8.73	0.14	6.18	9.78	128.33
28	陆家嘴信托	11.20	8.96	-0.47	2.59	4.36	48.56
29	民生信托	23.89	18.38	-1.87	5.40	10.88	107.36
30	平安信托	49.78	36.84	0.98	10.77	31.74	207.13
31	厦门信托	8.02	5.75	0.00	2.24	4.76	50.25
32	山西信托	3.48	1.60	-0.13	1.94	0.64	19.22
33	上海信托	24.04	18.19	-1.72	7.24	13.35	136.04
34	四川信托	22.42	21.03	-0.07	1.31	7.51	75.15
35	苏州信托	5.28	3.74	0.37	1.17	3.62	42.85
36	天津信托	11.65	4.68	0.39	6.08	6.30	51.83

续表

序号	信托公司	营业收入	手续费及佣金	利息净收入	投资收益	净利润	净资产
37	外贸信托	29.79	23.58	-0.15	6.17	19.80	126.56
38	万向信托	10.07	8.07	-0.13	2.09	5.07	29.39
39	五矿信托	29.30	23.89	-1.69	7.08	17.17	123.59
40	西部信托	7.41	5.54	0.05	1.47	3.28	45.54
41	西藏信托	3.43	4.86	0.16	0.10	1.60	21.59
42	新华信托	4.85	2.57	-0.41	0.43	0.30	59.17
43	新时代信托	7.14	4.10	-0.33	3.19	3.62	84.54
44	兴业信托	36.95	23.57	-5.05	14.45	14.35	175.54
45	英大信托	11.32	8.97	0.13	2.20	5.93	84.42
46	粤财信托	9.42	4.83	0.09	4.49	6.76	63.15
47	云南信托	6.79	5.58	0.14	1.03	2.96	26.20
48	长安信托	21.01	18.14	0.35	2.40	3.81	65.31
49	中诚信托	20.20	14.03	-2.11	8.37	10.98	167.74
50	中海信托	11.64	6.21	0.93	4.66	15.94	63.23
51	中航信托	34.00	29.32	-0.97	5.65	18.48	117.95
52	中建投信托	18.94	12.87	0.57	5.46	9.14	73.95
53	中江信托	3.50	5.21	-0.35	0.10	0.47	69.63
54	中粮信托	5.47	4.47	0.33	0.66	0.63	42.84
55	中融信托	58.74	23.65	3.15	11.38	21.40	193.96
56	中泰信托	2.85	1.11	0.01	1.67	1.43	43.56
57	中铁信托	27.01	22.58	3.37	2.65	12.56	91.36
58	中信信托	56.38	55.88	7.65	8.66	34.20	253.59
59	中原信托	11.82	8.21	0.39	3.18	4.14	84.03
60	重庆信托	36.92	21.07	-0.74	18.37	30.56	231.68
61	紫金信托	8.04	7.16	-0.13	2.01	4.48	38.25

资料来源:2018 年中国银行间市场信托公司财报。

一、净资产增速放缓

衡量信托公司综合实力的重要指标净资产是影响信托公司拓展业务的核心因素。信托公司在开展同业拆入负债业务和对外担保业务时，业务规模均受到净资产规模的影响，两项业务余额分别不得超过其净资产的20%和50%。2018年净资产超过200亿元的信托公司数量从2017年的2家升至4家，分别为中信信托（253.59亿元）、重庆信托（231.68亿元）、平安信托（207.13亿元）、华润信托（206.5亿元）。但是，2018年净资产超过100亿元的信托公司数量为19家，较2017年仅增加1家，增速明显放缓。其中，在净资产排名前10的信托公司中，华能信托和江苏信托的净资产同比增速明显高于其他机构，均超过50%。如表2－2所示。

表2－2　2018年信托公司净资产前十名

信托公司	2017年净资产（亿元）	2018年净资产（亿元）	2018年增长率	2018年净资产排名
中信信托	215.4	253.59	17.73%	1
重庆信托	206.81	231.68	12.03%	2
平安信托	239.14	207.13	－13.39%	3
华润信托	184.65	206.5	11.83%	4
中融信托	158.72	193.96	22.20%	5
华能信托	122.15	184.7	51.21%	6
江苏信托	113.78	177.15	55.70%	7
兴业信托	147.85	175.54	18.73%	8
中诚信托	165.78	167.74	1.18%	9
上海信托	122.68	136.04	10.89%	10

资料来源：2018年中国银行间市场信托公司财报。

二、营业收入座次调整，业务分化加大

从营业收入来看，2018年信托公司业绩承压，排名靠前的20家信托公司营业收入总额为625.65亿元，较2017年下降2.55%。其中，中融信托2018年营业收入58.74亿元，虽较上年下滑10%，但依然占据行业榜首；中信信托、平安信托分别以56.38亿元、49.78亿元的营业收入位列第二和第三。与前三甲相比，营业收入排名后十的信托公司2018年营业收入之和为32.46亿元，与排名第七的中航信托一家公司的营业收入持平。如图2－1、图2－2所示。

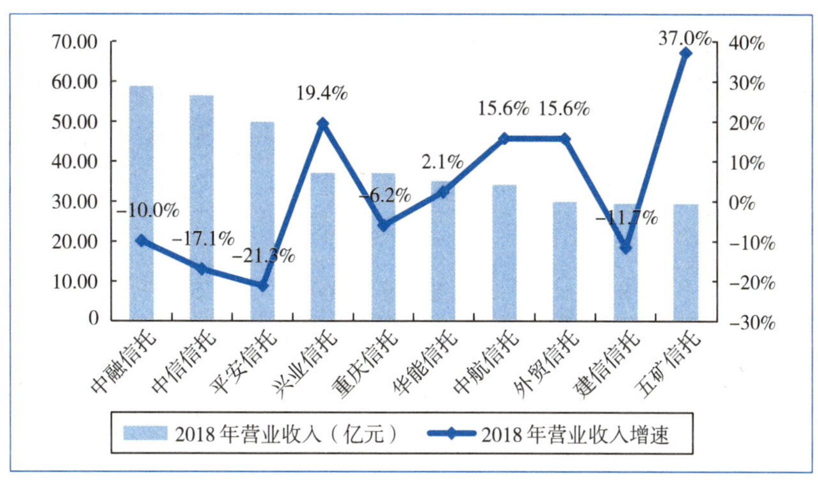

图 2-1 2018 年营业收入排名前十的信托公司

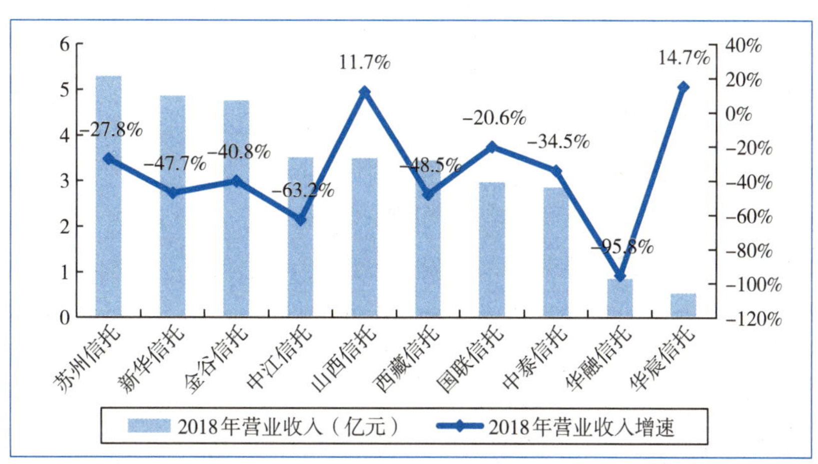

图 2-2 2018 年营业收入排名后十的信托公司

另外，光大兴陇信托、五矿信托、爱建信托 2018 年营业收入增速位居前三，分别为 84.04%、37.03% 和 23.85%。前 20 家信托公司中有 9 家营业收入在 2018 年实现正增长，11 家出现负增长。另外，2018 年营业收入前十名座次出现调整，中航信托、外贸信托、五矿信托分别跻身第七、第八和第十名。如表 2-3 所示。

表 2-3 2018 年信托公司营业收入前二十名

信托公司	2018 年营业收入(亿元)	2017 年营业收入(亿元)	2018 年营业收入排名	2017 年营业收入排名
中融信托	58.74	65.30	1	2
中信信托	56.38	68.01	2	1

续表

信托公司	2018 年营业收入（亿元）	2017 年营业收入（亿元）	2018 年营业收入排名	2017 年营业收入排名
平安信托	49.78	63.27	3	3
兴业信托	36.95	30.96	4	9
重庆信托	36.92	39.36	5	5
华能信托	34.92	34.19	6	6
中航信托	34.00	29.41	7	11
外贸信托	29.79	25.78	8	14
建信信托	29.36	33.25	9	7
五矿信托	29.30	21.38	10	18
中铁信托	27.01	30.05	11	10
华润信托	25.97	26.57	12	12
上海信托	24.04	26.28	13	13
民生信托	23.89	33.08	14	8
江苏信托	23.71	20.01	15	20
四川信托	22.42	24.43	16	15
长安信托	21.01	23.36	17	16
光大兴陇信托	20.98	11.40	18	35
爱建信托	20.29	16.38	19	26
中诚信托	20.20	19.57	20	21

资料来源:2018 年中国银行间市场信托公司财报。

在营业收入构成方面，信托业务收入（手续费及佣金收入）依然是信托公司营业收入的重要组成部分，信托业务收入是体现信托公司业务能力的核心指标。2018 年，61 家信托公司信托业务收入合计达到 720.87 亿元，占营业收入的 72.13%，与上年相比，增长 4.15%。排名靠前的 10 家信托公司信托业务收入合计 461.45 亿元，较 2017 年略有增加，在信托资产规模大幅缩水的背景下依然保持增长。其中，中信信托 2018 年实现信托业务收入 55.88 亿元，位居首位，较上年增加近 10 亿元；五矿信托实现信托业务收入 23.89 亿元，跻身行业前五，成为一大亮点。如表 2 – 4 所示。

表 2-4 2018 年信托公司信托业务收入前二十名

信托公司	2018 年信托业务收入（亿元）	2017 年信托业务收入（亿元）	2018 年信托业务收入排名
中信信托	55.88	45.94	1
平安信托	36.84	42.92	2
中航信托	29.32	26.44	3
华能信托	24.39	26.53	4
五矿信托	23.89	18.05	5
中融信托	23.65	30.75	6
外贸信托	23.58	19.47	7
兴业信托	23.57	21.67	8
中铁信托	22.58	23.34	9
建信信托	21.69	21.67	10
重庆信托	21.07	21.42	11
四川信托	21.03	21.11	12
爱建信托	18.47	14.85	13
民生信托	18.38	16.46	14
上海信托	18.19	20.27	15
长安信托	18.14	17.80	16
光大兴陇信托	18.00	8.78	17
渤海信托	15.72	19.32	18
中诚信托	14.03	9.27	19
华润信托	13.03	10.21	20

资料来源：2018 年中国银行间市场信托公司财报。

但除此之外，依然有 16 家信托公司信托业务收入在 5 亿元以下。新华信托等 6 家信托公司信托业务收入小于 3 亿元，华宸信托以全年 0.1 亿元信托收入垫底。如图 2-3 所示。

另外，利息净收入和投资收益是固有业务收入的两项重要指标。受 2018 年全行业增资规模下降及股票市场较大波动影响，信托公司的投资收益呈下降趋势。61 家信托公司中有 9 家投资收益不足 1 亿元，另有 7 家信托公司投资收益超过 10 亿元。其中，重庆信托以 18.37 亿元投资收益占据榜首，超出第二名兴

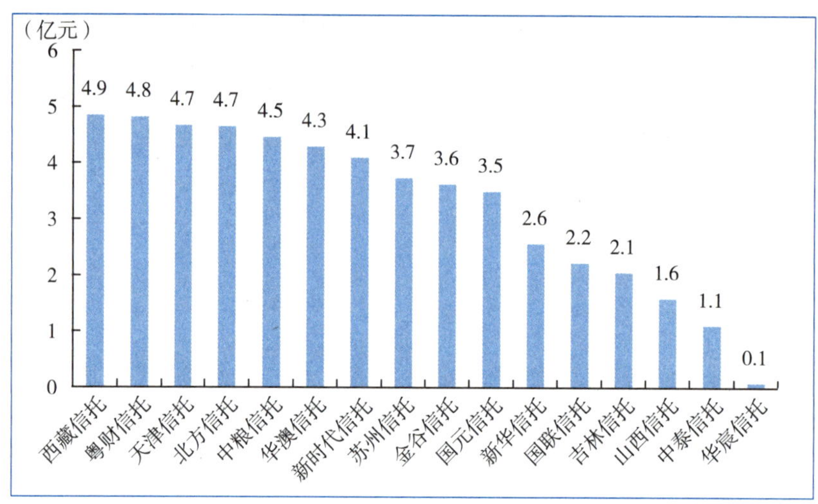

图 2－3　2018 年信托业务收入小于 5 亿元的信托公司

业信托近 4 亿元。将利息净收入与投资收益汇总，2018 年固有业务收入排名前十的公司包括：重庆信托（17.63 亿元）、中信信托（16.31 亿元）、中融信托（14.53亿元）、华润信托（12.68 亿元）、江苏信托（12.68 亿元）、华能信托（11.8 亿元）、平安信托（11.75 亿元）、兴业信托（9.4 亿元）、湖南信托（7.25 亿元）、天津信托（6.47 亿元）。如表 2－5 所示。

表 2－5　2018 年信托公司固有业务收入前二十名

信托公司	利息净收入（亿元）	投资收益（亿元）	固有业务收入（亿元）	固有业务收入排名
重庆信托	－0.74	18.37	17.63	1
中信信托	7.65	8.66	16.31	2
中融信托	3.15	11.38	14.53	3
华润信托	－1.54	14.22	12.68	4
江苏信托	－0.15	12.83	12.68	5
华能信托	－1.22	13.02	11.8	6
平安信托	0.98	10.77	11.75	7
兴业信托	－5.05	14.45	9.4	8
湖南信托	－0.34	7.59	7.25	9
天津信托	0.39	6.08	6.47	10
昆仑信托	0.14	6.18	6.32	11

续表

信托公司	利息净收入（亿元）	投资收益（亿元）	固有业务收入（亿元）	固有业务收入排名
中诚信托	-2.11	8.37	6.26	12
中建投信托	0.57	5.46	6.03	13
外贸信托	-0.15	6.17	6.02	14
中铁信托	3.37	2.65	6.02	15
中海信托	0.93	4.66	5.59	16
上海信托	-1.72	7.24	5.52	17
五矿信托	-1.69	7.08	5.39	18
建信信托	0.11	5.08	5.19	19
华信信托	-0.08	5.15	5.07	20

资料来源:2018 年中国银行间市场信托公司财报。

信托公司的固有业务收入体现其自营投资能力,2018 年江苏信托参股江苏银行,后者的成功上市给江苏信托带来丰厚的投资收益,使江苏信托在 2018 年固有业务收入方面跻身行业前五。总的来看,2018 年信托公司业务分化正在逐步加大。

三、薪酬派发注重激励机制

从薪酬来看,2018 年披露财务数据的 61 家信托公司应付职工薪酬合计 161.2 亿元,行业平均薪酬为 2.64 亿元。其中,中融信托付职工薪酬达到 23.72 亿元,位居行业榜首,中信信托、华能信托、北京信托、民生信托、兴业信托、平安信托、中诚信托、上海国际信托、陆家嘴信托位列第二至十位,应付职工薪酬分布在 4.96 亿元至 13.39 亿元之间。如表 2-6 所示。

表 2-6 2018 年应付职工薪酬 TOP10 信托公司汇总

信托公司	应付职工薪酬(亿元)	排序
中融信托	23.72	1
中信信托	13.39	2
华能信托	8.09	3
北京信托	7.26	4
民生信托	6.37	5

续表

信托公司	应付职工薪酬（亿元）	排序
兴业信托	5.78	6
平安信托	5.37	7
中诚信托	5.3	8
上海信托	5.0	9
陆家嘴信托	4.96	10

资料来源：2018 年中国银行间市场信托公司财报。

此外，应付薪酬和营业收入（或手续费及佣金）的比值更能真实反映信托公司的薪资水平和激励机制。其中，北京信托以 46.65% 的应付薪酬和营业收入比值位居行业首位，陆家嘴信托、云南信托、中融信托、国民信托、苏州信托、西藏信托、中泰信托、新华信托、金谷信托分别位列第二至第十位；中融信托以 100.29% 的应付薪酬和手续费及佣金比值位居行业首位，中泰信托、北京信托、新华信托、陆家嘴信托、苏州信托、云南信托、天津信托、国民信托、中海信托分别位列第二至第十位。

四、利润下滑拉低净资产收益率

从净利润来看，2018 年中信信托净利润实现大幅增长，达到 34.2 亿元，居于全行业榜首。平安信托净利润有所下滑，2018 年度净利润为 31.74 亿元，相较 2017 年度下降 18.75%，但其净利润仍位列行业三甲。与净利润前十的信托公司相比，也有一些信托公司在 2018 年获得较低的利润。如图 2－4、图 2－5 所示。

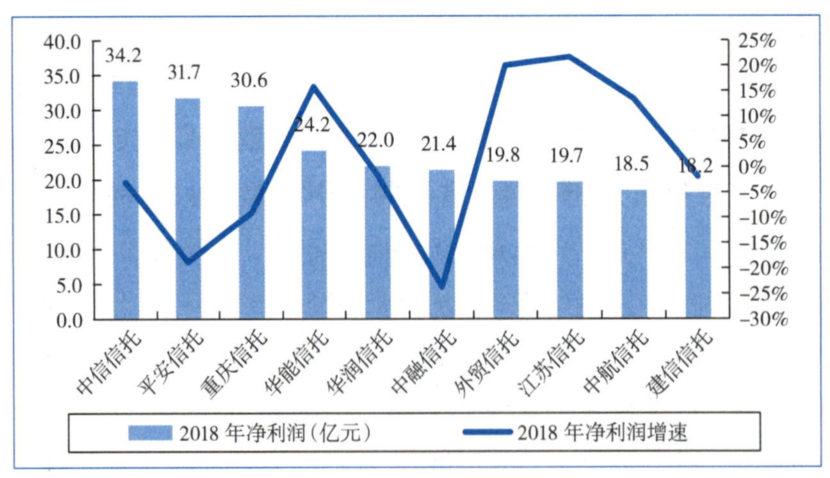

图 2－4　2018 年净利润排名前十的信托公司

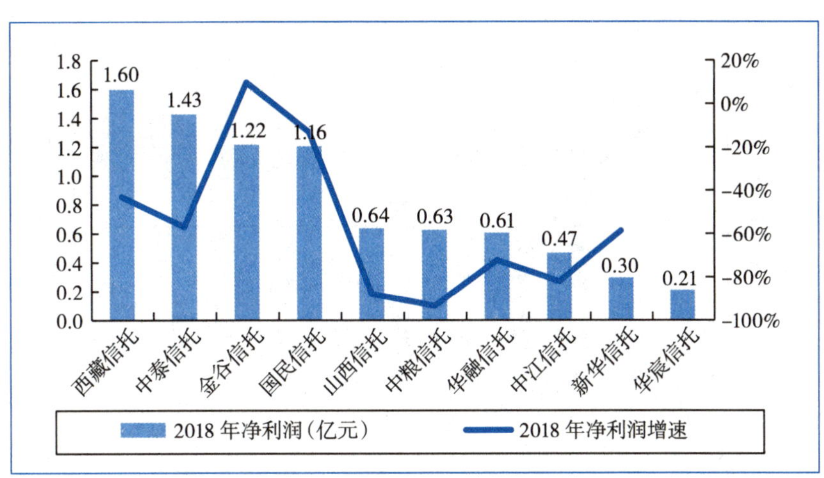

图 2-5 2018 年净利润排名后十的信托公司

披露财务数据的 61 家信托公司在 2018 年创造的总利润为 560.63 亿元,较 2017 年减少将近 40 亿元。其中,2018 年有 13 家信托公司净利润超过 10 亿元(其中 10 家信托公司净利润超过 18 亿元);有 14 家信托公司净利润分布在 5 亿元至 10 亿元之间;有 24 家信托公司净利润不足 5 亿元(其中 6 家信托公司净利润不足 1 亿元),机构数量占比最大。

在净利润增速方面,2018 年仅有 21 家信托公司净利润实现增长,不到 61 家信托公司的一半。其中,增幅最大的为中海信托,2018 年度净利润 9.44 亿元,相较 2017 年度增长 145.38%;而降幅最大的为华融信托,相较 2017 年度净利润减少 93.18%。总的来看,2018 年有 11 家信托公司净利润变动率超过 50%,中海信托、光大兴陇信托净利润较高并且增速较快;而吉林信托展现后发追赶势头,虽然净利润排名为 44,但增速较快;金谷信托等 8 家信托公司净利润下降趋势较大,净利润排名也相对靠后。如图 2-6 所示。

在净资产收益率(净利润/净资产,ROE)方面,在收入增速大幅放缓和持续性增资的共同驱动下,2018 年信托业平均 ROE 为 9.63%,较 2017 年下滑 3.37 个百分点。其中,中海信托、杭工商信托、平安信托、建信信托、五矿信托在 2018 年表现抢眼,跻身行业前十,ROE 均超过 13%;中海信托更以 25.21% 的 ROE 位居 61 家信托公司首位。如表 2-7 所示。

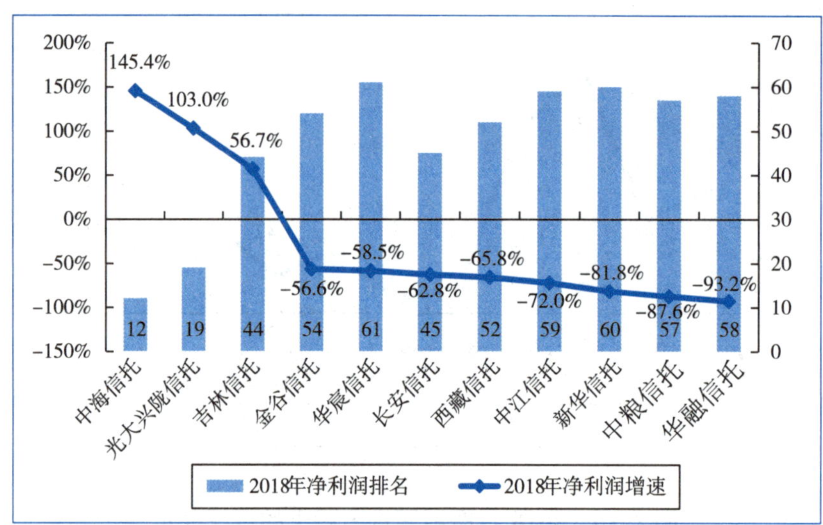

图 2-6　2018 年净利润波动幅度超过 50%的信托公司

表 2-7　2018 年信托公司 ROE 前二十名

信托公司	2017 年净利润（亿元）	2018 年净利润（亿元）	2018 年净利润增速	2018 年 ROE	2018 年 ROE 排名
中海信托	6.50	15.94	145.38%	25.21%	1
万向信托	5.62	5.07	-9.79%	17.25%	2
爱建信托	8.66	11.15	28.68%	17.18%	3
中航信托	16.29	18.48	13.45%	15.67%	4
杭工商信托	5.69	6.38	12.16%	15.66%	5
外贸信托	16.50	19.8	20.02%	15.64%	6
平安信托	39.07	31.74	-18.75%	15.32%	7
建信信托	18.52	18.17	-1.90%	14.11%	8
五矿信托	11.74	17.17	46.27%	13.89%	9
中铁信托	14.81	12.56	-15.18%	13.75%	10
中信信托	35.26	34.2	-2.99%	13.49%	11
湖南信托	8.67	10.01	15.45%	13.39%	12
重庆信托	33.60	30.56	-9.05%	13.19%	13
华能信托	20.87	24.18	15.84%	13.09%	14
百瑞信托	10.36	10.12	-2.28%	12.98%	15

续表

信托公司	2017 年净利润（亿元）	2018 年净利润（亿元）	2018 年净利润增速	2018 年 ROE	2018 年 ROE 排名
中建投信托	9.93	9.14	-7.96%	12.36%	16
华宝信托	9.24	9.49	2.65%	12.17%	17
天津信托	5.64	6.30	11.71%	12.16%	18
光大兴陇信托	5.25	10.66	102.99%	11.74%	19
方正东亚信托	6.03	6.52	8.10%	11.74%	20

资料来源：2018 年中国银行间市场信托公司财报。

第二节　信托机构概况

一、信托机构的数量

我国信托业经历了艰难而又曲折的发展，信托公司的数量也经历了不同阶段的起起落落。1979 年 10 月，中国国际信托投资公司在北京成立，标志着新中国信托业恢复，各种类型的信托投资公司在短期内迅速膨胀，至 1982 年底，全国各类信托机构发展到 620 多家，1988 年底是信托机构的高峰时刻，全国信托投资机构数量达到上千家。1999 年 3 月开始了最具历史意义的第五次清理整顿，此时，全国 239 家信托公司中，应彻底退出信托市场的信托机构有 160 家左右，剩下的 80 多家将合并保留为 60 家左右。按照此次整顿的原则和实际保留的结果，从 2001 年 9 月 30 日中煤信托投资有限责任公司成为全国首家完成重新登记工作的信托公司开始，截至 2004 年末，全国已获重新登记、领取金融许可证的信托公司共有 59 家。2004 年以来，信托公司数量几经变动，目前全国正式获得中国银监会运营牌照的信托公司为 68 家。截至 2018 年 5 月 10 日，68 家信托公司年报已经全部披露（鉴于本报告成书之际，2018 年度行业数据尚未公开披露，故本章主体数据均采用 2018 年 5 月披露的信托公司年报，简称“2018 财年”，以别于 2018 年当年数据），行业经营概貌露出清晰轮廓。如表 2－8 所示。

表 2-8　中国信托公司名录

序号	公司名称	序号	公司名称
1	平安信托有限责任公司	35	天津信托有限责任公司
2	华润深国投信托有限公司	36	四川信托有限公司
3	中诚信托有限责任公司	37	中泰信托有限责任公司
4	中信信托有限责任公司	38	中原信托有限公司
5	重庆国际信托股份有限公司	39	长安国际信托股份有限公司
6	上海国际信托有限公司	40	厦门国际信托有限公司
7	江苏省国际信托有限责任公司	41	山西信托有限责任公司
8	建信信托有限责任公司	42	五矿国际信托有限公司
9	昆仑信托有限责任公司	43	西部信托有限公司
10	中海信托股份有限责任公司	44	中国金谷国际信托有限公司
11	中国对外经济贸易信托有限公司	45	华宸信托有限责任公司
12	中融国际信托有限公司	46	中粮信托有限责任公司
13	华宝信托有限责任公司	47	华鑫国际信托有限公司
14	华信信托股份有限公司	48	湖南省信托有限责任公司
15	安徽国元信托有限责任公司	49	光大兴陇信托有限责任公司
16	兴业国际信托有限公司	50	陕西省国际信托股份有限公司
17	华能贵诚信托有限公司	51	苏州信托有限公司
18	北京国际信托有限公司	52	云南国际信托有限公司
19	山东省国际信托股份有限公司	53	国民信托有限公司
20	中铁信托有限责任公司	54	东莞信托有限公司
21	吉林省信托有限责任公司	55	新时代信托股份有限公司
22	中江国际信托股份有限公司	56	杭州工商信托股份有限公司
23	华融国际信托有限责任公司	57	安信信托投资股份有限公司
24	英大国际信托有限责任公司	58	国通信托有限责任公司
25	中建投信托有限责任公司	59	华澳国际信托有限公司
26	渤海国际信托股份有限公司	60	上海爱建信托有限责任公司
27	广东粤财信托有限公司	61	紫金信托有限责任公司
28	交银国际信托有限公司	62	浙商金汇信托股份有限公司

续表

序号	公司名称	序号	公司名称
29	百瑞信托有限责任公司	63	大业信托有限责任公司
30	新华信托股份有限公司	64	西藏信托有限公司
31	国联信托股份有限公司	65	长城新盛信托有限责任公司
32	国投泰康信托有限公司	66	陆家嘴国际信托有限公司
33	北方国际信托股份有限公司	67	万向信托有限公司
34	中航信托股份有限公司	68	中国民生信托有限公司

二、信托机构的地域布局

按照相关规定，信托公司原则上不可以设立分支机构，从而与信托公司开展全国化业务产生一定的矛盾。2007 年以前，信托公司基本上属于地方性金融机构。2007 年以后监管部门才逐渐放松了对信托公司异地业务的限制，但对分支公司的组织形式仍然予以禁止。随着我国经济的高速增长，以及个人财富的不断积累，理财观念逐渐深入人心，全国化的理财市场悄然形成。目前，信托公司进行异地业务布局主要采取以下三种方式：变更注册地、转移业务中心和广设异地业务机构。

（一）变更注册地

信托公司通过变更注册地的方式实现地域整合，是指信托公司通过重组等重大契机，同时依托股东资源变更注册地址，将公司从原有经济欠发达地区迁移到经济发达地区。通过这种方式可以实现地域整合，借助大股东公司拥有的雄厚资产实力、较长的产业链条和众多的股东资源，将会更方便快捷地享有大股东更多的管理支持、客户资源和业务资源。

（二）转移业务重心

相对于上述一些信托公司，还有相当一部分信托公司不能轻易将注册地迁址至大股东所在地，因此普遍采取转移业务重心的形式。这类信托公司的共同特征是大股东同样具有雄厚的实力和丰富的股东资源，但原注册地股东仍保留部分股权，且原注册地金融资源匮乏，地方政府不愿放弃已有金融牌照。这些复杂因素导致信托公司迁址困难，因此退而求其次选择通过在经济发达地设立主要管理团队的方式，转移业务重心，谋求公司更好地发展。

（三）广设异地业务机构

信托公司通过广设异地业务机构实现地域整合，是指信托公司通过在经济发达地区设立业务部门等形式，开拓全国化信托业务。从多数公司的地域布局来看，异地业务团队开展异地业务的地域主要分布在经济较为发达的东部沿海地区和一线中心城市。其中，重点分布地域主要包括上海、北京、珠三角地区、长三角地区以及环渤海地区等。其中最为集中的城市依次为：北京（天津）、上海、深圳、广州、南京、成都、杭州、沈阳、重庆、西安等城市。此外，多数信托公司还把注册地（本部所在地）的临近城市和地区作为开展异地业务、设立异地业务团队的切入点和起步期开展异地业务的重要目标。如表2－9所示。

表2－9　信托公司注册地一览表

序号	省（市、区）	信托公司数量	备注
1	北京	12家	北京信托、国民信托、国投信托、华鑫信托、金谷信托、民生信托、外贸信托、英大信托、中诚信托、中粮信托、中信信托、建信信托
2	上海	7家	上海国际信托、华宝信托、中海信托、华澳信托、中泰信托、安信信托、爱建信托
3	天津	2家	天津信托、北方信托
4	重庆	2家	新华信托、重庆信托
5	辽宁	1家	华信信托
6	黑龙江	1家	中融信托
7	吉林	1家	吉林信托
8	河北	1家	渤海信托
9	山西	1家	山西信托
10	江苏	4家	国联信托、江苏信托、苏州信托、紫金信托
11	安徽	1家	国元信托
12	福建	2家	兴业信托、厦门信托
13	甘肃	1家	光大信托
14	广东	5家	大业信托、东莞信托、粤财信托、平安信托、华润深国投信托
15	贵州	1家	华能贵诚信托

续表

序号	省（市、区）	信托公司数量	备注
16	内蒙古	2 家	华宸信托、新时代信托
17	河南	2 家	百瑞信托、中原信托
18	湖南	1 家	湖南信托
19	西藏	1 家	西藏信托
20	新疆	2 家	华融信托、长城新盛信托
21	山东	2 家	山东信托、陆家嘴信托
22	浙江	5 家	昆仑信托、杭州工商信托、万向信托、浙金信托、中建投信托
23	陕西	3 家	陕国投信托、西部信托、长安信托
24	江西	2 家	中江信托、中航信托
25	云南	1 家	云南信托
26	湖北	2 家	国通信托（原方正东亚信托）、交银信托
27	四川	2 家	四川信托、中铁信托
28	青海	1 家	五矿信托

第三节　信托机构的股权结构和股权转让

根据第一大股东持股信息数据来看，68 家信托公司均对各大股东的持股比例进行了披露，与上一年持股信息的披露情况相同。从 2018 财年各大公司的披露数据来看，我国信托公司的股权结构依然呈现高度集中的特征，主要表现有：第一大股东股权比例在 90% 及其以上的公司为 12 家，比上一年减少 1 家；持股比例在 80% 至 90% 之间的公司为 9 家，与上一年持平；持股比例在 70% 至 80% 之间的公司数量为 10 家，比上一年增加 3 家；持股比例在 60% 至 70% 之间的公司数量为 6 家，比上一年减少 3 家；持股比例在 50% 至 60% 之间的公司数量为 12 家，与上一年持平。因此，在所调查的这 68 家信托公司中，第一股东持股比例在 50% 以上，即达到绝对控股地位的有 49 家，比上一年减少 1 家，而持股比例在

50%以下的只有19家。如表2－10和表2－11所示。

表2－10　第一大股东信息

序号	公司简称	第一大股东名称	持股比例
1	平安信托	中国平安保险（集团）股份有限公司	99.88%
2	爱建信托	上海爱建集团股份有限公司	99.33%
3	粤财信托	广东粤财投资控股有限公司	98.14%
4	华宝信托	中国宝武钢铁集团有限公司	98.00%
5	吉林信托	吉林省财政厅	97.50%
6	上海信托	上海浦东发展银行股份有限公司	97.33%
7	外贸信托	中国中化股份有限公司	96.22%
8	湖南信托	湖南财信投资控股有限责任公司	96.00%
9	中海信托	中国海洋石油集团有限公司	95.00%
10	金谷信托	中国信达资产管理股份有限公司	92.29%
11	山西信托	山西金融投资控股集团有限公司	90.70%
12	中建投信托	中国建银投资有限责任公司	90.05%
13	交银国信	交通银行股份有限公司	85.00%
14	英大信托	国网英大国际控股集团有限公司	84.55%
15	中航信托	中航投资控股有限公司	82.73%
16	民生信托	武汉中央商务区建设投资股份有限公司	82.71%
17	昆仑信托	中油资产管理有限公司	82.18%
18	江苏国信	江苏国信股份有限公司	81.49%
19	厦门国信	厦门金圆金控股份有限公司	80.00%
20	西藏信托	西藏自治区财政厅	80.00%
21	中信信托	中国中信有限公司	80.00%
22	中铁信托	中国中铁股份有限公司	78.91%
23	五矿信托	五矿资本控股有限公司	78.00%
24	浙商金汇	浙江东方金融控股集团股份有限公司	78.00%
25	华融国信	中国华融资产管理股份有限公司	76.79%
26	万向信托	中国万向控股有限公司	76.50%
27	中粮信托	中粮资本投资有限公司	76.01%

续表

序号	公司简称	第一大股东名称	持股比例
28	东莞信托	东莞金融控股集团有限公司	73.50%
29	兴业信托	兴业银行股份有限公司	73.00%
30	陆家嘴信托	上海陆家嘴金融发展有限公司	71.61%
31	苏州信托	苏州国际发展集团有限公司	70.01%
32	国联信托	无锡市国联发展(集团)有限公司	69.92%
33	华能贵诚	华能资本服务有限公司	67.86%
34	国通信托	武汉金融控股(集团)有限公司	67.51%
35	建信信托	中国建设银行股份有限公司	67.00%
36	重庆国信	同方国信投资控股有限公司	66.99%
37	紫金信托	南京紫金投资集团有限责任公司	60.01%
38	新时代	新时代远景(北京)投资有限公司	58.54%
39	工商信托	杭州市金融投资集团有限公司	57.99%
40	西部信托	陕西省电力建设投资开发公司	57.78%
41	国投信托	国投资本控股有限公司	55.00%
42	安信信托	上海国之杰投资发展有限公司	52.44%
43	天津信托	天津海泰控股集团有限公司	51.58%
44	渤海信托	海航资本集团有限公司	51.23%
45	光大兴陇	中国光大集团股份公司	51.00%
46	华润信托	华润股份有限公司	51.00%
47	华鑫信托	中国华电集团公司	51.00%
48	百瑞信托	国家电投集团资本控股有限公司	50.24%
49	华澳信托	北京融达投资有限公司	50.01%
50	国元信托	安徽国元控股(集团)责任有限公司	49.69%
51	山东国信	山东省鲁信投资控股集团有限公司	47.12%
52	中原信托	河南投资集团有限公司	46.43%
53	大业信托	中国东方资产管理股份有限公司	41.67%
54	长安国信	西安投资控股有限公司	40.44%
55	新华信托	上海珊瑚礁信息系统有限公司	40.00%

续表

序号	公司简称	第一大股东名称	持股比例
56	中融信托	经纬纺织机械股份有限公司	37.47%
57	华宸信托	包头钢铁（集团）有限责任公司	36.50%
58	长城新盛	长城股份公司	35.00%
59	陕西国信	陕西煤业化工集团有限责任公司	34.58%
60	北京国信	北京市国有资产经营有限责任公司	34.30%
61	中诚信托	中国人民保险集团股份有限公司	32.92%
62	中江国信	领锐资产管理股份有限公司	32.74%
63	北方国信	天津泰达投资控股有限公司	32.33%
64	四川信托	四川宏达（集团）有限公司	32.04%
65	国民信托	上海丰益股权投资基金有限公司	31.73%
66	中泰信托	中国华闻投资控股有限公司	31.57%
67	华信信托	华信汇通集团有限公司	25.91%
68	云南国信	云南省财政厅	25.00%

表 2-11 第一大股东持股比例分布

持股区间	100%	(100%，90%]	(90%，80%]	(80%，70%]	(70%，60%]	(60%，50%]	(50%，40%]	(40%，30%]	(30%，20%]	未披露	合计
2017 财年公司数量	0	13	9	7	9	12	4	12	2	0	68
占比	0	19.12%	13.24%	10.29%	13.24%	17.65%	5.87%	17.65%	2.94%	0	100.00%
2018 财年公司数量	0	12	9	10	6	12	6	11	2	0	68
占比	0	17.65%	13.24%	14.70%	8.82%	17.65%	8.82%	16.18%	2.94%	0	100.00%

由以上分析可以得出，2018 财年有绝对控股地位的公司数量与上一年度基本持平，因此所调查信托公司在 2018 财年仍未改变股权高度集中和一股独大的显著特点。股权的高度集中导致股东对公司的控制力明显增强，有助于推动公司高级管理人员与股东尤其是控股股东的利益趋同，代理成本因此得到一定控制。但是股权的高度集中会导致控股股东对公司的参与程度过高，从而导致股

东包括独立董事、监事甚至中介机构缺乏独立性，进而导致较为严重的利益侵占问题。由上面的分析可见，大多数的公司都存在此问题，因此平衡股权结构应该成为信托公司进行公司治理的关键。

就关联交易数量来看，由于我国信托行业市场化程度较低，关联交易现象普遍存在。在统计的68家公司中有64家信托公司披露了2018财年的关联交易数量和金额，比上一年增加了1家。其中，关联交易共计878起，总额达10691.35亿元，平均每家信托公司的关联交易金额为169.70亿元，交易的金额比上一年有小幅提高，但是关联交易数量却比上一年大大增加。从交易金额来看，交易金额在100亿元以上的有18家，占总体的28.13%；100亿元以下存在关联交易的公司有43家，比例约为67.19%，占绝大多数；只有3家公司未发生关联交易，占比4.69%。

由上分析可知，与上一年相比，2018财年68家信托公司的关联交易有增加的趋势，关联交易通过集团内部适当的交易安排，可以使配置在一定程度上最优，加强企业间合作，达到企业集团的规模经济效益。虽然关联交易能够降低谈判成本和交易成本，提高交易效率，但频繁的关联交易也可能存在着交易双方从中谋利、侵犯股东和中小投资者的状况。因此如何规范关联交易是信托行业的一个突出问题，也是监管机构关注的重点之一。各公司关联交易情况详见表2－12和表2－13。

表2－12 关联交易数量

单位：万元

序号	公司简称	关联方数量	关联交易金额
1	安信信托	未披露	未披露
2	陕西国信	未披露	未披露
3	新时代	未披露	未披露
4	山东国信	未披露	未披露
5	长城新盛	7	972.77
6	苏州信托	71	346331.08
7	兴业信托	14	31979904.76
8	英大信托	109	19470813.97
9	华润信托	14	10825459.27
10	中海信托	12	8212720.97

续表

序号	公司简称	关联方数量	关联交易金额
11	平安信托	25	4080583.18
12	百瑞信托	6	3561131.01
13	国投泰康	18	2946171.13
14	五矿信托	8	2892939.09
15	重庆国信	67	2335000.33
16	渤海信托	17	2209206.00
17	华融国信	7	2131930.39
18	中信信托	27	1960097.26
19	民生信托	15	1894609.62
20	昆仑信托	13	1690300.00
21	建信信托	8	1514434.75
22	华能贵诚	8	1347620.90
23	中原信托	64	1294996.60
24	上海国信	7	1050708.46
25	长安国信	56	889197.31
26	紫金信托	4	373142.87
27	江苏国信	7	367245.99
28	中粮信托	17	336076.91
29	中航信托	17	287626.75
30	中诚信托	82	285312.38
31	华宝信托	4	283015.00
32	华鑫信托	15	279650.31
33	华信信托	1	231550.00
34	厦门国信	11	229693.00
35	北方国信	2	225000.00
36	东莞信托	9	192700.00
37	金谷信托	5	178364.25
38	国元信托	28	153631.00

续表

序号	公司简称	关联方数量	关联交易金额
39	光大兴陇	5	143512.55
40	天津信托	3	120000.00
41	中铁信托	5	116757.30
42	北京国信	9	110308.00
43	云南国信	2	107500.00
44	新华信托	2	100922.57
45	陆家嘴信托	6	57299.65
46	华宸信托	1	50000.00
47	西藏信托	1	30511.20
48	中泰信托	5	24168.30
49	中江国信	1	10000.00
50	吉林信托	3	8546.30
51	交银国信	5	5156.29
52	浙商金汇	6	4437.87
53	外贸信托	6	4193.76
54	中建投信托	2	2882.46
55	大业信托	1	2300.00
56	四川信托	4	788.73
57	万向信托	2	624.45
58	山西信托	2	582.87
59	湖南信托	2	480.00
60	国联信托	1	437.00
61	西部信托	5	368.79
62	粤财信托	1	317.96
63	爱建信托	1	124.98
64	工商信托	2	89.00
65	国民信托	0	0.00
66	华澳信托	0	0.00

续表

序号	公司简称	关联方数量	关联交易金额
67	国通信托	0	0.00
68	中融信托	20	-45941.32
	合计	878	106913533.3
	平均	14	1697040.21

表 2-13　关联交易金额情况

关联交易金额数目	100 亿元以上	100 亿元以下	未发生关联交易	披露总数
公司数量	18	43	3	64
占比	28.13%	67.19%	4.69%	100%

第四节　信托公司经营分析

在过去的十年内,信托业从中国金融改革进程中金融行业边缘革命发起人的角色迅速成长为今天的主流金融业态。各项指标表明:我国信托业发展势头始终与宏观经济运行有着紧密关系,信托业不失时机地抓住宏观经济运行的积极变化,不断开拓业务空间,行业资产规模保持增长态势,跨入"20 万亿时代"。利润总额实现两位数增长,信托公司的业务拓展能力以及与业务协同发展能力不断增强,信托业的资金实力处于提升时期,为今后信托业务转型夯实了坚实的基础。

截至 2018 年 5 月 10 日,68 家信托公司年报已经全部披露,行业经营概貌露出清晰轮廓。与往年相比,业内同行、同业机构、社会各界对信托公司 2018 年的集体亮相似乎更为关注。一方面说明,伴随信托业的不断壮大,其社会影响力和关注度有较大提升;另一方面说明,伴随资管市场竞争的加剧和部分信托公司个案风险的暴露,广大投资者对信托公司经营状况和市场信誉也更加敏感。

一、主要财务指标分析

（一）资本利润率

从年报披露状况来看，有64家信托公司对资本利润率这一指标进行了披露。与上一年相比，除安信信托、陕西国信和五矿信托继续未披露这一指标之外，中江国信在2018财年尚没有披露该指标，导致披露资本利润率的样本公司相比上一年减少了1家。

资本利润率的主要统计数据如表2－14所示。从用来反映信托公司盈利能力的资本利润率指标来看，由于中国经济进入新常态，信托行业传统行业投向利润收窄，以及利率下降、风险上升等一系列不利因素的影响，资本利润率指标继续呈现下行趋势。全行业平均资本利润率由上一年的14.34%下降至2018财年的13.48%，同比下降了0.86%。一方面，信托行业自2013财年开始的连续5年平均资本利润率下降的态势并没有得到逆转；另一方面，相比于上一年，2018财年行业平均资本利润率下降的幅度有所减缓。在对资本利润率指标进行披露的64家公司之中，共有50家信托公司的资本利润率在10%以上，占比达78.13%；其中，资本利润率超过20%的信托公司有8家，占比达12.5%。

从资本利润率排名上看，长城新盛2018财年资本利润率同比上升6.03个百分点，达到30.96%，成为2018财年资本利润率最高的信托公司。在2017财年排名第一的万向信托2018财年资本利润率同比下降了3.44个百分点，但仍以25.26%的资本利润率位列行业第二名。大业信托与湖南信托2018财年资本利润率分别同比上升3.10个百分点与5.38个百分点，以24.57%与23.56%的高资本收益率位列行业第三、第四名。纵观信托行业整体情况，2018财年各公司资本利润率标准差为5.54%，说明各公司资本利润率离散程度有所下降，该指标趋于均衡。详见表2－14。

表2－14 信托公司资本利润率统计分析表

指标	2014财年	2015财年	2016财年	2017财年	2018财年
平均值（%）	20.31	18.24	15.86	14.34	13.48
平均值增长（%）	－0.59	－1.95	－2.38	－1.52	－0.86
公司数目	67	64	66	65	64

续表

指标	2014 财年	2015 财年	2016 财年	2017 财年	2018 财年
最大值(%)	54.06	50.21	28.21	28.70	30.96
最小值(%)	1.36	3.14	0.57	0.80	0.80
标准差(%)	8.80	8.91	6.10	6.01	5.54
变异系数	0.43	0.48	0.38	0.42	0.41

2018 财年，资本利润率表现比较优异的信托公司前五名为：长城新盛（30.96%）、万向信托（25.26%）、大业信托（24.57%）、湖南信托（23.56%）以及西藏信托（22.71%）。而 2017 财年资本利润率前五名为万向信托（28.70%）、中江国信（28.11%）、长城新盛（24.93%）、中铁信托（24.87%）以及中海信托（23.98%）。与 2017 财年相比，前五名公司的组成有一定变化，但整体来看，资本利润率水平未出现明显变动趋势。同时，2013 财年资本利润率在 15% ~30%的公司为 34 家，2014 财年达到了 42 家，2015 财年则为 34 家，2016 财年达到 37 家，2017 财年为 28 家，2018 财年为 24 家。由此可见，自 2017 财年起，在信托行业整体资本利润率不断下滑的同时，行业中的中坚阵营的数量也出现了持续下降。

从资本利润率增幅来看，2018 财年，资本利润率增幅前五名的公司为吉林信托（8.18%）、长城新盛（6.03%）、湖南信托（5.38%）、爱建信托（5.04%）和外贸信托（4.96%）。（注：信托公司名后数字为 2018 财年资本利润率增加量）

信托公司资本利润率是净利润与平均资本的比率，因此公司净利润与注册资本规模的变化均会对资本利润率产生影响。信托公司通过增资或者股权资产出售等方式获取大规模资金后，通过有效的资产管理，可以使得业绩得到大幅提升。根据披露报告来看，吉林信托和外贸信托的净资产未发生大幅变动，湖南信托的净资产由 31.20 亿元翻倍至 68.71 亿元，净利润增幅达到 59.11%，使其资本利润率表现优异。

（二）信托报酬率

信托报酬是受托人通过管理和运作信托财产而获取的报酬。按照《信托投资公司信息披露管理暂行办法》，信托业务报酬率的计算是以信托业务收入除以实收信托平均余额，这一指标所反映的是信托公司在信托业务中所获得的报酬。实际运作中，信托公司在对信托资产的管理中主动管理能力强、作用发挥得大，取得的报酬一般就会较高；反之，如果信托公司在信托业务中并没有进行主动管理、所起到的作用小，信托报酬率就会偏低。

从2018财年的信息披露情况来看，有51家信托公司公布了信托报酬率，比2017财年减少了湖南信托和山东国信这两家。2018财年，信托行业平均信托报酬率为0.62，比2017财年下降了0.13个百分点。请见图2－7。

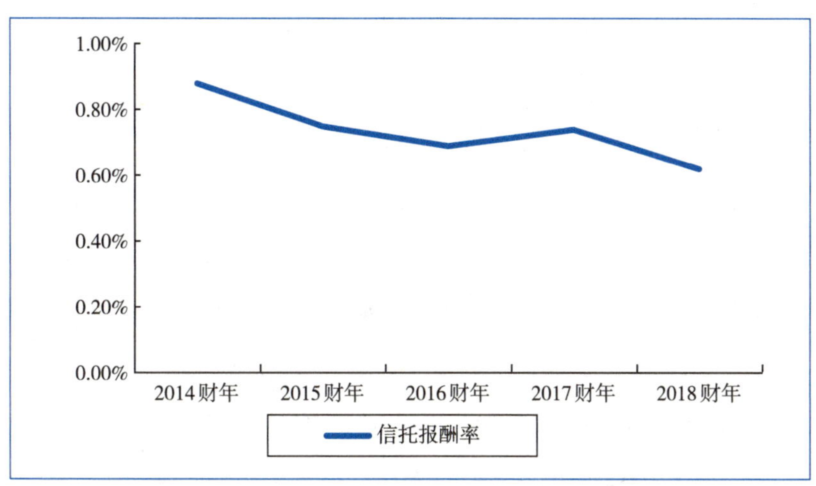

图2－7　2014—2018财年信托公司信托报酬率趋势

由图2－7可以看出，信托行业的平均报酬率自2014财年开始进入下行通道，2017财年该指标虽有小幅反弹，但2018财年又呈现明显下降。

在统计的51家信托公司中，38家公司报酬率指标下降，13家上升。随着资管行业竞争加剧，信托公司传统业务的盈利空间逐步收窄。值得注意的是，2018财年在报酬率指标排名靠前的15家公司中，有6家公司报酬率指标逆市上升，占比40%。51家纳入统计的信托公司中，主动管理能力较强的信托公司竞争力进一步增强。

在2018财年披露信托报酬率的51家公司中，下滑比例最大的是华宸信托，其2018财年信托报酬率同比下降了1.02个百分点；其次是长城新盛，同比下降了0.58个百分点，但其信托报酬率仍高居全行业第4。中小信托公司清算项目数量较少，单一项目报酬率对公司整体报酬率指标的影响较大，因此中小信托公司报酬率指标波动比大型公司会更加明显。有研究人员表示，主动管理资产占比较高的信托公司受经营环境影响相对较小，预计行业两极分化的趋势会加大。

从信托报酬率分布的离散程度来看，2018财年信托报酬率分布的标准差0.63%比2017财年（0.60%）有所提高。这说明，全行业信托报酬率的差距有所加大。样本公司中，大部分公司（45家）的信托报酬率水平低于1%。其中，有

31 家公司（占全体公司数量的 60%）的信托报酬率低于 0.5%。可以发现，信托报酬率低于 0.5% 的公司数量远高于 2017 财年数量，具体数据见表 2－15。

表 2－15 信托公司信托报酬率的统计分析表

指标	2014 财年	2015 财年	2016 财年	2017 财年	2018 财年
平均值（%）	0.88	0.76	0.69	0.75	0.62
平均值增长幅度（%）	－0.09	－0.12	－0.06	0.05	－0.13
公司数目	55	52	54	53	51
最大值（%）	3.44	2.66	2.85	3.16	3.63
最小值（%）	0.25	0.14	0.19	0.14	0.10
标准差（%）	0.55	0.49	0.53	0.60	0.63
变异系数	0.63	0.64	0.77	0.80	1.02

从信托报酬率的排名来看，2018 财年信托报酬率表现比较优异的信托公司前五名为：东莞信托（3.63%）、工商信托（2.73%）、安信信托（1.92%）、长城新盛（1.43%）和华信信托（1.27%）。

东莞信托在 2016 财年信托报酬率实现 1% 的大幅增长之后，在 2017 财年和 2018 财年分别以 3.16% 和 3.63% 的信托报酬率稳居行业首位。工商信托的信托报酬率曾在 2014—2016 财年连续三年在行业中保持第一，2017 财年和 2018 财年分别以 2.38% 和 2.73% 的信托报酬率位居第二位。

2018 财年，银行系的建信信托的信托报酬率仍位于行业倒数第一。信托制度的灵活性可以为商业银行的表外业务需求提供通道，这是商业银行控股信托公司的主要原因。也正因此，银行系信托公司低费率的通道类业务占比会相对较高，但是整体盈利能力并不突出。

（三）人均净利润

从 2018 财年的信息披露状况来看，有 64 家信托公司公布了人均净利润，与 2017 财年相比，增加了五矿信托，减少了山东国信。

2018 财年，信托行业平均人均净利润为 369.20 万元，比 2017 财年下降了 28.92 万元。自 2017 财年平均人均净利润指标出现下降，2018 财年仍维持下降态势。

从人均净利润的统计分析来看，与 2017 财年情况相同的是，人均净利润超过1000万元的为重庆国信与江苏国信，这两家信托公司的人均净利润分别达到了2295.53万元和1382.88万元。其他公司人均净利润均没有超过1000万元。表2－16显示了2018财年人均净利润相关的主要统计指标。

表2－16　信托公司人均净利润的统计分析表

指标	2014财年	2015财年	2016财年	2017财年	2018财年
平均值（万元）	394.66	396.97	427.14	390.47	369.20
平均值增长幅度（万元）	12.35	6.77	30.17	－36.67	－21.27
平均值增长率（%）	4.52	1.72	7.60	－8.59	－5.45
公司数目	66	63	65	64	64
最大值（万元）	1520.01	2615	3357.92	2519.74	2295.53
最小值（万元）	11.36	16	6.44	22.17	36.14
标准差（万元）	270.81	382.5	464.71	365.68	325.61
变异系数	0.70	0.95	1.09	0.94	0.88

从人均净利润排名来看，2018财年，人均净利润表现比较优异的信托公司前五名为：重庆国信（2296万元）、江苏国信（1383万元）、粤财信托（800.08万元）、华润信托（672.62万元）和中铁信托（657万元）。可以发现，2015财年有50家信托公司的人均净利润达到了150万元以上，2016财年实现150万元以上的公司达到了54家，2018财年与2017财年持平，都保持在53家。

相关数据如表2－17、表2－18、表2－19所示。

表2－17　资本利润率序列表

序号	公司简称	2018财年	2017财年	2016财年
1	长城新盛	30.96%	24.93%	3.88%
2	万向信托	25.26%	28.70%	16.60%
3	大业信托	24.57%	21.47%	22.00%
4	湖南信托	23.56%	18.18%	15.84%
5	西藏信托	22.71%	23.21%	24.74%
6	中铁信托	20.48%	24.87%	26.10%
7	爱建信托	20.32%	15.28%	13.70%
8	中航信托	20.29%	22.62%	21.62%

续表

序号	公司简称	2018 财年	2017 财年	2016 财年
9	外贸信托	19.48%	14.52%	17.26%
10	粤财信托	18.74%	18.78%	16.63%
11	中融信托	18.29%	21.08%	23.78%
12	华能贵诚	17.90%	21.32%	22.12%
13	民生信托	17.56%	13.08%	11.43%
14	重庆国信	17.13%	21.33%	28.21%
15	中海信托	17.11%	23.98%	27.20%
16	工商信托	16.89%	17.01%	22.66%
17	平安信托	16.83%	16.77%	14.65%
18	中建投信托	16.14%	15.83%	16.07%
19	厦门国信	15.95%	16.79%	14.92%
20	建信信托	15.86%	14.79%	14.78%
21	吉林信托	15.84%	7.66%	11.82%
22	百瑞信托	15.81%	16.01%	19.12%
23	长安国信	15.61%	19.08%	21.19%
24	江苏国信	15.22%	14.26%	16.11%
25	华鑫信托	14.40%	12.33%	16.82%
26	四川信托	14.27%	23.75%	26.13%
27	国投泰康	13.95%	13.96%	21.03%
28	上海国信	13.60%	19.50%	21.32%
29	渤海信托	13.60%	11.95%	13.88%
30	山东国信	13.40%	14.40%	19.26%
31	华宝信托	13.35%	16.00%	5.26%
32	华润信托	12.95%	10.17%	20.51%
33	北京国信	12.61%	13.50%	16.81%
34	天津信托	12.43%	10.59%	14.94%
35	陆家嘴信托	12.34%	13.29%	16.05%
36	方正东亚	12.27%	14.95%	20.17%

续表

序号	公司简称	2018 财年	2017 财年	2016 财年
37	紫金信托	12.21%	17.02%	21.01%
38	苏州信托	11.71%	14.00%	14.33%
39	中粮信托	11.66%	9.88%	9.47%
40	中信信托	11.65%	15.99%	17.42%
41	交银国信	11.44%	12.57%	12.03%
42	云南国信	11.24%	10.36%	17.48%
43	浙商金汇	11.19%	7.79%	8.97%
44	兴大兴陇	10.96%	8.05%	10.03%
45	华融国信	10.94%	15.60%	15.05%
46	华澳信托	10.83%	6.00%	12.00%
47	兴业信托	10.44%	9.49%	12.89%
48	英大信托	10.43%	11.99%	14.35%
49	北方国信	10.22%	10.49%	15.61%
50	东莞信托	10.11%	10.84%	14.32%
51	中原信托	9.91%	15.57%	21.31%
52	昆仑信托	9.38%	13.50%	15.02%
53	华信信托	8.28%	16.19%	26.19%
54	中诚信托	8.07%	7.60%	12.19%
55	国元信托	7.69%	9.90%	17.03%
56	金谷信托	7.59%	4.67%	3.60%
57	新时代	7.16%	8.17%	10.12%
58	中泰信托	5.84%	7.49%	10.11%
59	西部信托	5.45%	9.26%	9.59%
60	国联信托	5.43%	6.60%	11.52%
61	国民信托	4.73%	8.78%	17.32%
62	华宸信托	4.25%	2.88%	4.13%
63	山西信托	4.15%	6.30%	4.91%
64	新华信托	1.85%	0.80%	0.57%

表 2-18　信托报酬率序列表

序号	公司简称	2018 财年	2017 财年	2016 财年
1	东莞信托	3.63%	3.16%	2.82%
2	工商信托	2.73%	2.38%	2.85%
3	安信信托	1.92%	1.55%	1.00%
4	长城新盛	1.43%	2.01%	0.43%
5	华信信托	1.27%	1.45%	1.22%
6	重庆国信	1.20%	1.24%	1.28%
7	山西信托	1.17%	0.91%	0.60%
8	苏州信托	0.90%	0.86%	0.89%
9	紫金信托	0.85%	1.15%	0.98%
10	爱建信托	0.84%	1.12%	1.09%
11	华宸信托	0.81%	1.83%	1.31%
12	百瑞信托	0.79%	0.99%	1.04%
13	陆家嘴信托	0.73%	0.99%	0.81%
14	中原信托	0.70%	0.92%	1.15%
15	中泰信托	0.65%	0.51%	0.49%
16	中江国信	0.64%	0.61%	0.38%
17	中航信托	0.59%	0.73%	0.82%
18	中铁信托	0.53%	0.77%	0.47%
19	国联信托	0.53%	0.58%	0.48%
20	大业信托	0.51%	0.52%	0.71%
21	平安信托	0.50%	0.95%	0.90%
22	渤海信托	0.48%	0.33%	0.35%
23	国民信托	0.47%	0.52%	0.45%
24	金谷信托	0.47%	0.28%	0.32%
25	民生信托	0.43%	0.91%	0.93%
26	新华信托	0.43%	0.47%	0.59%
27	五矿信托	0.42%	0.53%	0.69%
28	北京国信	0.41%	未披露	1.25%

续表

序号	公司简称	2018 财年	2017 财年	2016 财年
29	天津信托	0.41%	0.44%	0.50%
30	昆仑信托	0.40%	0.84%	0.71%
31	长安国信	0.40%	0.59%	0.64%
32	浙商金汇	0.36%	0.83%	0.74%
33	方正东亚	0.35%	0.46%	0.69%
34	英大信托	0.32%	0.52%	0.23%
35	新时代	0.32%	0.23%	0.31%
36	上海国信	0.28%	0.47%	0.53%
37	外贸信托	0.28%	0.33%	0.29%
38	陕西国信	0.28%	0.29%	0.28%
39	兴大兴陇	0.27%	0.23%	0.35%
40	厦门国信	0.26%	0.46%	0.34%
41	国投泰康	0.25%	0.23%	0.34%
42	华澳信托	0.23%	0.79%	0.89%
43	华鑫信托	0.23%	0.24%	0.38%
44	交银国信	0.22%	0.29%	0.24%
45	西部信托	0.22%	0.26%	0.48%
46	云南国信	0.21%	0.23%	0.19%
47	国元信托	0.19%	0.35%	0.34%
48	兴业信托	0.18%	0.17%	0.21%
49	北方国信	0.16%	0.23%	0.31%
50	江苏国信	0.13%	0.23%	0.26%
51	西藏信托	0.13%	0.14%	0.22%
52	建信信托	0.10%	0.15%	0.21%

表 2－19　人均净利润序列表

单位：万元

序号	公司简称	2018 财年	2017 财年	2016 财年
1	重庆国信	2295.53	2519.74	3357.92

续表

序号	公司简称	2018 财年	2017 财年	2016 财年
2	江苏国信	1382.88	1601.19	1685.56
3	粤财信托	800.08	813.76	663.40
4	华润信托	672.62	558.51	1038.31
5	中铁信托	657.00	698.00	703.00
6	中航信托	624.18	595.45	611.68
7	华能贵诚	620.46	566.34	541.91
8	湖南信托	588.00	387.00	298.00
9	华信信托	548.11	863.62	1106.79
10	民生信托	528.62	369.68	188.10
11	渤海信托	516.85	309.25	308.61
12	百瑞信托	515.22	490.73	493.37
13	外贸信托	510.52	410.36	465.55
14	西藏信托	509.75	552.99	645.49
15	五矿信托	489.73	未披露	401.63
16	交银国信	466.62	431.00	388.13
17	建信信托	460.88	435.11	468.35
18	平安信托	455.95	363.01	286.19
19	中海信托	444.26	694.50	820.19
20	中信信托	443.76	582.13	587.75
21	中诚信托	428.80	435.05	670.17
22	上海国信	417.80	448.77	514.86
23	英大信托	385.38	423.17	456.48
24	天津信托	370.11	294.71	377.09
25	爱建信托	359.94	335.31	304.89
26	国联信托	358.65	376.43	530.43
27	苏州信托	355.28	430.20	470.11
28	北京国信	321.00	306.00	422.00
29	华鑫信托	319.04	264.00	352.00

续表

序号	公司简称	2018 财年	2017 财年	2016 财年
30	中原信托	318.96	346.50	388.16
31	昆仑信托	315.97	290.64	337.87
32	国元信托	304.43	371.83	543.97
33	厦门国信	303.35	316.66	304.50
34	华宝信托	292.16	346.06	101.12
35	工商信托	284.00	295.00	260.00
36	兴业信托	271.16	231.90	295.36
37	大业信托	252.56	212.91	265.15
38	中粮信托	251.78	221.44	215.06
39	中建投信托	249.87	243.48	288.84
40	华融国信	247.74	295.94	271.39
41	万向信托	246.91	258.69	134.23
42	北方国信	241.75	255.02	335.10
43	紫金信托	240.30	252.07	295.39
44	新时代	234.18	167.51	150.46
45	东莞信托	230.85	242.69	289.44
46	金谷信托	205.15	120.50	74.88
47	国投泰康	194.40	437.09	791.10
48	方正东亚	193.08	225.56	276.53
49	长城新盛	191.21	150.01	25.50
50	华澳信托	182.00	35.00	63.00
51	兴大兴陇	170.43	132.84	101.46
52	陆家嘴信托	162.94	177.63	192.97
53	西部信托	157.40	430.21	447.75
54	长安国信	149.07	154.35	182.25
55	中融信托	144.60	140.10	143.16
56	吉林信托	125.53	143.72	273.19
57	四川信托	124.92	178.40	144.22

续表

序号	公司简称	2018 财年	2017 财年	2016 财年
58	中泰信托	123.48	128.96	159.82
59	云南国信	103.47	95.53	163.06
60	中江国信	65.14	866.93	298.55
61	新华信托	62.12	22.17	6.44
62	华宸信托	57.97	37.62	43.33
63	国民信托	46.67	85.52	172.11
64	山西信托	36.14	67.93	54.07

二、信托资产规模分析

（一）信托资产规模的整体分析

自2007年以来，国内信托业已经维持了10年的高速增长，堪称是行业发展的“黄金时期”。对于2018年整体来看，在监管政策引导下，中国的信托行业资产规模增速双降，通道业务收缩，行业扩张势头得到遏制。本轮稳杠杆背景下的强监管政策体现了监管层意在督促信托业回归本源、积极支持实体经济发展的清晰政策导向。截至2018年6月末，我国68家信托公司管理的信托资产规模为24.27万亿元，较2017年末减少7.53%。

从2018财年来看，信托行业平均信托资产规模为38648885万元，比上一年上升了8890103万元，上升率为29.87%。自2015财年以来，信托公司的信托资产规模每年都有大幅度的提升。

在2018财年，有11家公司缩减了信托资产规模，与上一年持平。另外，中信信托继2016财年与2017财年分别以102281496万元和142488879万元连续打破自2004年以来单个公司年度信托资产规模的最高纪录之后，2018财年以56184097万元的增幅刷新了该项纪录，信托资产规模达到历史新高198672976万元。从信托资产规模分布的平均程度看来，2018财年信托资产规模分布的标准差（35079305万元）比上一年（28279946万元）大幅上升。与此同时，变异系数也出现了近5年以来的第3次下跌，从2017财年的0.95下跌至2018财年的0.91。

值得注意的是，2016—2018财年期间，信托资产规模的变异系数已经连续3

年出现了下降。2018 财年变异系数小幅下降，这说明 2018 财年信托行业缩小了信托资产规模分布分化的趋势，如表 2－20 所示。

表 2－20　信托公司信托资产规模的统计分析表

指标	2014 财年	2015 财年	2016 财年	2017 财年	2018 财年
平均值（万元）	16046023	20717837	24050170	29758782	38648885
平均值增长幅度（万元）	4232905	4671814	3332333	5708612	8890103
平均值增长率（%）	35.83	29.12	16.08	23.74	29.87
公司数目	68	67	68	68	68
最大值（万元）	72966080	90207416	109683950	142488879	198672976
最小值（万元）	1271355	695795	980256	971111	396584
标准差（万元）	13235416	18357256	23583490	28279946	35079305
变异系数	0.83	0.89	0.98	0.95	0.91

（二）信托资产规模的公司分析

根据中国信托业协会公布的最新数据，截至 2018 年 3 季度末，行业管理信托资产规模达到 23.14 万亿元，较 2 季度末下降了 1.13 万亿元，与 2 季度相比，规模下降幅度有所收窄。截至 2018 年 3 季度末，事务管理类信托规模 13.61 万亿元，较 2 季度末减少 0.69 万亿元，延续 2018 年以来持续下降的态势，依然是信托规模下降的主要因素；相对占比 58.82%，较 2 季度末下降 0.11 个百分点。投资类信托规模 5.29 万元，较 2 季度末减少 0.30 万亿元；相对占比 22.85%，较 2 季度末下降 0.19 个百分点。融资类信托规模 4.24 万亿元，较 2 季度末减少 0.14万亿元；相对占比 18.33%，较 2 季度末略升 0.29 个百分点。

从信托资产规模排名来看，2018 财年信托资产规模最大的信托公司前 5 名为：中信信托（198672976 万元）、建信信托（140966997 万元）、华润信托（134693940 万元）、华能贵诚（101025340 万元）以及交银国信（96562955 万元）。与 2017 财年相比，信托资产规模前 5 名的公司发生了一定的变化。其中，中信信托与建信信托继续排在信托资本规模的前两名，华润信托从 2017 财年的第 5 位上升至 2018 财年的第 3 位，而华能贵诚与交银国信则从 2017 财年的第 7 位和第 6 位分别攀升至 2018 财年的第 4 位和第 5 位。兴业信托与上海国信则从 2017 财年的第 3 位和第 4 位下降至 2018 财年的第 6 位和第 7 位。

同时，可以发现，2018 财年信托资产规模达到 1000 亿元以上的公司达到 58 家，比 2017 财年的 56 家又增加 2 家。另外，信托资产规模达到 500 亿元以上的公司，2014 财年达到 56 家，2015 财年达到了创纪录的 60 家，2016 财年则小幅下降至 58 家，2017 财年增加至 59 ，2018 财年又增加至 63 家。

从信托资产幅度来看，2018 财年，信托资产增长幅度前 5 名分别为中信信托（56184097 万元）、华润信托（53870897 万元）、渤海信托（40859827 万元）、华能贵诚（30086343 万元）以及国民信托（27443383 万元）。与 2017 财年相比，信托资产增长前 5 名的变化较大，其中，仅有中信信托与华能贵诚依然保持了高速增长，继续跻身前 5 名的行列。交银国信、上海国信、建信信托从 2017 财年的第 2 位、第 3 位和第 4 位下跌至 2018 财年的第 6 位、第 23 位和第 20 位。而华润信托、渤海信托和国民信托从 2017 财年的第 25 位、第 14 位和第 15 位跃升至 2018 财年的第 2 位、第 3 位和第 5 位。

从信托资产规模增长率来看，2018 财年，信托资产规模增长率前 5 名的公司为浙江金汇（增长 223.04%）、渤海信托（增长 190.77%）、昆仑信托（增长 143.26%）、万向信托（增长 117.96%）以及国元信托（增长 117.78%）。值得一提的是，2018 财年信托资产规模增长率排名前 5 的信托公司其增长率远远高于 2017 财年。

从 2014 财年以来各年信托资产规模的稳定程度来看，最稳定公司的前 3 名分别是北方国信（变异系数为 0.04）、东莞信托（变异系数为 0.06）以及粤财信托（变异系数为 0.10）。北方国信自 2014 财年以来，一直保持了稳定的信托资产规模，平均值为 28195057 万元。另外，信托资产规模波动程度最大的前 3 家公司分别是浙商金汇（变异系数为 0.96）、国民信托（变异系数为 0.87）以及甘肃信托（变异系数为 0.75），这 3 家公司近 5 年来整体上都实现了信托资产规模的持续大幅增长。

三、信托资产结构分析

（一）信托资产投资领域分析

1. 信托资产分布的行业分析

从 2018 年 3 季度行业数据来看，工商企业仍然是信托资金的首要配置领域。投向工商企业的资金信托余额 5.75 万亿元，尽管比上季度末的 5.95 万亿元减少了 0.2 万亿元，但由于总体信托资产规模的下降，在资金信托中占比达到

29.49%，较2季度末的占比略增加0.26个百分点，保持持续上升态势。从新增数据来看，3季度末当年投向工商企业的信托累计新增规模1.21万亿元，与上年同期相比少增0.93万亿元，但在新增资金信托资产规模中的比例仍然达到37.95%，反映出信托加快向服务实体经济回归的趋势。

从3季度末行业数据来看，投向金融机构的信托余额3.15万亿元，比上季度末的3.44万亿元相比下降8.65%，与2017年4季度末的高点4.11万亿元相比，经过连续三个季度的调整，下降比例达到23.36%；投向金融机构的信托余额在资金信托中占比16.14%，较2季度末的占比下降0.78个百分点。从新增数据来看，3季度末当年新增投向金融机构的信托规模0.39万亿元，与上年同期相比减少0.74万亿元，在新增信托资产规模中的比例12.15%，较上年同期下降5.74%。这反映出信托行业落实治乱象、防风险相关要求，主动压降金融同业通道规模，已经取得一定成效。

从3季度末行业数据来看，投向基础产业的资金信托规模为2.85万亿元，与上季度末的2.97万亿元下降了3.80%，连续四个季度出现下滑，与2017年3季度末的高点3.21万亿元下降了11.21%；投向基础产业的信托余额在资金信托中占比14.64%，与2季度末占比基本持平。从新增数据来看，3季度末当年新增投向基础产业的信托规模0.32万亿元，与上年同期相比减少0.51万亿元，在新增信托资产规模中的比例9.91%，较上年同期下降3.32个百分点。随着中央加大基础设施领域补短板力度政策的推进落实，基础产业在信托资金配置领域中的相对地位将进一步企稳。

2. 信托资产分布的公司分析

基础产业资产占比变化仍然较大，只有湖南信托连续3年保持基础产业资产占比前3名的位子。国元信托和甘肃信托分别从2017财年的第2名和第3名跌至2018财年的第4名和第7名。而英大信托和华融国信则上升至2018财年的第1名和第3名。

房地产业资产占比也发生了一定的变化，工商信托以69.45%的比例依然位居行业第1名，国民信托和国元信托则分别从2017财年的第2名和第3名下跌至2018财年的第38名和第62名。而华宸信托和中建设信托则分别上升至2018财年的第2名和第3名。

证券业资产占比前3名变化不大，2017财年和2018财年排名前3的均为江苏国信、中海信托和华润信托，只是排名次序略有变化，由2017财年的华润信托、江苏国信和中海信托调整为2018财年的江苏国信、中海信托和华润信托。

实业资产占比排名前3的企业变化相对较小，天津信托和新时代继续保持行业前3的位置。吉林信托以72.23%的比例在已经披露该数据的信托公司中排名第3位。

金融机构资产占比变化较大，2018财年排名前3位的分别是建信信托、浙商金汇和华融国信。兴业信托由2017财年的48.37%（第1名）降至2018财年的42.01%（第4名），国通信托由2017财年的46.12%（第2名）降至2018财年的37.12%（第8名），中粮信托则由2017财年的45.43%（第3名）降至2018财年的27.82%（第12名）。

2018财年各项信托资产比例最大的前3名如表2-21所示。

表2-21　各项信托资产比例最大的前3名

信托资产类别	第1名	第2名	第3名
基础产业资产	英大信托（57.63%）	湖南信托（55.10%）	华融国信（42.49%）
房地产业资产	工商信托（69.45%）	华宸信托（49.04%）	中建设信托（44.39%）
证券业资产	江苏国信（58.63%）	中海信托（55.74%）	华润信托（50.46%）
实业资产	新时代（87.02%）	天津信托（80.50%）	吉林信托（72.23%）
金融机构	建信信托（50.33%）	浙商金汇（49.57%）	华融国信（42.49%）

基础产业资产规模，前3名公司排位变动较小，中信信托和上海国信继续位居前3名。建信信托由2017财年的3895万元（第1名）下降至2018财年的701万元（第15名），而交银国信则从2017财年的2717万元（第5名）上升至2018财年的3809万元（第2名）。

房地产业资产规模，2018财年前3名公司与2017财年变化较大。只有中信信托继续保持房地产规模前3的位置，国民信托和建信信托分别从行业第1名和第3名降至第29名和第26名，平安信托和中建设信托分别从2017财年的第4名和第8名跃升至2018财年的第2名和第3名。

证券业资产规模，2018财年行业前3名公司与2017财年相比变化相对较小。华润信托和江苏国信继续位居行业前2名，外贸信托由2017财年的第3名微降至2018财年的第5名，而建信信托则由2017财年的第9名升至2018财年的第3名。

实业资产规模，前3名公司与2017财年相比变化较大，除兴业信托继续维持在行业第 2 名不变以外，平安信托与新时代由 2017 财年的第 1 名和第 3 名降至 2018 财年的第 5 名和第 4 名，而渤海信托和国民信托分别由 2017 财年的第 9 名和第 43 名上升至 2018 财年的第 1 名和第 3 名。

金融机构资产规模，前 3 名公司与 2017 财年相比变化较小，建信信托和兴业信托继续维持在行业前 3 名，中融信托由 2017 财年的第 3 名小幅降至 2018 财年的第 4 名，而中信信托则由 2017 财年的第 4 名上升至 2018 财年的第 2 名。

2018 财年各项信托资产规模最大的前 3 名如表 2 – 22 所示。

表 2 – 22 各项信托资产规模最大的前 3 名

单位：亿元

信托资产类别	第 1 名	第 2 名	第 3 名
基础产业资产	中信信托（3886）	交银国信（3809）	上海国信（3526）
房地产业资产	中信信托（2962）	平安信托（1006）	中建设信托（756）
证券业资产	华润信托（6797）	江苏国信（3231）	建信信托（2889）
实业资产	渤海信托（3816）	兴业信托（3321）	国民信托（3257）
金融机构	建信信托（7095）	中信信托（4165）	兴业信托（3916）

另外，从 2014 财年以来，信托资产构成比例的稳定程度来看，东莞信托在基础产业和实业资产的投资比例上相对比较稳定，四川信托在房地产业和金融机构资产的投资比例比较稳定，而中信信托在实业资产和金融机构资产的投资比例上比较稳定。具体数据如表 2 – 23 所示。

表 2 – 23 各项信托资产投资比例最稳定的前 3 名

信托资产类别	第 1 名	第 2 名	第 3 名
基础产业资产	交银国信（39.37%，0.02）	大业信托（10.18%，0.07）	东莞信托（11.47%，0.09）
房地产业资产	工商信托（74.97%，0.07）	四川信托（9.53%，0.07）	爱建信托（16.53%，0.11）
证券业资产	长安国信（11.66%，0.11）	北方国信（20.56%，0.15）	外贸信托（43.54%，0.16）
实业资产	中信信托（12.38%，0.05）	东莞信托（32.46%，0.07）	中融信托（36.00%，0.08）
金融机构	中信信托（19.53%，0.11）	四川信托（15.17%，0.18）	建信信托（43.70%，0.18）

注：表中括号内第一个数字是平均值，第二个数字是变异系数。

（二）信托资产运用方式分析

1. 信托资产的运用分析

信托公司的运用方式可以分为货币资产、贷款、长期投资以及交易性金融资产等。自2013财年以来，贷款资产的比例一直居于首位。2013—2014财年期间，贷款资产比例持续上升，2015财年和2016财年连续两年下跌至34.76%，2017财年贷款资产比例又一次出现上升，小幅反弹至37.97%，而在2018财年该比例再次小幅下降至36.08%。在信托资产的运用分布格局中，贷款资产的比例一直远远高于其他几种资产形式。货币资产、长期投资和交易性金融资产比例比较接近。2018财年，交易性金融资产比例位居第2位，该指标在2013—2018财年变化不大，一直在6%～11%徘徊，2017财年该指标首次突破10%，达到历史性的10.50%，2018财年该指标降至9.37%。

2018财年，长期投资比例居信托资产运用的第3位，2013—2018财年期间6年，长期投资比例一直持续小幅下调，从2013财年的13.60%跌至2016财年的6.73%，成为几种资产运用形式中的最低值。但是，2017财年该指标小幅反弹至8.43%，2018财年进一步上升至8.48%。货币资产的比例在2013—2018财年期间除了2015财年大幅增加外，其余年份均逐年下降，从2013财年的最高值9.55%降低为2014财年的6.80%，2015财年则小幅增加至8.14%，2016财年则小幅下跌至6.75%，2017财年大幅下跌至3.04%，2018财年更是进一步降至2.15%的最低点。

综上所述，我们不难看出，各信托公司在基本沿用以往的投资资产运用策略的同时，微调了各类型资产的运用比例，贷款资产的运用比例由2017财年的37.97%小幅下降至2018财年的36.08%，但贷款资产比例仍然最高，交易性金融资产和长期投资居中，货币资产最少。但是，我们应该注意到，2018财年，货币资产运用比例仍然处于下降通道中，长期投资继续保持小幅上涨的趋势，而交易性金融资产的比例相比于2018财年略有下滑。这种信托资产运用格局在一定程度上反映出2018财年整个信托行业虽然没有改变依赖贷款业务获取利润的投资格局，但是在其他投资方式上有了一定的尝试和创新。

关于2014—2018财年期间，各信托公司信托资产运用方式比例的增减速度方面，其中，交易性金融资产的波动性最小，波动区间为－0.37%～2.27%，最大跌幅为2014财年的－0.37%，最大涨幅则为2014财年的2.27%。2013—2016财年，长期投资资产比例均实现了负增长，2017财年增长1.70%，而在2018财年增长了0.05%。另外，在过去的6年内，除了2016财年和2018财年外，货币资产与贷款的变动基本是负相关的，其中一项资产比例的增长必定伴随另一项资产比例的下降。2016财年，两种资产比例都呈下跌趋势，只是货币资产比贷款下降的幅度小很多。在2018财年，两种资产比例分别下跌了0.89%与1.89%，负相关关系是否会在未来被打破还有待进一步观望。

2014—2018财年信托公司信托资产的运用方式分布情况如表2－24所示。

表2－24　信托公司信托资产运用方式分布

项目		2014财年	2015财年	2016财年	2017财年	2018财年
披露公司数目		64	64	66	64	62
货币资产	规模(万元)	1146007	1620648	1658037	1656976	1031960
	占比(%)	6.80	8.14	6.75	3.04	2.15
	占比增长(%)	－2.75	1.34	－1.39	－3.71	－0.89
	最大值(%)	32.94	62.65	33.30	29.82	17.54
	最小值(%)	0.20	0.00	0.00	0.00	0.18
	标准差(%)	7.71	11.00	5.91	4.90	3.22
	变异系数	1.13	1.35	0.87	1.61	1.50
贷款	规模(万元)	7404305	7695919	8533610	9844327	13649619
	占比(%)	45.05	38.64	34.76	37.97	36.08
	占比增长(%)	－3.53	－6.41	－3.88	3.21	－1.89
	最大值(%)	80.15	83.00	86.60	68.70	80.84
	最小值(%)	12.30	10.25	0.03	8.60	3.25
	标准差(%)	16.95	17.78	16.93	15.54	15.30
	变异系数	0.38	0.46	0.49	0.41	0.42
长期投资	规模(万元)	1425731	1498744	1652335	2146446	2886342
	占比(%)	8.67	7.53	6.73	8.43	8.48
	占比增长(%)	－1.07	－1.14	－0.80	1.70	0.05
	最大值(%)	39.55	42.70	52.50	28.01	31.39
	最小值(%)	0.39	0.00	0.85	0.86	0.22
	标准差(%)	7.75	7.29	5.65	5.98	6.37
	变异系数	0.89	0.97	0.84	0.71	0.75

2. 信托资产运用的公司分析

2018 财年各项信托资产运用方式比例最大的前 3 名如表 2－25 所示。

表 2－25　2018 财年各项信托资产运用方式比例最大的前 3 名

类别	第 1 名	第 2 名	第 3 名
货币资产	建信信托（17.54%）	江苏国信（16.22%）	华宝信托（8.68%）
贷款	湖南信托（80.40%）	山西信托（72.12%）	中建设信托（64.32%）
长期投资	中粮信托（31.39%）	长城新盛（30.84%）	百瑞信托（20.64%）
交易性金融资产	华润信托（45.84%）	外贸信托（39.31%）	中海信托（38.80%）

从表 2－25 中可以看出，货币资产占比，行业前 3 名差别不大，建信信托、江苏国信和华宝信托继续保持行业前 3 名的位置。

贷款占比，行业前 3 名也相对较小，只是中建设信托与山西信托相互之间变换了位置。值得一提的是，湖南信托已经连续 6 年保持贷款占比行业前 3 的位置，这表明其投资策略相对比较稳定。

长期投资占比，行业前 3 名变化不大，其中百瑞信托虽然仍然位于前 3 名的行列，但是由 2017 财年的 28.01%（第 2 名）下降至 2018 财年的 20.64%（第 3 名），昆仑信托由 2017 财年的 28.01%（第 1 名）下降至 2018 财年的 12.35%（第 14 名），其连续 4 年长期投资占比居于行业前 2 名的态势被打破。工商信托由 2017 财年的 19.71%（第 3 名）下降至 2018 财年的 13.54%（第 12 名）。与此同时，中粮信托则由 2017 财年的 13.52%（第 13 名）上升至 2018 财年的 31.39%（第 1 名），长城新盛由 2017 财年的 19.68%（第 4 名）上升至 2018 财年的 30.84%（第 2 名）。

交易性金融资产占比，行业前 3 名变化不大，华润信托和中海信托 2018 财年继续保持行业前 3 的位置。外贸信托从 2016 财年的第 3 名小幅下调至 2018 财年的第 5 名，陕西国信则从 2017 财年的第 3 名降至 2018 财年的第 6 名，而外贸信托则从 2017 财年的第 5 名跃升至 2018 财年的第 2 名。

2018 财年各项信托资产规模最大的前 3 名如表 2－26 所示。

表 2-26 2018 财年各项信托资产规模最大的前 3 名 单位：万元

类别	第 1 名	第 2 名	第 3 名
货币资产	中信信托(14112772)	江苏国信(8938592)	华润信托(7841987)
贷款	中信信托(88711547)	上海国信(46288487)	渤海信托(39657358)
长期投资	中信信托(18998936)	华能贵诚(11078786)	中航信托(10791717)
交易性金融资产	华润信托(61744637)	江苏国信(20439433)	外贸信托(19676545)

2018 财年货币资产规模和交易性金融资产规模的前 3 名与 2017 财年相比出现了小幅变化。其中，华润信托在 2018 财年增加了货币资产规模，由 2017 财年的 5767045 万元（第 5 名）上升至 2018 财年的 7841987 万元（第 3 名），而建信信托的货币资产规模出现了大幅下降，由 2017 财年的 38951021 万元（第 1 名）下降至 2018 财年的 1846897 万元（第 7 名）。渤海信托在贷款资产的规模排名上，由 2017 财年的 20890814 万元（第 6 名）上升至 2018 财年的 39657358 万元（第 3 名），而平安信托由 2017 财年的第 3 名下降至 2018 财年的第 7 名。交易性金融资产规模方面，华润信托和江苏国信继续保持在行业前 3 名的水平，外贸信托由 2017 财年的第 4 名上升至 2018 财年的第 3 名，而华宝信托则由 2017 财年的第 2 名下降至 2018 财年的第 7 名。长期投资规模与 2017 财年相比变化较大，除中信信托继续保持在行业首位之外，中融信托与兴业信托分别由 2017 财年的 11009444 万元（第 2 名）和 7979151 万元（第 3 名）降至 2018 财年的 9526768 万元（第 4 名）和 9329709 万元（第 5 名）。

从 2014 财年以来各年信托资产运用方式构成比例的稳定程度来看，投资策略比较明显的是百瑞信托，其信托资产分布于贷款资产与长期投资的比例平均为 48.14% 与 23.17%，并且变异系数较小，表现得比较稳定。同时，中海信托在交易性金融资产的投资比例平均为 40.56%，变异系数也仅有 0.08，其在货币资金投资上的变异系数虽然相对较小，但其投资比例也相对较低。2018 财年各项信托资产比例最稳定的前 3 名如表 2-27 所示。

表 2－27　各项信托资产比例最稳定的前 3 名

类别	第 1 名	第 2 名	第 3 名
货币资产	中航信托（0.08%，0.07）	中海信托（1.31%，0.12）	昆仑信托（0.83%，0.14）
贷款	百瑞信托（48.14%，0.04）	上海国信（53.08%，0.05）	中诚信托（31.12%，0.05）
长期投资	中融信托（15.67%。0.06）	百瑞信托（23.17%，0.07）	中泰信托（9.94%，0.09）
交易性金融资产	中海信托（40.56%，0.08）	长安国信（11.09%，0.14）	北方国信（19.30%，0.16）

注：表中括号内第一个数字是平均值，第二个数字是变异系数。

四、盈利能力分析

（一）营业收入

2018 年 3 季度，信托业营业收入和利润均有所增长。从营业收入当年累计来看，2018 年 1—3 季度全行业累计实现营业收入 747.66 亿元，比上年同期相比略降 1.15%。

1. 营业收入的历史分析

根据信托公司 2018 财年财务报告披露情况显示，信托行业 2018 财年共实现营业收入 1129 余亿元，平均每家信托公司营业收入为 166145 万元。值得注意的是，自 2005 年以来，信托公司平均营业收入在 2008 年的上升幅度最大，增长额度达到 21694 万元，增长幅度达到 158.78%。在 2018 财年，信托公司平均营业收入相比于上一年上升 7119 万元，上升幅度为 4.48%。

从行业内单个信托公司年度营业收入的最大值来看，2008 年单个信托公司营业收入最大值为 200481 万元，相比于 2007 年减少了 58788 万元。自此之后，信托公司营业收入年度最高值保持持续增长，2013 财年为 4474333 万元、2014 财年为 547823 万元、2015 财年为 562954 万元、2016 财年为中信信托创造的 1019364 万元。2017 财年，信托公司营业收入最大值为平安信托创造的 603051 万元，这也是年度高点在近年来首次出现下降。2018 财年营业收入最大值为平安信托的 602540 万元。从行业内信托公司年度营业收入的离散程度来看，2005 年以来，信托公司年度营业收入差异性最小的年度为 2006 年，变异系数为0.78；2008 年，该变异系数上升到最大，达到 1.42，之后开始进入下行通道。其中，

2013 财年为 0.86，2014 财年为 0.82，2015 财年为 0.85，2016 财年提高至0.99，2017 财年又降到 0.82，2018 财年继续下降到 0.77，具体数据如表 2－28 所示。

表 2－28 2014—2018 财年信托公司营业收入统计分析表

指标	2014 财年	2015 财年	2016 财年	2017 财年	2018 财年
平均值（万元）	122187	138459	170643	159026	166145
均值增长额度（万元）	25251	16272	32184	－11617	7119
公司数目	68	67	68	68	68
最大值（万元）	547823	562954	1019364	603051	602540
最小值（万元）	16620	14609	8157	9390	4568
标准差（万元）	102051	118550	174336	130339	128902
变异系数	0.82	0.85	0.99	0.82	0.77

2. 营业收入的公司分析

从营业收入的排名来看，2018 财年营业收入排名最高的五家信托公司分别为平安信托（602540 万元）、中信信托（574951 万元）、安信信托（555708 万元）、中融信托（486742.54 万元）和重庆国信（391664 万元）。

同时，可以发现，2011 财年营业收入达到 5 亿元以上的公司只有 16 家，2012 财年增加到 27 家，2013 财年达到了 47 家，2014 财年达到 56 家，2015 财年达到 57 家，2016 财年则达到了 62 家，2017 财年营业收入达到 5 亿元以上的公司为 58 家，2018 财年为 62 家。

从营业收入增幅来看，2018 财年有 2 家信托公司营业收入增幅在 100% 以上，分别为浙商金汇（168.16%）与中粮信托（126.08%）。2018 财年的最大增幅相比于上一年的长城新盛（181.70%）也有所降低。

（二）利润总额与净利润

从利润总额来看，2018 年前 3 季度全行业实现利润总额 493.43 亿元，较上年同期相比下降 10.72%。从当季实现的利润总额来看，2018 年 3 季度为 134.38亿元，较上年同期相比减少 28.88%。

1. 利润总额与净利润的历史分析

根据信托行业公司最新财务信息披露结果显示，2018 财年信托行业共实现利润总额约 816 亿元，平均每家信托公司实现利润总额 120063 万元。值得注意的是，相比于上一年，2018 财年信托行业利润总额增加 387001 万元，平均每家信托公司利润总额增加 5691 万元。虽然信托行业的利润总额持续增长的趋势并没有改变，但是利润增速有所放缓。

从单个信托公司的利润总额最大值来看，2009 财年大幅降为 140906 万元，在 2010 财年小幅回升为 147981 万元，并在此后保持持续增长态势，其中，2014 财年中信信托年度营业利润达到 418591 万元。2015 财年行业利润总额最大值回落至 354984 万元，2016 财年回升至 458736 万元。2017 财年该指标又降至 424889 万元，2018 财年又提高至 487421 万元。由此可见，自 2014 财年开始，单个信托公司的利润总额最大值一直处于波动状态。

从信托行业利润总额的离散程度来看，利润总额变异系数最大值为 2005 年的 1.49，此后经过 2006 年与 2007 年的下降，2008 年变异系数再次增长至 1.29，之后一直保持在一个相对比较稳定的水平之内。其中，2013 财年变异系数为 0.86，2014 财年为 0.84，2015 财年为 0.82，2016 财年为 0.86，2017 财年与 2016 财年保持持平，2018 财年小幅下降至 0.85。具体数据如表 2－29 所示。

表 2－29　信托公司利润总额统计分析表

指标	2014 财年	2015 财年	2016 财年	2017 财年	2018 财年
平均值（万元）	83745	96526	109310	114372	120063
均值增长额度（万元）	14041	12781	13854	5062	5691
公司数目	68	67	68	68	68
利润总额为负的公司数	0	0	0	0	0
最大值（万元）	418591	354984	458736	424889	487421
最小值（万元）	232	1919	2185	2192	7325
标准差（万元）	70218	78760	94456	98581	102384
变异系数	0.84	0.82	0.86	0.86	0.85

从净利润指标来看，2018 财年信托行业实现净利润约为 640 亿元，相比于上一年增加 272723 万元。信托公司 2018 财年平均实现净利润 94134 万元，相比于上一年增加 4011 万元。值得注意的是，2018 财年信托公司净利润平均增幅为 17.58%，相比于上一年涨幅较大。

2. 利润总额与净利润的公司分析

从行业内公司利润总额排名来看，2018 财年利润总额最大的信托公司排名前五位的分别为安信信托（487421 万元）、平安信托（477816 万元）、重庆国信（391537 万元）、中信信托（316678 万元）以及中融信托（281298 万元）。同时，2012 财年利润总额超过 5 亿元的为 20 家，2013 财年达到 35 家，2014 财年为 42 家，2015 财年为 46 家，2016 财年为 49 家。2017 财年，利润总额超过 5 亿元的信托公司数为 51 家，2018 财年增至 52 家。

从利润总额的增长率上看，2018 财年利润总额增长率位于前五名的分别为华澳信托（332.71%）、华宸信托（234.21%）、浙商金汇（152.20%）、新华信托（123.61%）以及渤海信托（97.53%）。另外，在 2018 财年，有 24 家公司的利润总额出现下滑。相较于 2017 财年 31 家信托公司利润总额下滑的情况有所好转。

从信托行业净利润指标来看，行业净利润增速继续放缓。2018 财年净利润排名前五位的信托公司分别为平安信托（390664 万元）、安信信托（366822 万元）、重庆国信（335148 万元）、中信信托（242512 万元）以及华润信托（226001 万元）。2012 财年净利润超过 1 亿元的信托公司为 54 家，2013 财年至 2016 财年保持稳定，均为 63 家。而 2017 财年，共有 64 家信托公司的净利润超过 1 亿元，2018 财年提高至 66 家。净利润在 10 亿元以上的信托公司 2012 财年为 5 家，2013 财年为 7 家，2014 财年大幅增长至 13 家，2015 财年为 14 家，2016 财年增加至 20 家，而 2017 财年则降至 19 家，2018 财年提高至 20 家。值得注意的是，2018 财年排名前十的信托公司实现净利润总额为 249.59 亿元，占全行业的 39.0%。由此可见，行业内净利润集中度逐步分化的趋势还在继续。

从净利润的增长率上看，2018 财年净利润增长率位于前五名的分别为华澳信托（337.59%）、浙商金汇（152.07%）、新华信托（136.99%）、民生信托（90.78%）以及渤海信托（87.45%）。此外，2018 财年有 25 家信托公司的净利润同比出现下滑，而在上一年度净利润下滑公司数达到 33 家。

导致部分信托公司利润下滑的因素，除了宏观经济持续下行、市场不确定性增加、资管市场同质化竞争加剧之外，信托公司资产减值损失的增加，也是影响信托行业利润指标的重要因素。2015 财年信托企业平均资产减值损失为 7631 万元，2016 财年上升至 16395 万元，2017 财年已经增至 26842 万元，2018 财年下降至 6975 万元。2015 财年信托行业中资产减值损失数大于零的公司数为 39 家，2016 财年上升至 50 家，2017 财年为 59 家，2018 财年下降至 39 家。具体数据如表 2－30 所示。

表 2－30　信托公司资产减值损失统计分析表

指标	2016 财年	2017 财年	2018 财年
公司总数	68	63	67
资产减值损失大于零的公司数	50	59	39
最大值（万元）	466179	182249	137833
平均值（万元）	16395	26842	6975
标准差（万元）	57814	37517	20230

五、风险增大下的整体风险可控

面对不可预期的风险经济环境，风险控制是信托公司价值创造的保障。2018 年全球经济持续低迷，宏观经济下行压力较大，需求持续疲软，投资与消费均不乐观。信托业在“新常态”背景下，面临传统业务萎缩、资管市场竞争加剧、高杠杆风险暴露以及互联网冲击等经济压力，制度红利不断削弱，信用风险持续显现。信托业为加快转型，增强自身风控能力，已加快证券投资、事务管理型信托业务结构调整，专业化和差异化竞争战略逐步成型，然而较庞大的表内外融资业务依然面临信用风险的挑战。

（一）净资本

净资本管理既有控制“小马拉大车”无意中出现的管理能力与风控能力不相匹配的问题；也有防止个别公司为追逐眼前利益而恶意“违规超载”的现象；同时更有引导信托公司尽快实现从“广种薄收”“以量取胜”片面追求规模的粗放式经营模式，向“精耕细作”、提升业务科技含量和产品附加值内涵发展的经营模式升级转型的深层考量和战略意图。动荡多变环境下获取竞争优势、进行风险管控的关键是建立以净资本管理为核心的业务发展模式和管理体系。

2018 财年 68 家信托公司中有 65 家公司披露净资本值，较上一年增加 9 家，另外，68 家公司全部披露了净资产值。但 2018 财年详细披露固有业务风险资本和信托业务风险资本的有 19 家，较上一年增加了 1 家，披露各项业务风险资本之和的有 65 家，超过了上一年的 51 家，显然，2018 财年信托公司加强了在具体风险资本方面的披露。

在合规内容方面，《信托公司净资本管理办法》中明确规定信托公司净资本不得低于人民币 2 亿元。目前披露净资本值的 65 家公司此项风险控制指标均达标，最低值在 5 亿元以上。其中最高的是平安信托（194.20 亿元），第二位为重庆国信（169.24 亿元）。披露公司的平均净资本值为 62.43 亿元，较上一年有一定幅度的上升。

监管规定净资本不得低于各项风险资本之和的 100%，净资本不得低于净资产的 40%。披露的 65 家公司中这两项指标均达标，信托公司各项业务的风险资本有相应的净资本做支撑。其中，中泰信托和湖南信托净资本是风险资本之和的 492.02%、356.38%，排名第一、二位，净资本占净资产比重最高的是中粮信托（93%），其次是大业信托（92.86%）。如表 2－31 所示。

表 2－31　净资本相关指标排名

排序	净资本前三名（2018 财年）	净资本前三名（2017 财年）	净资本/各项业务风险资本之和前三名（2018 财年）	净资本/各项业务风险资本之和前三名（2017 财年）	净资本/净资产前三名（2018 财年）	净资本/净资产前三名（2017 财年）
第一名	平安信托（194.20）	平安信托（167.24）	中泰信托（492.02%）	西部信托（414.59%）	中粮信托（93%）	西部信托（93.20%）
第二名	重庆信托（169.24）	中信信托（139.00）	湖南信托（356.38%）	华信信托（392.79%）	大业信托（92.86%）	万向信托（90.39%）
第三名	中信信托（161.00）	华润信托（137.22）	华信信托（339.27%）	中泰信托（366.19%）	西部信托（92.3%）	国元信托（89.05%）

注：括号内净资本单位为亿元。

（二）资产质量

从整体来看，2018 财年信托公司固有业务风险持续显露。自营业务平均不良资产规模为 34083 万元，不良资产总体规模达到 113 亿元。

结合后面不良资产规模分布可以看出，披露不良资产规模的 64 家信托公司中有 41 家存在不良资产，较上一年减少 1 家。与上一年度相比不良资产规模缩减的有 20 家。总体而言，2018 财年信托自营业务不良资产大幅降低，资产质量上升，经营风险减小。2018 财年变异系数为 1.81，反映了公司间差异较上年减小，这是由于 2017 财年中信信托等信托公司的大规模不良资产得到处置的缘故。如表 2－32 所示。

表 2－32　自营不良资产规模的统计分析表

指标	2014 财年	2015 财年	2016 财年	2017 财年	2018 财年
合计	—	163199	745998	4881071	1123717
平均值(万元)	3900	6068	10971	76267	17558
平均值增长幅度(万元)	1427	2168	4903	65296	－58709
平均值增长率(%)	57.70	55.59	80.8	595.17	－76.98
公司数目	68	66	68	65	64
不良资产缩减的公司数	13	13	12	23	20
最大值(万元)	64232	77652	144367	2257675	136579
最小值(万元)	0	0	0	0	0
标准差(万元)	10208	13940	26241	294249	31757
变异系数	2.62	2.30	2.39	3.86	1.81

从不良资产率来看，2018 财年 68 家公司平均不良资产率为 2.70%，较上一年度大幅降低。不良资产率最大值为 14.57%，呈逐年下降趋势。22 家公司的不良资产率低于上一年度。不良资产率的公司间差异为 1.45。不良率降低有两方面原因：一是与不良资产处置、核销有关；另一方面可能与增资有关。因为不良率为不良资产除以信用风险资产，固有资产增加后，相当于做大分母。总体来看，2018 财年信托公司自营不良资产率较上年下降，一定程度上降低了经营风险。但是山西信托、华宸信托、北方信托不良资产率较高。如表 2－33 所示。

表 2－33　自营不良资产率的统计分析表

指标	2014 财年	2015 财年	2016 财年	2017 财年	2018 财年
平均值(%)	0.05	0.12	2.71	4.13	2.70
平均值增长率(%)	－1.25	0.07	2.59	1.42	－0.35
公司数目	68	66	68	68	68
不良资产率缩减的公司数	14	14	21	21	22
最大值(%)	55.82	50.52	47.60	31.35	14.57
最小值(%)	0.00	0.00	0.00	0.00	0.00
标准差(%)	7.57	10.36	8.35	6.77	3.91
变异系数	3.46	2.59	3.08	1.64	1.45

从不良资产规模的分布区间来看，2018财年亿元以上不良资产公司为22家（占全部信托公司数的34.38%），较上一年减少3家。越来越多的公司步入亿元不良资产行列。亿元以上不良资产公司产生了90%以上的信托行业不良资产，监管对象和风控重点应集中在这22家公司，还有4家公司没有披露不良资产，也应该引起关注。如表2-34所示。

表2-34　自营不良资产规模分布

不良资产规模区间	亿元及以上区间	0至亿元区间	0元	总计
2018财年公司数目（占比）	22（34.38%）	19（29.69%）	23（35.93%）	64
2017财年公司数目（占比）	25（38.46%）	17（26.15%）	23（35.39%）	65
2018财年不良资产规模合计（占比）	1048783.97万元（93.33%）	74932.73万元（6.67%）	0	1123717万元
2017财年不良资产规模合计（占比）	4816989万元（98.69%）	64082万元（1.31%）	0	4881071万元

从信托公司不良资产规模增幅来看，2018财年不良资产规模缩减最多的是中信信托，缩减214亿元，其次是光大兴陇和东莞信托。不良资产率缩减最多的是爱建信托（缩减367.78%），其次是华宸信托和华能贵诚。其中，华能贵诚不良资产规模没变，不良资产率的缩减是由于增资。新华信托、华澳信托和华宸信托连续两年不良资产规模有较大规模缩减，英大信托的不良资产率连续5年为负值，资产质量稳健提升。如表2-35所示。

表2-35　信托公司自营不良资产缩减前五名

排序	不良资产规模缩减前五名（2018财年）	不良资产规模缩减前五名（2017财年）	不良资产率缩减前五名（2018财年）	不良资产率缩减前五名（2017财年）
第一名	中信信托（-2138481）	新华信托（-38721）	爱建信托（-367.78%）	浙商金汇（-21.41%）
第二名	光大兴陇（-550421）	山东国信（-20903）	华宸信托（-20.42%）	中泰信托（-19.50%）
第三名	东莞信托（-440232）	华澳信托（-9605）	华能贵诚（-15.83%）	华澳信托（-6.00%）

续表

排序	不良资产规模缩减前五名（2018 财年）	不良资产规模缩减前五名（2017 财年）	不良资产率缩减前五名（2018 财年）	不良资产率缩减前五名（2017 财年）
第四名	西藏信托（-270159）	华宸信托（-3610）	吉林信托（-15.15%）	新华信托（-5.33%）
第五名	陕西信托（-198316）	山西信托（-3353）	五矿信托（-8.48%）	山东信托（-4.04%）

注：括号内不良资产规模缩减单位为万元。

从不良资产的构成来看，按照银监会要求，我国信托公司资产质量实行五级分类管理，次级、可疑和损失类资产即不良资产直接反映了信托公司资产的质量和安全程度。2018 财年信托公司正常类资产平均 66 亿元，占全部资产的 95.28%，而次级、可疑和损失类不良资产总计 112 亿元，占资产总额的 2.37%。如表 2-36 所示。

表 2-36　信托公司资产类别　　单位：万元

资产类别	正常	关注	次级	可疑	损失	不良资产合计
合计	45127794	1173821	215711	353771	457906	1123360.65
平均	663644	17262	3172	5203	6734	17552.51
占比（%）	95.28	2.48	0.46	0.75	0.97	2.37

第五节　信托公司人力资源分析

一、信托机构从业人员基本情况

2018 财年信托行业从业人员的整体规模总数为 19766 人，较上一年增长 8.86%，增速上涨 3.82%。信托行业人员队伍不断扩大，但在金融机构中属从业人员较少的行业。具体在披露的 68 家公司中，57 家公司出现人员递减的情况，较 2016 年增加 10 家公司。2018 财年信托行业人员的变异系数为 0.86，各公司间差距逐步缩小。如表 2-37 所示。

表 2－37 信托公司从业人员规模的统计分析表

指标	2014 财年	2015 财年	2016 财年	2017 财年	2018 财年
总数(人)	14233	16388	17554	18393	19766
平均值(人)	212	248	258	271	295
平均值增长幅度(人)	37	36	10	13	24
平均值增长率(%)	21.14	16.98	4.03	5.04	8.86
公司数目	68	66	68	68	68
从业人员增加的公司数	61	54	46	47	57
最大值(人)	1620	1815	1980	1939	1974
最小值(人)	41	51	49	76	74
标准差(人)	221.48	253.7	266.31	253.84	255
变异系数	1.04	1.02	1.03	0.94	0.86

各信托公司中，从业人员的规模分布以 1000 人以下的中小型信托公司为主，2018 财年规模前三位为中融信托、四川信托和平安信托。2018 财年从业人员增幅前三名为浙商金汇、陕西国信和中信信托，高质量人员的流入也为这些公司业绩增长带来了一定支撑。请见表 2－38、表 2－39。

表 2－38 信托公司从业人员规模前三名

排序	2018 财年从业人员规模	2017 财年从业人员规模	2016 财年从业人员规模
第一名	中融信托(1974)	中融信托(1939)	中融信托(1980)
第二名	四川信托(749)	平安信托(972)	平安信托(1120)
第三名	平安信托(743)	四川信托(725)	四川信托(744)

表 2－39 信托公司从业人员规模增幅前三名

排序	2018 财年增幅	2017 财年增幅	2016 财年增幅
第一名	浙商金汇(227)	中建投(90)	中融信托(165)
第二名	陕西国信(131)	中航信托(75)	中建投(95)
第三名	中信信托(129)	建信信托(72)	光大兴陇(71)

从披露的信托公司从业人员年龄来看，已披露的 12 家公司中，平均年龄为

35.54岁，与2017财年相比上涨。从业人员最大年龄为41.97岁，最小年龄为33岁，行业内分布几乎不存在差异化。如表2-40所示。

表2-40　信托公司从业人员年龄的统计分析表

指标	2014财年	2015财年	2016财年	2017财年	2018财年
平均值(岁)	35.20	35.07	35.00	35.36	35.54
平均值增长幅度(岁)	-0.52	-0.13	-0.07	0.36	0.18
平均值增长率(%)	-1.45	-0.37	-0.20	1.03	0.51
公司数目	17	17	20	16	12
最大值(岁)	42	41	41	40.92	41.97
最小值(岁)	31.51	31.70	32	30.47	33
标准差(岁)	2.65	2.76	2.61	2.62	2.07
变异系数	0.08	0.07	0.07	0.07	0.08

2018财年披露信息的公司中，平均年龄最小的是上海信托、兴业信托和浙商信托，平均年龄均为33岁，各年度从业人员平均年龄变化不大。如表2-41所示。

表2-41　信托公司从业人员年龄最小的前三名

排序	2018财年	2017财年	2016财年
第一名	上海信托(33.00)	国元信托(30.47)	平安信托(32.00)
第二名	兴业信托(33.00)	兴业信托(33.00)	兴业信托(32.10)
第三名	浙商信托(33.00)	浙商信托(33.00)	中泰信托(33.00)

注：括号内从业人员年龄单位为岁。

二、人力资源岗位分析

（一）人力资源岗位总体分布

从2018财年披露情况来看，在信托公司人员岗位分布中，高管人员平均人数为10人，占3.27%，自营人员平均为8人，占2.71%，信托业务人员平均157人，占53.22%，其余为其他人员。其中，信托业务人员的变异系数最大，公司间差异较大。高管人数最多的是重庆国信（25人），人数最少的为建信信托（4人）；自营人员人数最多的为平安信托（31人），华融国信人数最少（0人）；中融信托的信托业务人员达到974人，居行业首位。如表2-42所示。

表2-42 信托公司从业人员岗位分布的统计分析表

指标	高管	自营	信托
平均值（人）	10	8	157
占比（%）	3.27	2.71	53.22
公司数目	67	57	60
最大值（人）	25	31	974
最小值（人）	4	0	26
标准差（人）	3.89	5.58	154.85
变异系数	0.39	0.70	0.99

（二）信托业务人员分布

信托业务人员是信托公司的主力。从2014—2018财年信托业务人员的统计分析来看，2018财年信托业务人员的平均人数为157人，较上年持平，占全部从业人员比重下降了8.19%。信托人员的行业内分布不均仍然较高，公司间差异较大。如表2-43所示。

表2-43 信托公司信托业务人员的统计分析表

指标	2014财年	2015财年	2016财年	2017财年	2018财年
平均值（人）	131	151	133	157	157
占比（%）	61.61	60.80	52.27	57.97	53.22
占比增幅（%）	1.52	-0.81	-8.53	10.9	-8.19
最大值（人）	1045	1332	1167	974	974
最小值（人）	19	29	22	26	26
标准差（人）	162.89	203.74	160.89	156.85	154.85
变异系数	1.24	1.35	1.21	0.99	0.99

（三）人力资源学历分析

2014—2018财年期间，高学历人员（包括硕士和博士两个层次）数量总体呈上升趋势，其中2018财年高学历人员占比超过了50%。同时，标准差和变异系数增大，表示2018财年各公司间高学历人员分布差异变大。如表2-44所示。

表 2－44　信托公司高学历从业人员统计分析表

指标	2014 财年	2015 财年	2016 财年	2017 财年	2018 财年
披露公司数目	68	66	68	68	67
平均值（人）	62	125	102	134	150
占比（%）	41.82	48.38	47.85	49.38	52.51
占比增长幅度（%）	6.43	0.27	3.26	1.53	6.34
最大值	355	653	757	607	571
最小值	3	19	10	30	27
标准差	63.10	104.73	23.42	101.67	384.67
变异系数	1.02	0.84	0.23	0.76	2.56

第三章

集合资金信托产品

第一节 2018年集合资金信托产品发行概况

统计数据显示，2018年，全行业发行集合资金信托项目14773只，同比增速为38.07%；新增集合资金信托规模21175亿元，同比增长-15.72%，近年来首次出现负增长。2017年，严监管下信托业务合规性要求提升，加之机构资金渠道匮乏，主要以个人客户为主，募资难度增加，资金荒较为明显，信托产品市场明显呈现供过于求的局面，信托产品预期收益率继续加快上升。总体看，全年信托产品市场呈现量缩价升的态势。

一、2018年集合资金信托产品发行概况

根据信托公司公开披露信息统计，2018年，68家信托公司共计发行集合资金信托产品14773只，募集信托资金共计21175.34亿元，平均每只信托产品规模为1.43亿元，平均期限约为1.79年，平均年化预期收益率约为7.94%。与2017年相比，发行产品数量升高，单只产品平均募集规模下降明显，集合资金信托整体募集规模出现下滑。详见图3-1。

2018年集合资金信托产品数量同比增速为38.07%，募集规模同比下降15.72%，单只信托产品的平均规模增速为-38.95%，产品平均期限基本持平，产品平均年化预期收益率较2017年升高1.18个百分点，上行态势显著。2018年，我国宏观经济增速稳中趋降，去杠杆政策引发紧信用，民企受冲击最为明显，促进特定领域的宽信用，社会融资需求有下降趋势，宽信用政策效果显现存在时滞。严监管继续推进，同业业务受阻，尤其是农商行的资金使用区域限制更加明显。在这样的宏观背景下，信托公司在资产端的选择更加保守，主要集中于房地产等领域，这些领域具有较高的风险把控能力而且抵质押物充足，第二还款来源较充足；在资金端信托产品机构资金渠道收缩，尤其是过往依赖的银行资金受监

管限制程度较高，信托发行对象更多面向个人客户，信托公司除了通过机构代销外，也增加直销条线的建设力度。由于个人客户识别能力有限，这也会增大信托公司在后续产品兑付责任上的压力。资金端的限制要远大于资产端，制约了信托产品的募集资金规模和定价优势，从而进一步推动信托产品收益率的持续走高。

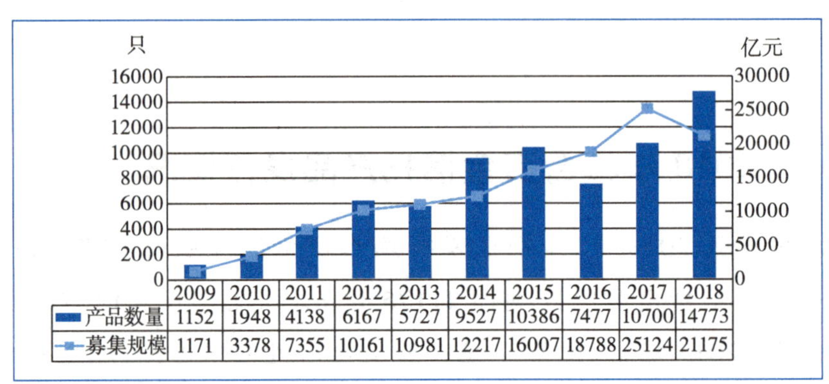

图 3－1　2009—2018 年国内集合资金信托产品发行数量及募集规模统计

从月度数据看，2018 年集合资金信托产品在发行数量下半年要高于上半年，发行规模整体相对平稳，除了 2 月春节假期影响外，其他月末相对均衡，各月度发行情况波动性不是很大。从发行规模走势看，基本处于 1800 亿元中枢水平波动，一、四季度发行规模相对偏弱，而二、三季度发行规模偏强，年中最高点出现在 6 月和 8 月，月均发行规模均超过了 2000 亿元，与上年相比四季度发行偏弱，可能在于实体经济走弱，信托公司风险偏好有所降低。从发行数量看，上半年发行数量相对处于 1000 只的水平，下半年整体发行量有明显的上升趋势，平均维持在 1500 只的水平，11 月发行数量达到年内最高点，达到 1628 只，12 月发行数量出现下滑。详见图 3－2。

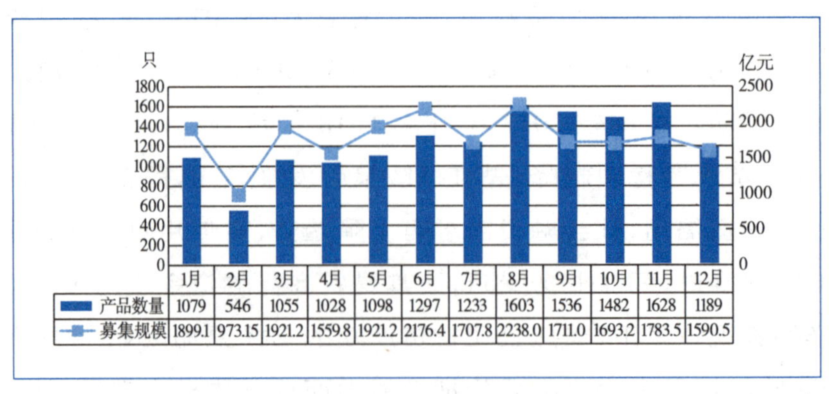

图 3－2　2018 年集合资金信托产品发行数量及规模统计

二、信托产品的资金运用方式

统计数据显示，2018 年，新增集合资金信托中贷款运用方式信托资金 7512.64亿元，占比 35.48%；证券投资运用方式信托资金 1277.5 亿元，占比 6.03%；股权投资方式信托资金 1388.04 亿元，占比 6.55%；权益投资方式信托资金 9481.57 亿元，占比 44.78%；组合运用方式信托资金 1515.6 亿元，占比 7.16%，主要以贷款和权益投资为最主要的运用方式，合计占比达到了 80.26%。详见图 3－3。

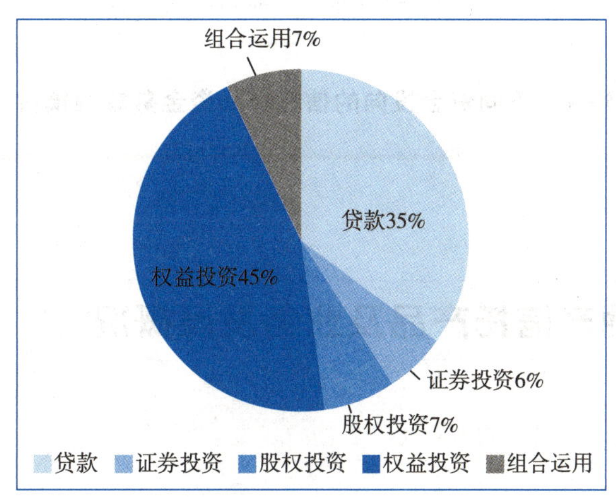

图 3－3　不同资金运用方式的资金募集规模占比

三、信托产品的资金投向

2018 年，新增集合资金信托中投向基础产业的集合信托资金 3202.85 亿元，占比 15.13%；投向房地产领域的集合信托资金 8904.7 亿元，占比 42.04%；投向金融机构领域的集合信托资金 5937.13 亿元，占比 28.04%；投向工商企业的集合信托资金 2513.26 亿元，占比 11.87%；投向其他领域的集合信托资金 617.4 亿元，占比 2.92%。相比较 2017 年，房地产、基础产业投向占比上升势头显著，而工商企业、金融投向占比呈现下滑走势。详见图 3－4。

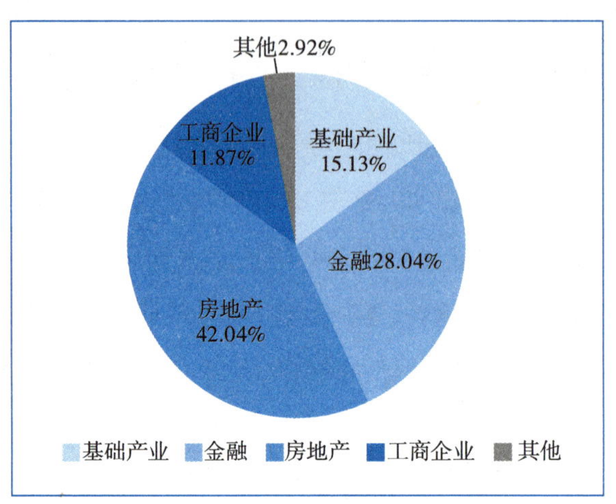

图 3-4　不同资金投向的信托产品资金募集规模占比

第二节　房地产信托产品及业务发展概况

一、整体概况

2018 年，我国政府继续深入贯彻“房子是用来住的，不是用来炒的”这一理念，年中政治局会议也强调“下决心解决好房地产市场问题，坚持因城施策，促进供需平衡，合理引导预期、整治市场秩序、坚决遏制房价上涨”，全年对于房地产市场继续采取高压态势。然而，伴随中美贸易摩擦、全球经济增速放缓等宏观环境的变化，我国宏观经济增速面临较大的下行压力，需要促进稳就业、稳金融、稳外贸、稳外资、稳投资、稳预期，这其中稳投资对于房地产调控政策走向的市场预期产生了分歧。从过往房地产宏观调控看，宏观经济增速下滑压力较大时，基本都是房地产调控放松、行业上行周期启动的时期，2018 年年末，菏泽等部分省市开始放松房地产调控政策，这一次房地产调控节奏的变化是重复历史还是有不同的变化？这一轮房地产调控周期的最大特点在于没有一刀切，而是因城施策，所以整个周期要比过往更长、更平缓，而且也需要看到当前房地产库存水平较低，居民加杠杆的能力不足，难以再继续实施大规模的房地产刺激政策，2019 年更可能是边际放松，部分房价调控到位的省市存在放松调控政策的趋势。

2018 年，在严调控政策下，房地产行业整体走势偏弱，行业景气度缓慢下行。截至 2018 年 10 月末，房地产开发投资累计同比增速为 9.7%；商品房销售额累计同比增速为 12.1%，较年初下降了 1.6 个百分点；房价有所反弹，增速为 10.30%，较上年末上升 4.5 个百分点，一线城市房价保持平稳，主要是二线、三四线城市依然保持较快增速，带动了整个房价反弹回升，这也体现区域间房地产市场走向的分化，进而会影响到房地产调控的走向；房地产开发投资资金来源增速有所回暖，其中自筹资金、定金及预收款增速较快，这表明房企大力拓展信托融资、发债、ABS 等多种渠道融资，满足建设需求；房企为了提高资金运用效率，加快开工收取定金和预收款，解决资金来源不足的问题，不过随着去化速度的放缓，房企资金链健康程度继续下降。在调控周期中，行业集中度继续提升，行业并购重组数量增大，实现资源优化配置。详见图 3－5。

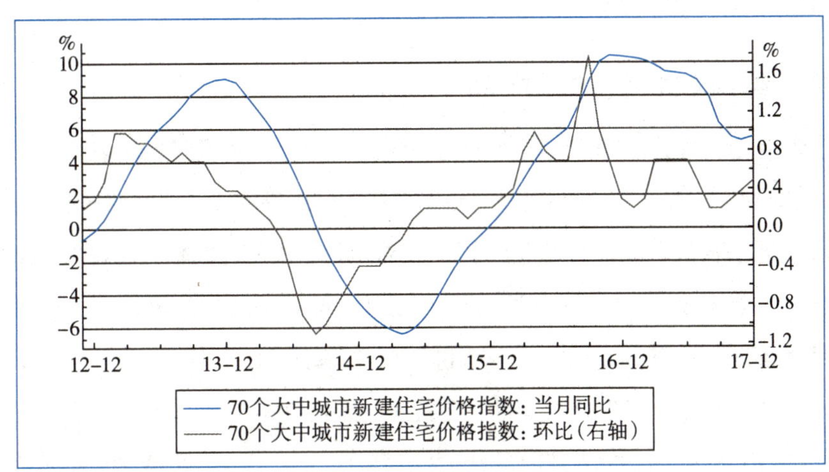

图 3－5 新建住宅价格指数走势

数据来源：WIND。

二、房地产信托产品发行情况

数据显示，2018 年，信托公司发行房地产信托 4787 个，同比增长 170.76%，募集资金 8904.7 亿元，同比增长 53.57%，发行数量和规模延续了较快增长的势头。2018 年，房地产行业依然面临较严格的宏观调控，房企融资渠道仍然受限，银行开发贷供给下降，发债难度仍较大，银行理财资金受到资管新规限制降低了非标融资，而且房企不断加强土地储备，除开发贷的其他融资需求更高，对信托融资需求依赖度上升。同时，房地产整个行业景气度相对较高，而受到紧信用冲击工商企业信用风险明显上升，加之房地产领域是信托公司的传统领域，风险把控能力较强，信托融资的灵活性能够满足房企多方面的融资需求，从而推动了2018年房地产领域成为信托业配置的最重要领域。当然，监管部门也在密切关注房地产信托业务的发展态势，部分信托公司因违规问题受到处罚，也显示了房地产信托在过快增长的同时需要注重合规要求。

2018年，信托公司在持续升级房地产业务模式，提升专业水平，加强参与整个房地产链条的力度。信托公司与房地产企业开展战略合作，提供更加综合多样的金融服务，培养核心客户和核心业务模式；信托公司加强探索房地产股权投资业务模式，促进房地产业务的逐步转型；积极创新发展养老信托、长租、REITs等新兴房地产领域，培育新的业务增长点。

三、房地产创新产品

（一）探索纯股权投资信托产品

某信托公司发行了太原晋阳湖股权投资集合资金信托计划，该项目为纯股权投资，无增信即兜底举措，不同于一般的债权融资类房地产信托。该项目整体规模为2.1亿元，信托资金全部通过认缴注册资本和资本公积的方式投资于目标公司，目标公司将资金用于与太原万科合作成立项目公司，项目公司将资金用于标的项目的获取及开发建设。该信托收益率方面的安排为，信托认购费为认购额的2%左右、固定管理费每年按信托资金的2%左右收取、浮动管理费按超额信托收益的30%左右收取、托管费按每年0.1%左右收取和信托财产管理运用及处分过程中发生的其他相关税赋和费用等。该信托基础收益率为9%，超额收益率的30%由受托人享有，70%由委托人享有，预计收益率区间为9%～15.35%。

此种模式有三方面好处：一是该种业务模式符合国际另类资产管理通行做法，即固定管理费+浮动管理费，通过专业化管理提升管理费水平；二是符合房地产信托转型发展方向，改变单一的类信贷模式，增加股债结合、投贷联动等模式，推动纯股权投资势在必行，同时由于投资者风险偏好较低，采用固定收益率+浮动收益类模式可以实现投资者的认可；三是整个项目运作透明，属于类基金管理模式，在充分向投资披露项目风险的情况下，有利于打破刚兑。

信托公司一方面可以探索丰富房地产模式，针对与优质房地产商的合作，可以采用纯股权投资以及浮动收益率形式，既能借助知名房企的品牌影响力提升项目吸引力，又能找到股权投资类房地产信托的切入口；另一方面逐步增强房地产专业化水平，促进投贷联动、股债结合等综合经营模式，延伸对于房地产产业链条的覆盖，提高业务附加值。

（二）探索养老地产模式

中国略早于世界平均水平进入老龄化社会，2001 年我国 65 岁及以上人口占比 7.09%，2017 年我国 65 岁及以上人口占比已达到 11.4%，我国老龄化程度远超世界平均水平。全国老龄工作委员会办公室预测到 2050 年，老年人口总量将超过 4 亿，老龄化水平达到 30% 以上。人口老龄化将引发消费、投资、社会文化等多方面的变化，然而老龄化社会最为突出的问题就是养老问题，相关业务机遇将不断显现，这其中养老地产近年来持续兴起。

来自不同行业的投资者在最近几年纷纷进入养老地产市场。目前公开信息披露的百余个养老设施项目分布在北京、上海、浙江、海南、山东、四川、广东等多地。而参与养老设施建设和运营的除了房地产商，还包括了保险公司和专业的养老服务机构等。从功能上可以把养老住宅项目划分为适老住宅、综合生活住宅、持续照顾型退休住宅以及老年公寓。整体看，我国养老地产市场盈利模式还不成熟，市场供求不相匹配，专业水平仍有待提高。

2018 年，某信托公司发行了东戴河旅游养老地产集合资金信托计划，信托资金用于东戴河六期项目的开发建设，该项目占地 2000 余亩，经过 7 年建设，已完成投资约 52 亿元，集五星酒店、海滨度假、水上娱乐、养老健康等多元素于一体的旅游养老地产。该信托计划的主要风控措施包括项目公司名下“佳兆业东戴河项目”第七期项目土地抵押与“佳兆业东戴河项目”第五、八期部分在建工程抵押，第一阶段抵押率不超过 45%；佳兆业对项目进行担保并现场监管。

总体看，我国养老基础设施缺口仍较大，未来各类养老住宅、基础设施建设力度仍会加大，信托公司在此领域的发展空间仍较高。

四、房地产信托发展展望

2019 年，我国会继续加快房地产调控长效机制的建立，实现房地产市场运行的稳定。从房地产行业运行看，2019 年承压更大，投资、销售、房价都有下行压力，景气度会进一步下降。从房地产调控政策看，经济增速下滑，促进投资以及避免房地产行业出现过大滑坡，在一定程度上会部分放松调控政策，在政策方面迎来边际改善的态势。房企的债券融资、信托融资到期量较大，再融资压力依然较高，在销售回款不能加快的情况下，资金链紧张程度会继续加大，需要关注中小房企、三四线项目的信用风险。信托公司会继续深化房地产信托运营，通过吸收专业人才、设立事业部等形式，提高专业化程度；探索布局细分市场，扩大业务覆盖面，促进房地产信托的升级。

第三节 工商企业信托产品

一、工商企业信托发行情况

2018 年，宏观经济增速放缓，加之中美贸易摩擦等因素，外部需求也有放缓趋势，同时前期的去杠杆政策使得企业融资环境恶化，融资成本明显上升，经营压力增大，工业企业经营绩效增速持续放缓。统计局数据显示，工业企业主营业务收入同比增长 9.1%，较年初下降 0.9 个百分点；利润总额同比增长 11.8%，较年初下降 10.2 个百分点，资产负债率为 56.8%，企业杠杆水平小幅上升，杠杆水平总体保持稳定。进一步细分看，受供给侧改革支撑，采矿业、水泥等中上游企业盈利改善水平显著，而部分中下游企业、民企经营绩效承压更大，经营状况受到负面影响更大，显示出了供给侧改革对于行业内不同环节企业利益的重新分割。详见图 3 -6。

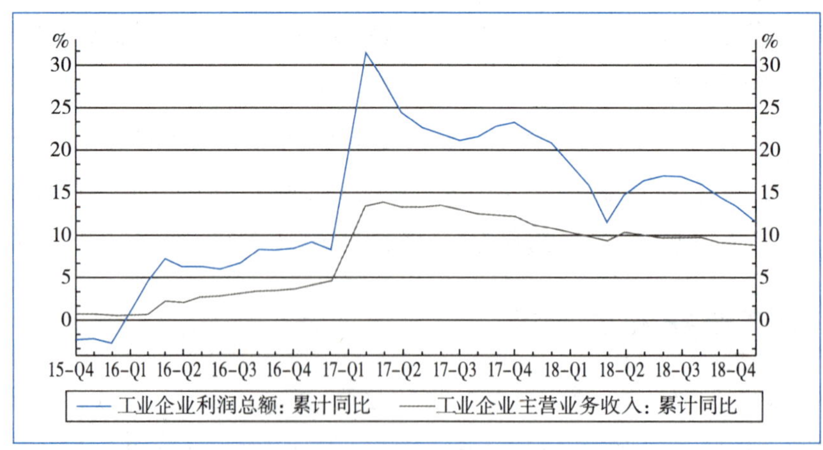

图 3 -6　工业企业经营效益情况

数据来源：WIND。

从采购经理人指数看，受到外部环境的转变，我国企业经营景气度明显下滑，2018 年 12 月 PMI 为 49.4%，已跌破枯荣分界线，大型企业景气度略高于中小企业，不过各类型企业景气度均呈现持续下滑状态。当前，企业家信心也不足，央行调查数据显示，2018 年四季度企业家信心指数为 67.8%，较上季度下降 3.3 个百分点，已连续两个季度下滑，这将影响到未来企业投资、生产积极性。详见图 3－7。

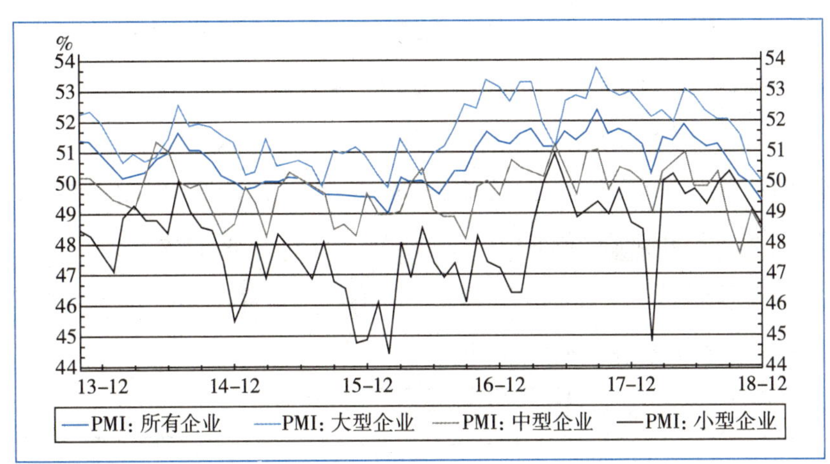

图 3－7 企业经营景气指数

统计数据显示，2018 年，新增工商企业类集合资金信托 1915 个，同比增长 34%，募集资金规模 2513.16 亿元，同比增速为 －23.37%，发行规模明显收缩，下降程度要大于行业平均水平。这主要在于 2018 年受到融资渠道收紧、债务到期量增加以及经营绩效增速下滑等多重负面因素影响，工商企业信用风险明显上升，债券市场新增违约规模为 1166.51 亿元，同比上升了近 1.9 倍，华信、凯迪、神雾等多个违约主体牵涉了部分信托公司，后续信托兑付压力增大。在此背景下，信托公司在保证风险控制的前提下，支持实体经济方面的风险偏好有所下降，而且市场投资者对于工商企业类信托投资热情也不高。

二、主要创新产品与案例

（一）知识产权信托面世

我国正处于转型发展的关键时期，这其中创新发展是必要选择和路径，微观企业主体更加重视研发投入，加强知识产权申报和保护。统计数据显示，2017 年末我国有效的专利 632.42 万件，其中发明专利 141.39 万件，实用新型专利

356.34万件，外观设计134.69万件。目前，中小企业、信息科技企业是创新研发的重要主体，这些企业都是轻资产经营，以知识产权为代表的无形资产是其资产的重要组成部分。由于我国传统信贷或者融资更加注重重资产，诸如房产抵押等，对于这种轻资产企业的融资需求难以得到满足，在一定上阻碍了我国创新的速度。

为了解决上述企业存在的融资困难，安徽省开始探索知识产权信托交易，在知识产权融资方面取得了一定突破。知识产权信托旨在以知识产权为核心，通过信托贷款的形式为"轻资产、重智力"的高科技企业解决融资难题。交易试点是以知识产权收益权转让模式进行资金信托，在不改变知识产权权属的前提下，将未来一段时间企业知识产权收益权有偿转让给信托公司，由信托公司为企业募集社会资金，信托期满后，再由企业以知识产权未来收益权为还款基础，对知识产权收益权进行溢价回购。安徽省首单知识产权信托共计为三家信息科技中小企业募集资金2000万元，期限2年。

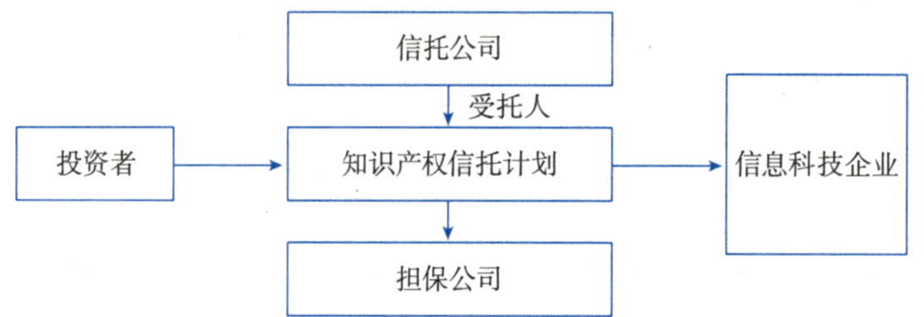

图3-8　知识产权信托交易结构图

知识产权信托发展面临一定困难，诸如知识产权价值评估，知识产权具有很高的专业，准确评估知识产权价值需要较高的专业性；我国知识产权流通仍不通畅，在企业违约后的知识产权处置方面存在困难；信托公司在知识产权运营管理方面仍存在短板，未来需要提升这方面的专业能力。

（二）信托公司探索纾困民企的有效路径

为了有效支持民企发展，2018年10月19日，国务院副总理刘鹤及"一行两会"负责人接受专访，针对市场关注的去杠杆、股票质押风险、民营经济困境等问题明确监管层态度，释放积极信号。11月1日，中央召开民企座谈会，习近平总书记提出解决当前民营经济困难的六个方面政策，包括减轻企业税费负担、解决融资难融资贵问题、营造公平竞争环境等，此后围绕这六大方面工作，各政府部门相继出台支持民企发展举措，加快政策落实和推进。

2018 年，有十余个省份、城市通过下辖国资机构以及与金融机构合作，设立的纾困基金已经达到近 2000 亿元，主要采用股 + 债的形式向上市公司以及实际控制人提供流动性支持，部分纾困基金已经得到落实，支持了上市公司渡过难关。证券公司也积极参与到纾困上市公司的援助中，初步统计数据显示，目前券商设立的纾困资金规模已达到约 1000 亿元，运用形式覆盖债权、股权等多种路径。各保险公司积极响应，目前已有 5 家保险公司设立了支持民企化解流动性风险的专项产品，规模共计 780 亿元。监管部门积极支持信托公司参与纾困上市公司，支持民企发展，并将在监管评级中增加评分项。

2018 年，两家信托参与了民企纾困。H 信托公司受长沙银行、长沙市国投、长沙县星城发展三方委托，向天舟文化实际控制人天鸿投资及一致行动人肖乐合计提供首批 2.842 亿元融资资金支持。首批 2.842 亿元借款一次性发放，借款期限为 1 +1 年。后续 H 信托公司将根据天鸿投资及肖乐的需要，分批次向其提供融资资金支持，各批次资金的金额及交付时间由全体委托人协商确定。

X 信托公司受托厦门资产管理公司以及合格自然人资金，共计 6540 万元，为上市公司提供纾困资金。此项目采用无追索保理业务模式，受让民营上市公司的应收账款债权，该应收账款到期时，债务人通过电子银行承兑汇票进行付款，X 信托公司负责回款电子票据的管理，在为企业提供流动资金的同时，帮助企业优化资产结构与财务报表。

纾困上市公司及民企是信托公司服务实体经济的重要体现，在风险可控的前提，信托公司可以发挥信托制度优势，通过股债结合、投贷联动的综合服务方案，与地方政府成立纾困基金，也可以对外募集资金为上市民企提供资金支持。

三、工商企业信托发展展望

2019 年，我国经济增速有进一步放缓的趋势，中美贸易摩擦以及全球经济放缓等外部不确定因素较大，企业面临的外部环境并不佳，这对于实体企业经济发展形成挑战。宏观调控政策积极支持实体企业发展，尤其是民企、小微企业，通过定向宽信用的政策，引导更多资金流向上述领域，不过相关政策传导仍需要一定时间。预计 2019 年，工商企业融资需求会有所弱化，在宏观支持政策的支持下信用风险会相对稳定，但是仍存在一定不确定性，这对于信托公司开展工商企业信托形成挑战，而且投资者对于该类产品的认购也会相对谨慎，因此未来工商企业信托发行规模可能与 2018 年持平或者小幅下滑。未来，信托公司仍需要在发展前景相对较好的新产业、新技术、新业态等领域寻求聚焦和专业化发展，形成品牌和市场竞争力。

第四节 基础设施类信托产品

一、基础设施信托产品发行

2018年11月末，基础设施投资(不含电力、热力、燃气及水生产和供应业)同比增长3.7%，增速与1—10月持平。其中，水利管理业投资下降4.4%，降幅扩大0.3个百分点；公共设施管理业投资增长1.4%，增速提高0.1个百分点；道路运输业投资增长8.5%，增速回落1.6个百分点；铁路运输业投资下降4.5%，降幅收窄2.5个百分点。PPP方面，2018年我国加强了PPP项目的清理整顿，加大了不合规PPP项目的调出，开年以来PPP总入库数量持续下行，下半年逐步企稳，截至11月末总入库项目数为12554个，同比下降10.7%；PPP项目落地率依然保持较高水平，达到53.44%，有统计数据以来的最高水平。

全行业新增基础设施类集合资金信托23301078个，同比增长116.14%，募集资金规模3202.85亿元，同比增速为24.09%，发行数量和发行规模实现双增长，基础设施类信托产品发展加速。2018年，中央继续加强地方债务治理，尤其是提高隐性债务的处置力度，强化了对于地方政府和金融机构的问责力度，致使政信业务操作难度有所加大。但是，这并没有过大压制基础产业信托，主要还在于中央仍促进加强基建投资补短板，而且地方融资平台发债渠道收缩，对于信托融资的渠道依赖度提高，所能够容忍的成本也不断上升。从投资者方面看，虽然2018年部分地方融资平台债务出现了违约风险，不过地方融资平台的信仰依然存在，在工商企业类信托风险加大、房地产信托发行规模较高的背景下，投资者也逐渐分散投资于政信项目，而且四季度政信类信托产品收益率较高，对于个人投资者吸引力较大。

二、基础设施类信托产品创新

PPP全生命周期运作。

近年来，平安信托、中信信托、建信信托等与大型企业组建的联合体中标多个PPP项目。PPP模式依然是我国基础设施建设的主推模式，信托公司参与PPP项目积极性逐步提升，个别信托公司设立了PPP专业项目团队，提升业务发展专业化水平。统计数据显示，2018年以来建信信托等机构发行了多个PPP信托项目，诸如发行睿建3号集合资金信托计划，资金将用于对海宁市硖许公路投资建设有限公司进行增资，最终用于海宁硖许公路改建（环西二路至观潮大道）PPP项目。PPP项目仍是基础设施类信托业务转型升级重要方向。

自2014年信托公司首次参与PPP项目至今，主要合作模式可以分为四大类：一是普通债务融资模式，为PPP项目建设运营公司提供债务融资，此模式操作相对简单，核心还是看融资主体的偿债能力，与现有信托融资模式、风控流程一致。二是与项目建设运营公司组建联合体投标模式。在PPP项目投标前期介入PPP项目方案制订，为PPP项目运行制定股权融资、债务融资等综合化金融服务，此种模式对于信托公司综合金融服务能力提出了更高要求，但是有利于提升信托公司PPP项目运作专业性，强增市场竞争力。三是PPP产业基金模式。此模式下，信托公司参与PPP产业基金管理和运作，诸如湖南信托参与中国PPP基金、交银信托参与四川PPP基金等，或者信托公司与知名企业设立PPP产业基金，诸如建信信托与建信人寿合作成立基础设施建设基金，促进基础设施信托业务基金化转型。四是PPP资产证券化模式。为了解决PPP资金来源以及退出问题，监管部门积极推动PPP资产证券化，信托公司可以发挥破产隔离的有效作用，作为受托人和发行人，盘活存量资产，诸如中信信托参与了唐山世园投资发展有限公司2017年第一期PPP项目资产支持票据项目。

随着PPP项目不断推进及较快发展，相关监管也在加强。财政部下发《关于规范政府和社会资本合作（PPP）综合信息平台项目库管理的通知》，通过负面清单严控新项目入库，在全国范围内开始对总投资超17万亿元的万余个PPP入库存量项目进行集中清理，清退不合规项目。国资委下发了《关于加强中央企业PPP业务财务风险管控的通知》，要求央企明确财务承受能力边界、严格财务风险源头管控、优化项目资金安排、规范PPP业务会计核算等。近期财政部也表示，高度关注并解决现有PPP项目存在的风险分配不合理、明股实债、政府变相兜底等问题。

PPP依然是我国政府积极推动的基础设施建设模式，随着平台公司的转型发展以及地方债务治理的深入推进，传统政信业务模式发展受到越来越大的制约。因此，信托公司一方面要加强与大型企业、上市公司合作开展PPP业务，不断提升专业化程度；另一方面要关注 PPP 业务的监管动向，促进 PPP 业务依法合规开展，及时研判监管政策可能对存续项目的重大影响。

三、基础设施类信托产品发展展望

2019 年，我国基础设施建设支持力度会加大，一方面需要补基础设施建设短板，另一方面经济增速下行需要通过基建投资托底，因此基础设施信托仍有一定作为。但是也需要看到，中央治理地方债务的决心并没有动摇，未来仍需要限制隐性债务的膨胀，并通过增加专项债的形式开正门，这会限制传统基础产业信托的施展空间。同时也需要看到，地方融资平台资金链仍较紧张，由于其期限错配严重，对于滚动融资的需求很高，一旦再融资受阻，那么短期流动性风险较高，如果地方财政实力不足，可能出现违约问题，这也是可能会影响基础产业信托发展的另一个重要因素。总体来看，2019 年，基础产业信托发行规模预计仍有小幅增长，但是传统业务模式增长空间有限，需要加快转换模式，按照新的基础设施投融资模式参与其中。

第五节 证券投资信托

一、证券市场状况

股票市场方面，2018 年，A 股市场呈现熊市状态，表现偏弱，持续下滑，四季度在纾困上市公司相关政策出台后，股市运行相对平稳，政策底的托底作用显现。截至 12 月 28 日，上证综合数全年收于 2493.9 点，全年降幅为 24.59%；深圳成分指数收于 7239.79 点，全年下降 34.42%；创业板指数收于 1250.53 点，跌幅为 28.65%。2018 年 A 股市场全年持续走低，主要是受到了中美贸易摩擦、去杠杆等政策的冲击，投资者风险偏好下降，各市场板块估值均处于近年的低点。从各行业走势看，各行业指数均有较大降幅，这其中金融行业指数、公用事业指数降幅最低，分别为 -16.99% 和 -16.61%；而信息技术、材料类指数降幅最大，分别为 -34.39% 和 -34.01%。

债券市场方面，受到宏观经济增速放缓、货币政策偏宽松以及投资者风险偏好等因素支撑,2018 年债市走出了牛市行情。中债综合指数收于 192.36 点,全年上涨 8.22%;中债国债指数收于 182.93 点,全年上涨 8.87%;中债信用债指数收于 174.14 点,上涨 7.45%。整体看利率债收益率要高于信用债,主要在于信用债违约事件频发,投资者仍偏谨慎。利率债方面,10 年期国债收益率下降至 3.22%,已经回到 2016 年年末的水平。从全年走势看,10 年期国债收益率有三次大的下行走势:第一阶段为中美贸易摩擦开始阶段,由于对未来不确定性加大,投资者避险情绪加大;第二阶段为年中阶段央行降准,引发市场对于宽松货币政策预期;第三阶段为四季度以来宏观经济增速持续下行以及中美贸易摩擦的不确定,市场悲观情绪浓厚。从信用债来看,2018 年信用债违约事件频发,远高于历年水平,导致投资者对于低评级信用债投资更加谨慎,不同资质债券走势出现了严重的分化。

新三板市场方面,2018 年新三板市场表现也不佳,全年收跌超过 20%,与沪深两市跌幅相近,而且 2018 年首次出现了挂牌企业数量下滑的情况,新三板企业退市规模超过 1300 家,远超 2017 年全年水平;市场流动性依然不足,超六成新三板股票没有交易。为了解决发展问题,股转系统推出了一系列改革举措,包括发行制度的改革、做市商评价制度的推出以及并购重组方面政策的调整,这一系列改革举措必将为新三板市场注入新的活力。

二、证券投资信托产品发行情况

统计数据显示,2018 年,全行业发行证券投资集合资金信托 1753 个,基本与 2017 年持平,募集资金 1277.50 亿元,同比增速为 21.3%,发行规模有一定增长。从月度发行走势看,整体呈现前高后低的态势,单月发行规模最高点出现在 1 月份,为 215 亿元,随后逐步下降,跟资本市场的走势关联度较高,8 月至 11 月基本保持稳定,12 月明显下滑。详见图 3-9。2018 年,资本市场表现制约了证券投资信托的发行,同时资管新规后,对于分级产品发行、杠杆水平都有了统一要求,加之股市大幅下跌带来了股票质押等风险,相关业务风控难度增大,投资者风险偏好降低,发行难度也在上升。

未来,证券投资信托业务需要根据资管新规的要求进行调整,短期内证券投资信托业务难有大的作为。信托公司需要思考对于证券投资信托的新定位,部分信托公司已开始加强主动管理能力培育,引进公募基金、券商专业团队,开展具有绝对收益的证券投资产品,个别信托公司开始提供诸如 FOF 等具有大类资

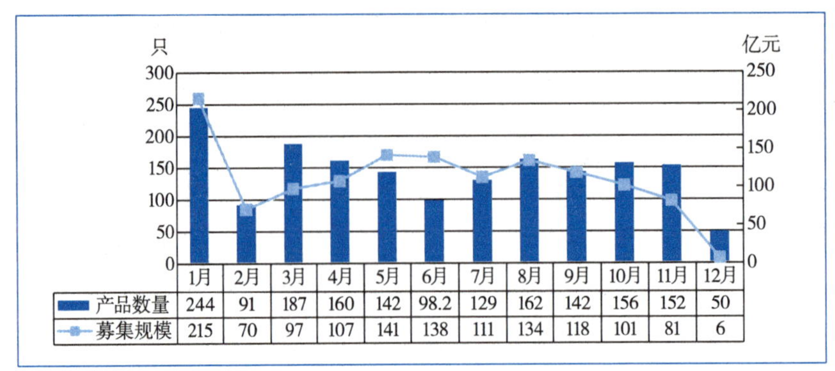

图 3－9　2018 年证券投资信托发行数量及规模统计

产配置的证券投资产品，部分信托公司则是围绕私募基金打造更加丰富的估值、交易、清算等一体化服务，成为私募基金的专业外包服务商。

三、证券投资信托发展展望

2018 年，我国宏观经济有进一步放缓的趋势，企业经营业绩会有承压，供给侧改革继续深化，货币政策继续保持宽松态势，而外部依然面临中美贸易摩擦、全球经济放缓等不确定性因素。在此背景下，债券市场依然面临良好的投资机会，较为充裕的流动性、投资者风险偏好不高等因素支撑牛市趋势不变，同时宽信用政策效果的显现，也有利于促进企业信用风险的稳定，部分低评级债券信用利差有可能迎来下降的良机。股市方面，目前政策底较为明显，对于股市形成托底，而且当前估值水平较低，具备一定投资安全边际，当然也面临上市公司业绩疲弱、全球下行风险的干扰，股市存在一定结构性投资机会，但是尚不具备趋势性大幅上升的基础。大宗商品方面，供给侧改革的支撑作用逐步下降，同时新产能释放会增加供给量，而需求端会随着宏观经济的放缓而下降，大宗商品价格面临下行压力，投资需要谨慎。2019 年，信托公司继续推进证券投资信托转型，可以以债券投资为切入口，提升主动管理能力，逐步向权益类产品探索和布局，适应非标转变标的资管产品变化趋势。

第六节 信托特色及创新业务

一、慈善信托蓬勃发展

2018 年，信托公司继续大力拓展慈善信托业务，截至 2018 年 11 月末，共有 40 家信托公司设立了慈善信托项目 112 个，合同金额 16.26 亿元。支持领域涉及扶贫、智障儿童关爱、环保等方面。从发展特点上看，一是受托人种类更加多样，除了信托公司担任受托人，还有信托公司 + 基金会、基金会等多种形式，根据慈善信托业务需要合理确定受托人种类和交易机构，促进受托人多元化。二是大额慈善信托增多，过去两年慈善信托规模并不大，很多都是千万元以下，2018 年鲁冠球三农扶志基金慈善信托规模达到 6 亿元，为慈善信托开展以来最大规模的项目，也体现了社会对于慈善信托的信赖。三是信托财产多样化趋势，由于我国信托财产登记制度缺失的问题，慈善信托财产多以现金为主，并不利于慈善人士以其他资产参与慈善事业，近年来股权等财产也在探索作为信托财产成立慈善信托，并取得了一定经验。当前，慈善信托最主要的障碍还在于，信托公司无法享受税收优惠，未来相关制度障碍解决后，慈善信托的发展将会更加迅速。

二、企业资产证券化业务成为转型重要方向

Wind 数据显示，截至 2018 年末，银行间市场共发行 ABN 产品 96 单，发行总额为 1256.98 亿元，同比增长 114.89%，保持较快增速。详见图 3－10。信托公司积极参与 ABN 业务，2018 年共有 25 家信托公司作为发起人参与了 ABN 的发行，其中华能信托、华润信托、中铁信托发行规模位居前三位，分别为 203.07 亿元、131.63 亿元和 110.31 亿元，合计占比达到了发行总规模的 35%，市场份额相对分散，主要在于信托公司在 ABN 发挥风险隔离的作用，如果没有提供更为专业的服务，门槛准入并不高。

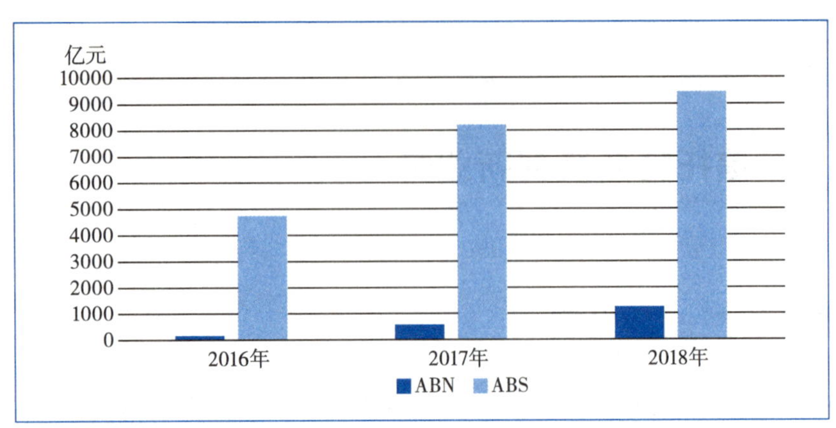

图3-10　企业资产证券化发行趋势图

从ABN基础资产看，主要为票据收益、应收债权、租赁债权、信托受益权、基础设施收费债权、委托贷款债权等，其中应收债权、租赁债权、票据收益等三种基础资产占比最高，分别为34.50%、25.59%和24.40%。随着我国消费升级的加速进行，消费金融业务发展较快，主要满足个人分期消费等需求，消费金融资产具有额度小、分散等特点，适合进行资产证券化，这两年消费金融资产类ABN逐渐增多。2018年，由银联旗下全资公司中金同盛商业保理有限公司（即发起机构和资产服务机构）发起的"中金同盛商业保理有限公司2018年度第一期资产支持票据"于银行间市场注册并成功发行。该项目由云南信托作为受托人，产品总金额5.73亿元，其中优先级5.0亿元，占比87.26%，次级0.73亿元，占比12.74%。项目基础资产为由发起机构于资产支持票据设立日或循环购买日转让给受托人的发起机构对融资人、债务人享有的保理融资债权及其附属担保权益。项目底层资产服务方5家，分别为米么金服、闪银、寺库、人人租赁、特易有信。

同样类属于企业资产证券化，交易所发行的企业ABS由于发展时间早，监管审批更加宽松，同时交易结构设计更加灵活，近年来发展相对更快。截至2018年，交易所ABS发行规模达到9464.29亿元，同比增速为15.16%，已处于较高发行规模。从基础资产类型看，交易所ABS覆盖面更广，涉及企业债权、租金、不动产、融资融券等基础资产。2018年，在监管部门的协调下，信托公司也开始作为发行人参与发行交易所ABS试点，首批试点信托公司包括中信信托、华能信托两家，目前华能信托作为管理人的华能信托—开源—世茂住房租赁资产支持证券已在上交所成功发行。本项目世茂集团作为原始权益人，开源证券作为交易安排人，储架发行规模10亿元，首期发行2亿元，以租赁住房租金债权作为基础

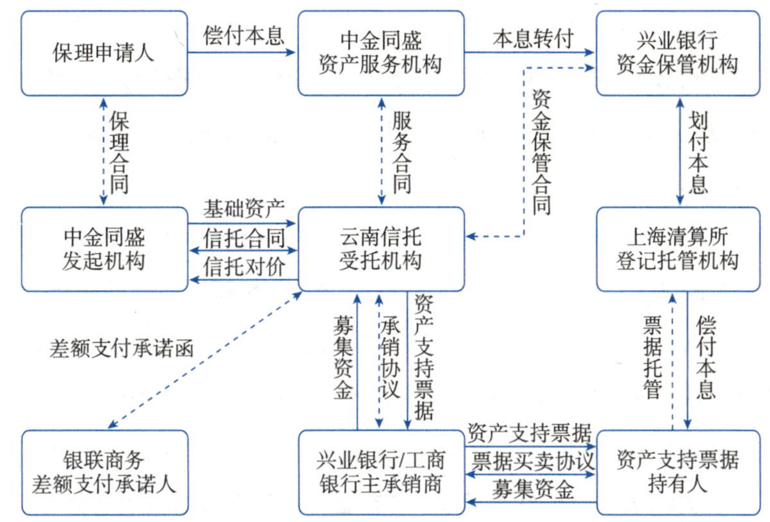

图3－11　中金同盛商业保理有限公司2018年度第一期资产支持票据结构图

资产，优先级证券评级AAA，是落实国家租售并举政策要求，助力住房租赁市场发展的创新产品。

本次企业ABS的成功发行，标志着正式参与到交易所ABS业务，进一步发挥在资产证券化方面的制度优势和专业优势。不过，由于交易所ABS本身参与主体较多，既包括券商也包括基金子公司，而且随着这两年的快速发展，优质基础资产减少，未来市场竞争将会更加激烈，信托公司需要进一步提高专业水平，才能实现更好地突围。

三、家族信托实现更加规范化发展

随着我国一代创业者进入退休年龄，家族财富传承的紧迫性越来越高，家族信托的需求越来越多，这个业务领域的发展空间越来越多，更多金融机构参与其中，但是业务规范性还有待提高。2018年监管部门发布了《关于加强规范资产管理业务过渡期内信托监管工作的通知》，明确界定了家族信托的定义，要求家族信托初始委托信托财产规模为不低于1000万元，而且委托人不得作为唯一的受益人，其他不符合该要求的家族信托将适用于资管新规。该监管政策对于促进家族信托规范化发展将起到非常重要的作用。与此同时，2018年，个别信托公司开始创新地将房产等其他财产融入家族信托的管理范畴，解决了目前受托财产仅能为货币资金的问题。

家族信托业务中信托在其中也只是一种传承工具，真正做好家族信托，必须对这种工具进行赋能，有效整合相关业务资源。从家族信托业务的实践看，获客渠道及客户信赖、家族信托法律架构设计能力、资产管理等综合服务能力才是家族信托的核心能力。家族信托一般具有期限长、定制化、服务综合化等特点，具有很强的专业性，因此客户只有充足地信任才会有意愿与相关机构合作开展家族信托。目前很多机构从事家族信托，但是市场品牌和客户信赖尚未充分建立，因此，虽然家族信托看似市场广泛，但是真正落地的规模并不是很大。家族信托的交易结构很关键，不仅因为其决定了委托人的目的是否能够实现，而且也会涉及法律法规要求、家族企业运行、意外事件出现等因素，具有很强的专业性要求。所以，在家族信托合作过程中，企业家很注重与具有相关经验与专业水平高的机构合作。从这一点看，部分高净值客户已在国外建立了离岸家族信托，这也是考虑到了国外家族信托法律法规相对健全，而且合作机构都具有较丰富的经验。家族信托相比一般的理财产品，更具个性化，涉及家族治理、家族企业传承、教育、养老、投资等多方面，可以说是综合金融方案，因此客户更加重视个性化方案、一站式全面服务方案。

当前，我国银行、信托公司、律所以及第三方机构都在大力开展家族信托，但是受限于相关业务开展较晚，尚没有一个机构能够完全具有上述家族信托的核心能力要求。银行的最大优势在于丰富的客户资源、开放的金融产品平台以及较高的品牌和信任度，从调查研究也可以看出，一代创业者在家族传承过程中对于私人银行有较高的偏好，位于各类机构之首。私人银行拥有大量高净值客户，而且在长期的服务中累积了客户的信赖，加之已建立了相对开放的金融产品销售平台，在以资产配置为主的家族信托中占有一定优势，并不断提升综合服务能力。信托公司最大的优势在于专营信托业务，任何家族信托的设立都离不开信托公司的参与，但是仍缺乏客户累积以及专业的投资管理能力，很多时候只充当了通道角色。律所的主要优势在于能够帮助高净值客户设计出相对合理的信托交易结构，而且很多家族企业都拥有自己的律师团队。根据调查，年轻一代的企业家更注重跟律所合作开展家族传承，但是律所尚不具备投资管理以及综合服务能力。第三方财富机构拥有一定高净值客户资源，而且建立了一定开放的金融产品体系，在这方面与银行较为相似，不过第三方机构鱼龙混杂，整体服务质量和品牌远不如银行。

目前，我国以家族信托为主的家族传承市场刚刚起步，整个市场门槛仍不高，客户也是在不断与各个机构合作寻求最佳的合作伙伴，而且随着我国金融业开放后，将会面临国外更加专业的竞争者的挑战，尤其是在离岸家族信托方面，会具有更多业务空间。总之，家族信托业务短期看是百家争鸣，主要是普及家族信托文化，抢占客户资源阶段，由于服务差异化并不突出，很多都是价格竞争；长期看市场会越来越集中化发展，仍需要通过专业化服务，寻求立身之本。还需要注意的是，创业者对于独立设立专业管理团队的意愿非常强烈，类似国外高净值客户建立自身的家族办公室，配置专业管理人员，部分采购外部服务，可以有效解决外部机构不能以自身利益为根本的问题。所以，可以预见，我国家族信托市场既存在以相关机构为主导的情况，为客户提供全面财富传承服务，也会存在以创业者自己组建的家族办公室或者团队，在这个平台上进行资源组合。

四、消费信托业务持续创新

我国是人口大国，消费市场规模和潜力巨大，居民消费意愿提升，信心增强，这也是国际巨头纷纷看重中国市场的重要原因。随着收入的提升以及生活水平的提高，我国消费结构不断升级，由最初的基本生活温饱消费逐步向文娱、生活服务、享受性、体验性消费等消费类型升级，对于消费品质和差异化需求提出更高要求。同时，互联网消费、移动消费渠道受到越来越多的青睐，2018 年以来网上商品和服务销售额同比增速为 30.7%，高于消费品销售平均增速 22 个百分点。

信托公司紧抓高品质消费大趋势，纷纷积极探索发展消费权益信托。2018年，G 信托公司和中青旅联合推出旅游消费信托，期限 6 个月，预期年化收益率为 6%，预计规模 3 亿元。其中 A 类认购金额 100 万（含）至 300 万（不含），获得预期年化 6% 的现金投资回报；B 类认购金额 300 万（含）至 500 万（不含），可选择旅游消费产品“世界杯门票”；C 类认购金额 500 万（含）至 1000 万（不含），可选择旅游消费产品“世界杯门票 + 南极游”；D 类认购金额 1000 万元以上（含），可选择旅游消费产品“世界杯门票 + 南极游 + 北极游”。该消费信托的旅游消费权益对价金额仅从委托人的信托收益中支付，不影响委托人的委托本金部分。该信托主要是紧扣世界杯热点，满足部分高净值客户对于精品旅游路线的需求。

A 信托公司针对我国老龄化趋势下养老服务供给不足的问题，发行了安颐养老消费集合资金信托计划，满足一站式养老服务及老年人财富管理需求。该产品投资者一方面能够享受信托管理方统一筛选、提供的各类养老服务优先入住、优惠购买权，同时也可以享受到信托产品带来的收益。A 信托公司与涵盖了居家、社区和机构养老及各类康养医疗服务的专业服务商建立了合作关系，在统一谈判、采购，在优先入住、价格优惠等方面拥有优势。

当前消费热点分散，信托公司在发展消费权益信托过程中，需要能够掌握消费趋势和热点的能力，促进业务模式固化和规模化发展，同时应该完善后续客户服务等流程，优化客户体验，提升客户满意度。

第七节　2019年信托产品创新转型趋势和展望

2019年，宏观经济环境确定性增加，强监管态势持续，资管市场竞争逐步激烈，信托公司需要发挥信托制度优势，积极服务于实体经济和居民财富需求，开发出适应市场需求的创新产品，促进转型发展步伐加快。

第一，开发满足资管新规的新产品。2019年是资管新规过渡期的第二年，信托公司需要加快适应资管新规的要求，而且监管部门可能出台实施细则。这就需要信托公司根据资管新规的精神，进一步探索开发净值化、基金化产品，净值化管理是满足监管合规要求，而基金化则是通过组合管理，实现信托产品的净值稳定，避免过大波动，引发投资者投资情绪下降，尤其是对于个人投资者更是如此。在此过程中，需要根据市场反馈不断优化产品，力争在资管新规过渡期结束后，能够保证产品发行不断档，能够在新的监管要求下继续做大做强信托产品。

第二，开发具有差异化的产品。资管新规下，各资管机构资产配置范围区域一致，产品运行基本准则也更加趋同，在这种情况下各机构产品竞争将更加激烈。信托公司需要发挥自身制度优势，诸如参与开发受托管理的服务信托，参与开发更服务投资者风险偏好的稳健风格的信托产品。总之，信托公司可以在非标领域、固定收益类等传统比较优势领域做文章，通过结构化设计，涵盖投资、消费等功能，附加公益慈善目的等方式，实现产品的差异化、功能多样性，吸引更多客户。

第三，拓展信托制度在新领域的应用。信托制度具有投融资、社会服务、财产管理等多种多样的功能，其应用领域和广度都有很大的空间，需要捕捉经济社会寻求，与信托制度有效结合。诸如我国老龄化趋势下，可以发力养老服务、养老理财，也可以针对老年人财富的代际传承以及身后事的处置，推进他益信托、遗嘱信托的发展。再如我国经济发展模式转换，更加注重绿色发展，保护环境，在环保基金管理、排污权信托、绿色信托等方面都有很大的潜力值得挖掘。

第四章

2018 年泛资产管理市场：改革与涅槃

2018 年正值改革开放四十周年,这一年注定是不平凡的一年,对泛资产管理行业来说,改革与涅槃是这一年的主题,标志着新资管时代降临。2018 年银监会和保监会合为一家,《关于规范金融机构资产管理业务的指导意见》(以下简称《资管新规》),从征求意见到最终落地,为资管机构的改革指明了方向。之后,各个部门又推出了相关的操作细则,整个大资管的规范和变革由此真正的起航。百万亿资管规模,二十万亿非保本的资金,重新规范之后,将迎来新一轮的变化。

总的来说宏观环境和金融市场复杂多变。对于资产管理而言,所有的问题最终都会落到如何在保证资金安全的前提下实现收益的最大化。在当前资管变革市场变化的大背景下,各大资产管理子市场面临着巨大的转型压力,同时也面临新的发展机遇。

第一节 2018 年泛资管市场:重压转型

一、银行理财:重压监管、稳定发展

(一)银行理财产品稳定发展

2002 年以来,我国商业银行陆续开展了理财业务,2007 年之后发展较快,产品余额从 2007 年末的 0.9 万亿元增加至 2016 年末的 29.1 万亿元,年均复合增长率约为 50%。2017 年以来,随着银保监会持续加大监管力度,银行理财业务已按照监管导向有序调整,总体呈现出更稳健和可持续的发展态势。2018 年,银行理财业务总体运行平稳,6 月末非保本理财产品余额为 21 万亿元,7 月末为 21.97 万亿元,8 月末为 22.32 万亿元。理财资金主要投向债券、存款、货币市场工具等标准化资产,占比约为 70%;非标准化债权类资产投资占比约为 15%,总体保持稳定。

（二）银行理财产品存在的问题和政策新要求

1. 存在的问题

银行理财产品作为我国资管行业的重要组成部分，在快速发展、发挥积极作用的同时也出现了一些问题。2018年，银行理财产品出现了一些较为突出的问题：一是理财产品有待转型，目前理财产品以预期收益型为主，客户认为理财产品的预期收益即为应得实际收益。如果发生损失，银行可能会因担心声誉风险而被迫刚性兑付。二是业务运作不够规范，一些机构开展资金池业务，具有一定影子银行特征；部分产品嵌套投资，难以穿透掌握底层资产情况。三是投资者适当性管理落实不到位，部分机构存在虚假宣传等误导销售问题，未能将合适的产品销售给合适的客户。四是信息披露不够充分，客户难以充分了解所投资资产的风险和收益情况，尚未真正实现“卖者有责”基础上的“买者自负”。

2. 政策新要求

2018年4月27日，资管新规正式发布。2018年9月26日，《商业银行理财业务监督管理办法》（以下简称《理财方法》）发布施行。资管新规及理财细则落地似乎标志着我国银行理财业务进入“最坏的时代”，在打破刚性兑付下银行理财业务如何回归本源是个值得思考的问题。过去理财规模爆发式增长面临“急刹车”，存量老资产和老产品要求在2020年末结束，也面临着处置压力，行业开始面临洗牌和分化，能力亟待重塑。

《理财办法》将理财业务定义为商业银行接受投资者委托，按照与投资者事先约定的投资策略、风险承担和收益分配方式，对受托的投资者财产进行投资和管理的金融服务。同时，规定银行理财产品财产独立于管理人和托管人的自有资产，不属于其清算财产，不能进行债权债务抵消。

实行分类管理，严格区分公募和私募理财产品。《理财办法》按照《资管新规》要求，根据募集方式的不同，将银行理财产品划分为公募和私募产品。公募理财产品面向不特定社会公众发行，风险外溢性强，在投资范围、杠杆比例、流动性管理、信息披露等方面的监管要求更为严格；私募理财产品面向不超过200名合格投资者非公开发行，投资者风险承受能力较强，投资范围等监管要求相对宽松。

强化合规销售，加强投资者适当性管理。一是遵循风险匹配原则。要求银行对理财产品进行风险评级，对投资者风险承受能力进行评估，并根据风险匹配原则，向投资者销售风险等级等于或低于其风险承受能力等级的理财产品。二是设定单只理财产品销售起点。将单只公募理财产品销售起点由目前的 5 万元降至 1 万元；单只私募理财产品销售起点与《资管新规》保持一致。三是个人首次购买需进行面签。个人首次购买理财产品时，应在银行网点进行风险承受能力评估和面签。四是引入投资冷静期。对于私募理财产品，银行应当在销售文件中约定不少于 24 小时的投资冷静期。五是强化信息披露。分别对公募和私募理财产品提出相应的信息披露要求。六是实行集中登记。要求银行在全国银行业理财信息登记系统对理财产品进行“全流程、穿透式”集中登记，银行只能发行已在理财系统进行登记并获得登记编码的理财产品，防范“虚假理财”和“飞单”。

实行净值化管理，逐步打破刚性兑付。《理财办法》与《资管新规》一致，要求理财产品实行净值化管理，通过净值波动及时反映产品的收益和风险，让投资者在清楚知晓风险的基础上自担风险。一是坚持公允价值计量原则，鼓励以市值计量所投资资产。根据国际会计准则和财政部《企业会计准则》，公允价值计量进一步分为以市值计量、对市场报价进行调整和采用估值技术等三个层次。二是允许符合条件的封闭式理财产品采用摊余成本计量；过渡期内，允许现金管理类理财产品在严格监管的前提下，暂参照货币市场基金估值核算规则，确认和计量理财产品净值。

规范资金池运作，防范“影子银行”风险。一是确保理财产品独立性。规范滚动发行、集合运作、分离定价的资金池理财业务；延续“三单”要求，每只理财产品应做到单独管理、单独建账和单独核算。二是期限匹配。按照《资管新规》相关要求，理财资金投资非标准化债权类资产的，资产的终止日不得晚于封闭式理财产品的到期日或开放式理财产品的最近一次开放日；投资未上市企业股权的，应当为封闭式理财产品，且需要期限匹配。三是限额和集中度管理。延续现行监管规定，对非标债权资产投资实施限额管理和集中度控制。

消除多层嵌套，强化穿透管理。针对部分银行通过购买资管产品，形成嵌套投资，难以及时、准确掌握底层资产情况等问题，《理财办法》提出如下要求：一是准确界定法律关系，明确约定各参与主体的责任义务和风险分担机制，避免法律纠纷。二是缩短融资链条，为防止资金空转，延续理财产品不得投资本行或他行发行的理财产品规定；要求理财产品所投资的资管产品不得再“嵌套投资”其他资管产品。三是强化穿透管理，要求银行切实履行投资管理职责，不得简单作为各类资管产品的资金募集通道；充分披露底层资产信息，做好理财系统信息登记工作。

控制杠杆和投资集中度，有效管控风险。在分级杠杆方面，延续现有不允许银行发行分级理财产品的规定；在负债杠杆方面，负债比例（总资产/净资产）上限与《资管新规》保持一致，即开放式公募理财产品的杠杆水平不得超过140%，封闭式公募理财产品、私募理财产品的杠杆水平不得超过200%。同时，与《资管新规》一致，对理财产品投资证券和证券投资基金提出集中度要求。

加强流动性风险管控，规范产品认购和赎回管理。一是流动性管理。要求银行在理财产品设计阶段审慎决定是否采取开放式运作，开放式理财产品应当具有足够的高流动性资产，并与投资者赎回需求相匹配；开放式公募理财产品还应持有不低于理财产品资产净值5%的现金或者到期日在一年以内的国债、中央银行票据和政策性金融债券。二是交易管理。要求银行加强理财产品所开展同业融资的流动性、交易对手和操作风险管理，针对买入返售交易质押品采用科学合理估值方法，审慎确定质押品折扣系数等。三是压力测试。要求银行建立理财产品压力测试制度，并对压力情景、测试频率、事后检验、应急计划等提出具体要求。四是开放式公募理财产品认购和赎回管理。要求银行在认购环节，合理控制投资者集中度，审慎确认大额认购申请；在赎回环节，合理设置各种赎回限制，作为压力情景下的流动性风险管理辅助措施。

加强理财投资合作机构管理，规范委外业务。部分投资管理能力较低的银行将理财资金委托给第三方机构代为管理和投资，但未履行自身管理职责，不掌握资产真实投向和风险情况，是委外业务的主要风险点。为此，《理财办法》作出如下规定：一是延续现行监管规定，要求理财产品所投资资管产品的发行机构、受托投资机构和投资顾问为持牌金融机构。同时，考虑当前和未来市场发展需要，规定金融资产投资公司的附属机构依法依规设立的私募股权投资基金、银保监会认可的其他机构也可担任理财投资合作机构，为未来市场发展预留空间。二是要求银行完善内部管理制度，明确理财投资合作机构的准入标准和程序、责任与义务、存续期管理、利益冲突防范机制、信息披露义务及退出机制。三是要求银行对理财投资合作机构实行名单制管理，切实履行自身投资管理职责，提高主动投资管理能力，不因委托其他机构投资而免除自身应当承担的责任。

在《理财办法》发布实施之前，银行理财业务监管制度允许私募理财产品直接投资股票，但规定公募理财产品只能投资货币型和债券型基金。《理财办法》继续允许私募理财产品直接投资股票；在理财业务仍由银行内设部门开展的情况下，放开公募理财产品不能投资与股票相关公募基金的限制，允许公募理财产品通过投资各类公募基金间接进入股市。

（三）银行理财转型的主要方向

在金融严监管、去杠杆、防风险的大背景下，监管层已经开始治理金融乱象，尤其是银行理财方面。严监管下银行理财面临较大的冲击，业务模式转型已是大势所趋。

1. 加快产品研发设计

在产品的设计研发方面，有很多要考虑的问题，资管产品涉及合规问题、销售需求问题、风控、运维、投资等问题，这是一个比较复杂的过程。

面对复杂过程，银行理财应以净值化为要求，加快产品研发设计。首先，在产品线布局方面，要尊重客户理财习惯，引导投资偏好。其次，要找准对标行业，做拿来主义者。比如可以直接分析一些主流基金公司、主流商业银行的产品线，在产品线中，有的产品客户很多、有的产品客户的需求量不是特别大，所以银行理财要区分哪些是冲规模的产品、哪些是属于差异化的产品，进而进行比较好的布局。第三，要先易后难，循序渐进。再者，根据自身情况打造特色产品，形成核心竞争力。紧接着进行细分市场，形成规模效应。最后做到丰富产品线，满足多元化需求。同时，银行理财可借鉴公募基金在产品设计方面的经验和良好做法，构建既符合资管新规要求，又适应我国银行理财客户特点的产品体系。

2. 建立系统化的投研体系

与公募基金相比，银行理财的投研体系相对薄弱。因为很多银行定位理财业务是银行表外业务，投研由资管部门负责，资管部门要针对每个产品设计很多投资和风控指标，所以系统化的投研体系就显得尤为重要，投研体系应涵盖策略、行业的大类资产研究框架。在投研体系框架构建时，应区分固收和权益等不同类别资产，建立“自上而下”与“自下而上”相结合的投研框架，建立投资池（债券池、股票池、策略池、管理人池）。

同时还要构建投资经理和 FOF/MOM① 团队，完善投资决策流程。FOF/MOM 委外投资能力已成为银行理财大类资产配置的重要组成部分，通过策略、管理人的选择和优化可以拓展投资边界，提升获取市场敏感度的能力。FOF/

① FoF 基金（基金中的基金）（Fund of Fund）是一种专门投资于其他投资基金的基金，MOM 投资模式即管理人的管理人基金（Manager of Mangers）模式，由 MOM 基金管理人通过长期跟踪、研究基金经理投资过程，挑选长期贯彻自身投资理念、投资风格稳定并取得超额回报的基金经理，以投资子账户委托形式让他们负责投资管理的一种投资模式。

MOM 委外投资管理方面，从传统的、仅注重机构或投资经理个人的选择策略，转变为"机构+个人"的双重考察策略；从传统的仅考察投资经理历史业绩，转变为更注重业绩持续性与投资风格区分的考察。这一转变将完善投资管理，进而打造一个系统化的投研体系。

3. 建立立体化风控体系

一直以来，大数据、金融科技被认为是资管业务的核心推动力，其实风险也是一个核心，也是竞争力重要的体现。过去的风险主要是围绕着信用风险，而现在风险已涵盖资管业务的全过程。在产品、设计、投资、销售、运营方面都需要进行风险管理。因此有必要打造"矩阵式"立体化风控体系，实现由"点"及"线"至"面"的多层次、全流程风险管理。

4. 壮大系统支持的运营体系

银行理财转型需重新构建运营体系、细化运营服务的流程，同时进行相应岗位设置、明确责任划分。在运营过程、过程管理、信息披露、风险评价、风险报告等方面都需要建立强大的运营体系，可采取集中交易室概念，集中交易室进行交易和头寸管理。把固收、权益、流动性都在交易室来做，构建一个大的运营系统。

5. 整合和提升销售能力

产品转型阶段，销售管理显得特别重要，过去是刚兑的产品，现在则是净值型产品。因此应该慢慢转变销售习惯，整合和提升销售能力。

①从"卖产品"向"卖服务"转变。在刚性兑付下，销售主要是"推销产品"，在转型后，理财销售要提供财富管理方案和"卖服务"。银行理财要站在客户的角度，根据客户财产的情况进行资产配置，一定要从卖产品转向卖服务、卖品牌、卖管理、卖文化。

②对客户细分和引流，加强投资者教育。对理财客户进行细分，掌握风险偏好和投资习惯等特征，做好客户引流，加强投资者教育。

③拓宽销售渠道。除行内渠道外，银行要加强与互联网平台类机构的合作，加大拓展直销和专户理财。其次加强对客户细化分类和分流。

④金融科技服务理财转型。随着当今科技的发展，金融理财应与金融科技相结合，帮助理财服务转型。并且认识到理财核心业务的短板，借助科技的力量补短板，加强创新。

⑤弥补理财核心业务系统短板。补短板要求补齐与转型相关的核心业务系统短板，加快投资交易、产品估值、风险控制等系统的开发和升级。在补齐短板

的基础上,探索大数据等前沿技术在资管领域的应用。这一过程主要运用的就是金融科技,运用大数据。通过大量的数据分析加工,形成投资策略,做策略的组合和投资的优化。

二、信托资管:增速下滑、投向集中

(一)信托资产规模下滑

1. 存量规模

截至 2018 年 3 季度末,行业管理信托资产余额 23.14 万亿元[①],较 2 季度末下降了 1.13 万亿元,与 2 季度相比,规模下降幅度有所收窄。从信托资产规模的季度增速变化来看,3 季度同比增速 -5.19%,自 2010 年季度统计数据以来首次跌入负值区间;季度环比增速 -4.65%,较 2 季度跌幅缩小 0.6%,总体呈现平稳回落趋势。

从信托资产来源结构看,集合资金信托占比持续稳步提高。截至 2018 年 3 季度末,集合资金信托规模 9.24 万亿元,较上季度末略为下降 0.27 万亿元,相对占比达到 39.93%,继续保持了 2015 年 4 季度以来相对比例稳步上升的态势。单一资金信托规模 10.25 万亿元,较 2 季度末下降 0.59 万亿元,相对占比为 44.32%,较 2 季度末下降 0.37%,也是本季度信托规模下降的主要因素。管理财产信托规模 3.65 万亿元,较 2 季度末下降 0.27 万亿元,相对占比为 15.75%,占比降幅与单一资金信托变化基本持平。

从信托功能看,事务管理类业务延续回落态势。截至 2018 年 3 季度末,事务管理类信托规模 13.61 万亿元,较 2 季度末减少 0.69 万亿元,延续 2018 年以来持续下降的态势,依然是信托规模下降的主要因素;相对占比 58.82%,较 2 季度末下降 0.11 个百分点。投资类信托规模 5.29 万元,较 2 季度末减少 0.30 万亿元;相对占比 22.85%,较 2 季度末下降 0.19 个百分点。融资类信托规模 4.24 万亿元,较 2 季度末减少 0.14 万亿元;相对占比 18.33%,较 2 季度末略升 0.29 个百分点。

2. 新增规模

截至 2018 年 3 季度末,本年累计新增信托项目 12036 个,规模 4.77 万亿元,较上年同期相比降低 3.86 万亿元,同比下降 44.73%,一定程度上反映了当前信

---

① 本部分数据均来源于中国信托业协会。

托业发展面临的挑战。从新增信托资产的来源结构看，本年累计集合资金信托新增规模1.56万亿元，占比32.73%，较2季度上升1.50个百分点；单一资金信托新增规模1.62万亿元，占比34.02%，较2季度下降1.28个百分点；财产信托新增规模1.59万亿元，占比33.25%，较2季度略降0.12个百分点。

3. 未来一年信托到期情况

3季度末发布的数据显示，未来一年的信托到期规模为5.48万亿元，比2季度末的预计数据下降了925亿元，连续三个季度出现下降，短期信托到期压力有所缓解。但从集合信托预计到期规模数据看，3季度末的预计规模为2.46万亿元，较2季度末数据略有上升，且最近四季度连续保持相对高位水平，到期兑付压力仍需重视。

（二）信托资金配置层次明显

截至2018年3季度末，信托资金配置领域结构发生一定变化，投向工商企业继续排在首位，资金规模略有下降但占比仍然小幅提升，投向房地产规模有所上升，投向金融机构、基础产业、证券投资等领域的信托规模和占比都继续下降。

1. 投向工商企业继续稳居首位

从3季度末行业数据来看，工商企业仍然是信托资金的首要配置领域。投向工商企业的资金信托余额5.75万亿元，尽管比上季度末的5.95万亿元减少了0.2万亿元，但由于总体信托资产规模的下降，在资金信托中占比达到29.49%，较2季度末的占比略增加0.26个百分点，保持持续上升态势。从新增数据来看，3季度末当年投向工商企业的信托累计新增规模1.21万亿元，与上年同期相比少增0.93万亿元，但在新增资金信托资产规模中的比例仍然达到37.95%，反映出信托加快向服务实体经济回归的趋势。

2. 投向金融机构持续回落

从3季度末行业数据来看，投向金融机构的信托余额3.15万亿元，与上季度末的3.44万亿元相比下降8.65%，与2017年4季度末的高点4.11万亿元相比，经过连续三个季度的调整，下降比例达到23.36%；投向金融机构的信托余额在资金信托中占比16.14%，较2季度末的占比下降0.78个百分点。从新增数据来看，3季度末当年新增投向金融机构的信托规模0.39万亿元，与上年同期相比减少0.74万亿元，在新增信托资产规模中的比例为12.15%，较上年同期下降5.74%。这反映出信托行业落实治乱象、防风险相关要求，主动压降金融同业通道规模，已经取得一定成效。

3. 投向基础产业略有企稳

从 3 季度末行业数据来看，投向基础产业的资金信托规模为 2.85 万亿元，与上季度末的 2.97 万亿元相比下降了 3.80%，连续四个季度出现下滑，与 2017 年 3 季度末的高点 3.21 万亿元相比下降了 11.21%；投向基础产业的信托余额在资金信托中占比 14.64%，与 2 季度末占比基本持平。从新增数据来看，3 季度末当年新增投向基础产业的信托规模 0.32 万亿元，与上年同期相比减少 0.51 万亿元，在新增信托资产规模中的比例为 9.91%，较上年同期下降 3.32 个百分点。随着中央加大基础设施领域补短板力度政策的推进落实，基础产业在信托资金配置领域中的相对地位将进一步企稳。

4. 房地产信托增速放缓

从 3 季度末行业数据来看，投向房地产业的资金信托规模为 2.62 万亿元，较上季度末的 2.51 万亿元略增 4.37%，与 2017 年 3 季度末的 2.07 万亿元增长了 26.57%；投向房地产的信托余额在资金信托中占比 13.42%，较 2 季度末的占比上升 1.1 个百分点。从新增数据来看，3 季度末当年新增投向房地产业的信托规模 0.64 万亿元，与上年同期相比减少 0.19 万亿元，在新增信托资产规模中的比例为 20.26%，较上年同期上升 7.04%。在当前经济下行、房地产调控持续的压力下，房地产信托仍将是重要的信托投资配置领域之一。

5. 证券投资持续下滑

从 3 季度末行业数据来看，投向证券投资领域的资金信托规模为 2.45 万亿元，较上季度末的 2.62 万亿元减少 6.94%，与 2017 年 4 季度末的 3.10 万亿元的高点相比减少了 17.15%；投向证券投资的信托余额在资金信托中占比 12.57%，较 3 季度末的占比下降 0.37 个百分点。从新增数据来看，3 季度末当年新增投向证券投资的信托规模 0.19 万亿元，与上年同期相比减少 0.29 万亿元，在新增信托资产规模中的比例为 5.97%，较上年同期下降 1.69%。证券投资受制于资本市场走势影响，在信托资金配置中的相对比例自 2015 年 4 季度以来持续下滑，随着 10 月份以来金融监管部门密集出台稳定市场预期的政策，资本市场逐步企稳且活跃，证券投资信托配置也有望迎来新的转机。

（三）新形势下信托业发展方向

2018 年信托行业发展状况既反映了宏观经济运行和金融监管环境变化的影

响，也进一步表明过去驱动信托业发展的模式很难为继。随着资管新规配套制度政策的渐次落地，信托业面临全新的竞争环境和监管要求，只有坚持回归信托本源，服务实体经济，主动融入我国经济社会改革发展的大格局中，顺势而为，才能实现行业的成功转型和持续高质量发展。

1. 深入挖掘信托优势，创新服务实体经济

2018 年民营企业、中小企业融资难、融资贵问题再次凸现。信托业要切实把思想和行动统一到中央对民营企业的判断和部署上来，充分发挥信托灵活优势，结合各类民营企业特点，通过提供投贷联动、股权投资、并购基金、定向增发等综合性、个性化金融方案，缓解民营企业、中小企业发展资金瓶颈问题。同时，信托公司要继续深化产融结合创新，发挥各自股东及自身的行业资源禀赋优势，通过证券化、供应链金融、PPP、产业基金等形式，深度参与资产盘活和产业结构优化，服务实体经济。

2. 坚持回归本源，加快向高质量发展转型

随着我国经济进入高质量发展阶段，信托业在资管新规的引领下，要加快回归本源，提升专业化的受托服务能力，谋划新的发展模式。2018 年 9 月中国信托业协会发布《信托公司受托责任尽职指引》，对规范受托履职行为做出进一步要求。信托公司首要回归受托人的本源功能定位，通过《信托公司受托尽责指引》等规范引导，从信托受益人利益最大化出发，在信托财产管理中依法合规、勤勉尽责，成为践行信托责任的市场标杆。同时，要溯本追源，借鉴吸收，研究探索信托在新时代我国社会经济发展中的功能空间，找准市场定位，在经济结构转型、消费升级、财富管理、慈善公益等领域不断培育壮大创新型业务，形成新的可持续业务模式。

3. 加强风险防控，守住金融风险底线

2018 年经济运行稳中有变，外部环境发生变化，经济下行压力有所加大，长期积累的风险隐患有所暴露，企业信用违约风险有所上升，信托行业风险资产持续增加。2018 年下半年金融市场出现较大幅度异常波动，部分股票质押业务暴露流动性风险，信托行业要贯彻中央有关精神，稳妥有序处置相关业务风险，促进金融与实体经济良性互动。同时，要加快提升风险管理的专业化、精细化水平，管理好经济下行、资管新规整改双重因素叠加带来的风险压力，落实好防范化解重大金融风险的“三大攻坚战”的重要任务，保障行业的平稳健康发展。

三、基金管理：迎接挑战、转型发展

（一）基金管理规模

1998 年第一批基金管理公司设立，2004 年第一只阳光私募基金发行，20 年来我国基金业得到了快速发展。截至 2018 年 8 月末，我国境内共有公募基金管理人 134 家，管理基金总规模 14.08 万亿元；已登记私募基金管理人 24191 家，管理基金总规模 12.80 万亿元。大资管时代来临，重塑理财市场竞争格局，基金牌照红利逐步弱化，行业发展面临严峻的挑战。

（二）基金业务发展特点

1. 公募基金发展特点

（1）公募基金大众化、普及化

经过 20 年的发展，截至 2018 年 8 月，我国公募基金管理基金总规模突破 14 万亿元；特别是近几年来货币基金的普及和大发展，大部分投资者将存放在银行的活期储蓄转化投资到货币基金中，极大地提升了公募基金规模，也使得公募基金更加大众化、普及化。

（2）产品日益丰富，但结构失衡

公募基金发展过程中产品不断创新，种类越来越丰富，由 1998 年仅有的 5 只封闭式股票基金发展到 2018 年 8 月末的 5382 只基金。目前产品投资范畴已经覆盖了股票型、债券型、混合型、货币市场等多种类型，交易类型包含传统封闭式、ETF、开放式、LOF 以及创新封闭式、分级基金等多种交易方式，投资区域覆盖国内外。

但研究发现，2017 年至 2018 年公募基金行业规模的扩张主要归因于货币基金，货币基金占比总规模已经提升至 60% 左右；而更能体现管理能力的股票型、混合型基金规模却增长缓慢，占比仅有 25% 左右，行业内部结构发展失衡。

（3）资金来源机构化不断提升

2015 年来公募基金持有人机构化趋势明显，2015 年机构投资者占比首次超过个人投资者，占比提升至 57%。虽然 2017 年个人投资者持有份额再次超过机构投资者，但 2015 年至 2018 年机构投资者占比整体维持高位运行；随着我国人口老龄化进程加速，养老金入市脚步加快，有着丰富机构资金管理经验的公募基金，将再次迎来发展动力；长期稳定的资金供给，或将再次推高机构投资者份额占比。

2. 私募基金发展特点

（1）投资管理更加灵活

相比较公募基金而言，私募基金组织结构精简，经营机制灵活。产品管理方面，私募基金较公募基金一般有着较长的封闭期，因而能在封闭期内对基金进行更灵活的投资，管理策略更能有效实施；投资决策方面，审核决策流程相对精简，运作高效；激励机制方面，私募基金主要以业绩收益分配作为利润来源，而非管理费，这将促使基金管理人更注重提高基金整体收益率。

（2）行业集中度较高

数据显示，截至 2018 年 8 月底，已登记的私募基金管理人有管理规模的共 21301 家，平均管理基金规模 6.01 亿元。管理规模 100 亿元以上的有 233 家，占比 1.09%；管理规模在 0.5 亿元～5 亿元的有 6537 家，占比 30.69%；大量私募机构管理规模较小，特别是 2018 年市场行情低迷状况下，小私募机构资金募集难度更大，生存压力加剧，市场二八分化格局严重。

从地域分布来看，注册在上海的私募基金管理人数最多，达到 4778 家；集中在上海、深圳、北京、浙江（除宁波）、广东（除深圳）的管理人，总计占比达 71.75%，区域集中效应明显。

（3）法律法规制度不断健全

随着行业的飞速发展，私募基金已经成为影响我国资本市场的重要参与者。但由于我国资本市场发展时间相对较短，管理经验不足，导致私募基金监管体系不够完善。2012 年全国人大通过新修订《证券投资基金法》，首次将非公开募集基金（私募基金）纳入范围，对私募基金做出相关规定，意味着私募基金的法律地位得以确立；2014 年证监会审议通过《私募投资基金监督管理暂行办法》进一步对私募基金监管做出全面规定；2016 年基金业协会颁布《私募投资基金募集行为管理办法》，明确私募募集环节多方面问题。从一部《证券投资基金法》发展至今，各金融监管机构陆续出台各项法律、法规和规章等规范性文件，涉及管理人的备案登记、产品募集、信息披露、合同指引等各方面，私募基金监管制度建设日趋完善。

（三）新监管政策对基金业发展影响

《资管新规》与《商业银行理财业务监督管理办法》（以下简称《理财新规》），落地实施，酝酿许久的大资管行业监管框架正式浮出水面，短期对行业的调整和重塑不可避免，新环境下各金融机构迎来新一轮发展挑战。对基金行业而言，新规在资金募集、产品设计、杠杆比例、投资运作管理等几个方面对其产生影响，行业发展进入调整规范期。

新环境下基金业发展面临的挑战：

1. 资金募集难度加大

相比较公募基金而言，银行在固收投资、渠道等方面具有一定优势，而《理财新规》将银行理财投资门槛降至 1 万元使得银行理财产品与公募基金无实质性差别，这将对公募债券基金和货币基金产生一定替代效应，造成投资者分流；同时，新规对理财产品投资公募证券投资基金提出集中度限制，也加大了理财资金对接至公募基金的难度。

对于私募基金而言，《资管新规》消除多层嵌套和禁止资金池，使得此前私募资金的很多运作方式不再可行；同时一些银行渠道也提高了私募白名单准入标准，对其管理规模、业绩表现、回撤水平等提出更高要求，私募基金对接银行自营或者理财资金难度骤增。

2. 产品发行严苛，投资管理难度增加

新规明令禁止公募产品和开放式私募产品进行份额分级，意味着曾经红极一时的分级基金或将退出历史舞台，产品创新发展难度增大。在杠杆水平管理方面，虽然可以根据不同产品的风险等级设置不同的负债杠杆，但总体降杠杆基调不变。此外，根据投资性质的不同，又将理财产品分为固定收益类、权益类、商品及金融衍生品类和混合类理财产品，并设置投资比例标准要求，也降低了基金投资灵活度，管理难度增加。

3. 合规运行提出更高要求

《资管新规》要求去除多层嵌套、控制通道业务，并要求对投资管理进行穿透式监管，行业规范进一步提升；计提风险准备金，防范风险意识增强；提高合格投资者的标准，同时强化信息披露义务，对基金行业合规运行提出更高要求。

（四）基金行业地位及发展展望

1. 基金行业定位

（1）公募基金：拓展差异化竞争优势

公募基金历经 20 年的投资运作，目前行业已进入成熟期，发展遭遇瓶颈，诸多问题凸显，如 2017 年至 2018 年管理规模增长主要依靠货币基金、产品同质化严重等。大资管环境下，内外竞争压力不断增大，无差别的产品已经无法满足投资者个性化需求，产品和服务差异化将成为基金公司有力竞争点。

（2）私募基金：稳中求进

私募基金在2014年以来快速成长，创新发展过程中，已成为我国多层次资本市场中重要角色，在拓宽投资者资产配置需求同时，增强了资本市场对实体经济的服务功能。但在发展过程中存在行业市场机制不健全、发展混乱等问题，在“严监管、防风险”的趋严监管背景下，稳重求进或许是私募基金最佳发展路径。

2. 基金业务发展展望

（1）投研能力成为核心竞争点

《资管新规》“靴子落地”，理财产品净值化转型大势所趋。短期内，银行自身难以迅速提高投研能力的背景下，委外业务将是一种发展选择。考虑到过渡期内，为了控制产品净值收益波动性，投研能力必然是银行对外部机构的主要考量因素。对于基金公司而言，注重提高投资研究能力，创造长期、稳定的投资回报，也将吸引更多其他投资者入场，增加整体收益。

（2）产品类型不断丰富

公募基金从封闭式走向开放式，从单一股票基金的结构转向股票、偏股、货基、债基的多元结构；私募基金从无到有，分类为私募证券投资基金，私募股权、创业投资基金，其他私募投资基金；多年来基金业态蓬勃发展。2015年以来，FOF/MOM产品发行设立更是降低了组合风险波动、平滑收益水平，实现了大类资产配置，满足投资者个性化、多样化需求。

（3）市场集中度不断提升

2017年以来，113家公募基金公司共发行公募产品1677支，其中规模居前22家的公司共计新发850支产品，占比过半；首发规模上，113家公司共发行基金10287.54亿元，而首发规模最多的前16家公司共新发5266亿元，占全部规模的50%以上。截至2018年8月末，私募基金管理规模100亿元以上的有233家，占比1.09%；管理规模在0.5亿元～5亿元的有6537家，占比30.69%。无论公募基金还是私募基金，“头部效应”明显，强者恒强局面将继续延续。

（4）金融科技逐步深入

随着2016年以来人工智能、大数据、云计算等金融科技创新技术的发展，基金行业也越来越感受到科技的巨大力量。基本数据获取方面，通过互联网和人工智能技术可以获取各个行业及公司发展的更多数据，以供投资研究；同时，智能投顾也将根据客户的风险收益偏好，提供个性化资产组合，利用资产配置优化理论，降低收益波动性，提高投资的风险收益比。而在风险管理方面，金融科技将有助于提高市场风险和信用风险管理能力，特别是利用大数据及时发现上市公司或发债主体的潜在极端风险，避免“踩雷”。

（5）国际化趋势增强

随着我国市场开放度逐渐提高以及证券市场国际化的发展，未来基金国际化进程将继续加速。QDII 基金以及“沪港通”和“深港通”相继开通，为基金国际化提供可行性发展路径；此外，境外机构投资者对国内市场的投资也将推动国内市场的国际化进程，在监管等条件更加成熟的情况下，未来或将出现公募 QFII 产品，为境外投资者提供投资于公募基金市场的机会，进一步提升基金的国际化程度。

四、期货资管：热度不减、监管趋严

（一）交易规模热度不减

中国期货业协会最新统计资料表明，2018 年 11 月全国期货市场交易规模较上月有所上升，以单边计算，当月全国期货市场成交量为 300170031 手，成交额为 208767.42 亿元，同比分别增长 14.80% 和 18.98%，环比分别增长33.57% 和 24.08%。2018 年 1—11 月全国期货市场累计成交量为 2750424116 手，累计成交额为 1922423.84 亿元，同比分别下降 2.59% 和增长 12.17%。

其中，全国五大交易所交易数据如下：上海期货交易所 2018 年 1—11 月累计成交量为 1061191122 手，累计成交额为 750548.46 亿元，同比分别下降 15.67% 和 9.11%，分别占全国市场的 38.58% 和 39.04%；上海国际能源交易中心 3—11 月累计成交量为 21453736 手，累计成交额为 106756.91 亿元，分别占全国市场的 0.78% 和 5.55%；郑州商品交易所 1—11 月累计成交量为 738824899 手，累计成交额为 355135.97 亿元，同比分别增长 38.45% 和 83.02%，分别占全国市场的 26.86% 和 18.47%；大连商品交易所 1—11 月累计成交量为 905023336 手，累计成交额为 478218.39 亿元，同比分别下降 10.30% 和增长 2.28%，分别占全国市场的 32.90% 和24.88%；中国金融期货交易所 1—11 月累计成交量为 23931023 手，累计成交额为 231764.12 亿元，同比分别增长 5.45% 和 2.36%，分别占全国市场的0.87% 和 12.06%。

在交易品种方面，2018 年 11 月，上海品种成交额前五名分别为：螺纹钢（27%）、锌（14%）、铜（14%）、镍（11%）、天胶（7%）；郑州品种成交额前五名分别为：甲醇（22%）、PTA（17%）、苹果（14%）、白糖（11%）、菜粕（9%）；大连品种成交额前五名分别为：焦炭（39%）、铁矿石（15%）、豆粕（11%）、焦煤（8%）、聚丙烯（5%）；金融期货品种成交额前五名分别为：10 年期国债（35%）、沪深 300 股指（31%）、中证 500 股指（16%）、上证 50 股指（12%）、5 年期国债（5%）。

（二）期货监管全面趋严

1. 去通道风暴下，期货资管规模缩水明显，规模最高减少了一半

2017 年年底，央行牵头“一行三会一局”联合出台《关于规范金融机构资产管理业务的指导意见（征求意见稿）》（以后简称《征求意见稿》），旨在打破刚性兑付、消除多层嵌套和通道，引导资管行业回归本源。新规明确了期货资管产品只能有两层嵌套。在 2017 年底资管新规意见稿出台后，通道业务遭到全面禁止。

中国基金业协会数据显示，截至 2018 年 2 月底，期货公司资管业务规模为 2118 亿元，较上年底的 2458 亿元缩水 13.83%。据资管网调查统计，期货公司 2018 年上半年的资管规模同比上年大幅下降，最高减少了一半。

2. 多家期货公司被开罚单，资管业务成违规重灾区

2018 年 6 月，中期协对 21 家期货公司开出罚单，对其中 19 家给予“公开谴责”的纪律惩戒，对 2 家期货公司给予“训诫”的纪律惩罚。从通报的情况看，期货公司涉足代客理财的现象比较常见，有 6 家公司存在代客理财现象，从业人员代理客户从事期货交易。资管业务俨然成为纪律惩戒的“重灾区”。

（三）期货业发展重点方向

1. 建立和加强中台风控系统

中国期货市场在风险管理领域的另一个短板是过度倚重针对人的制度和行政手段，对市场风险和独立的风控技术体系重视和利用不够，风险识别和分析技术手段落后于市场发展和创新业务需要，市场监管者和企业机构往往并未能真正掌握全局的实际市场风险。

中台风控系统是企业或机构市场风险管理技术体系的核心，它具有全面独立收集数据统一集中处理的能力，强调内部各部门多层次全方位参与，风险评估多维度多参数，无时空限制实时监控。除了常规的风险预警之外，还可根据分析结果为客户提供组合策略调整等个性化服务来减低风险，从而化被动的客户风险监控为主动的风险管理。因此，中台风控系统不但可加强企业或机构的自身金融安全，保证它们的市场竞争力，而且能提升风险管理的专业化服务能力，带动风险管理理念的更新，把现代金融风险管理水平提高到一个新的高度。

中国的金融和经济发展环境正处在一个重大历史转折关头。随着内盘国际化、境外交易、期权业务、场外创新等业务的不断拓展，国内各相关企业和机构未来的市场风险暴露势必大幅度持续上升。如果企业和机构面对挑战希望有所突破，期货市场希望真正走向强大，那么现有风险管理体系的升级换代将不可避免，势在必行。这其中意味着：从以制度和行政手段为核心的普及型风险管理走向以大数据计算和数理模型分析为核心的高端型风险管理；从以后台系统为核心、以合规为重点的企业风险管理体系走向以独立的全方位企业级中台实时市场风险监控与管理系统为主、合规风控系统为辅的企业风险管理体系。

2. 建立统一的清算系统

清算业务属于期货市场的后台基础性业务，不同交易所尤其是商品交易所之间的业务逻辑和计算模块大多雷同，差异不大。而且，清算机构作为交易所的所属部门，由于隶属关系可能导致风控隐患；多个清算机构面对同一市场，不仅降低了资金使用效率，而且容易造成人员、设备、系统等资源的重复和浪费。

从全球清算机构整合的经验来看，将各交易所的结算/清算和交割部门剥离，建立控制权、运行与监管均独立于交易所的中央清算机构，实行与交易所“平行”运行的模式，将有可能带来下列好处：有利于提高和夯实中央清算机构的资本实力，增强清算机构的抗风险能力；有利于客户全面风险总体评估，降低风险隐患，消除系统性风险，提高监管效率；有利于组合保证金模式的推动，方便不同交易所相关性较强的产品之间的保证金抵消，提高资金使用效率；有利于各交易所集中精力和资源，把产品和服务做精做深；有利于集中和整合有限的后台业务高端人才资源，做大做强中央清算机构，未来有能力参与国际竞争。

在银行业、证券业已实现统一清算的背景下，在中国期货市场要进一步做大做强加快国际化进程的新形势下，整合现有的清算资源，实现中国期货业的统一清算符合潮流。在具体实施上，鉴于金融期货存在与资本市场或外汇市场息息相关的特殊性和复杂性，而且在中国还处于发展初期，创新业务与结算的摩擦成本宜小不宜大，因此建议分两步走：首先，整合已入佳境的商品期货，成立类似日本的商品清算所，中金所暂维持现状，同时鼓励通过市场化竞争手段开展相关的商品期货与金融期货之间的跨品种清算业务；在未来条件成熟时，评估考虑商品期货与金融期货的统一清算。

3. 建立优质的游资蓄水池和调节器

期货市场具有的零和与天然公平两大特征，以及风险管理功能，使其能够成为优质的游资蓄水池以及理想的蓄水池调节器。首先，期货期权交易本质上是输赢相抵的零和博弈（剔除管理成本），所继承与转移的风险来自现货市场，理论上本身并不制造也不放大风险，在风险转移的动态调节中维持市场总风险的平衡。而现货市场则不同，它具有联动效应的金融特性。即市场相关者和交易者可以共赢或多赢，反之，亦可皆输或广输。例如，少量流通股票的价格变化，就可以撬动所有股票持有者的财富。房地产市场亦然，一个地区只需要成交几笔，该地区其余类似住宅的房价就都会趋向已有的成交价。这一特征使得大泡沫的规模相比于真正的货币供应量来说有可能被几何级地放大了。

正是由于这一金融特征，所有现货市场，包括证券、房地产等，都可以创造和放大泡沫。随着市场规模和价格的虚高，空心化的财富效应就越强，所对应的金融风险压力就越大，继而，泡沫破灭时的影响也越严重。这就是我们看到五光十色的泡沫此伏彼起轮番出现与破灭的内在原因。由于其的零和特性，所以理论上期货期权市场能够成为一个容量无限大的蓄水池，吸纳巨量资金，而不会产生泡沫，制造风险，这是任何其他交易市场都无法比拟的。其次，蓄水池的角色有利于期货市场风险管理功能的充分发挥。池子规模越大，风险管理功能的覆盖面就越广，金融和商品市场的风险对冲能力就越强，全社会和经济领域的资源配置和利用效率就越高。还有，虽然期货期权交易风险高，但其与生俱来的交易公平性决定了在按部就班的期货市场内反倒是最不易受到诸如腐败等人为因素的干扰，更容易形成一个以技术手段解决问题为主导的“技术型市场”。而经过近30年发展的中国期货市场，技术系统日臻完善，已经具备扎实的应对大规模交易的能力，可以承担部分游资分流的蓄水池重任。

在股市、楼市、银行三大蓄水池的基础上，期货市场作为一个富有弹性的优质蓄水池，吸收部分游资，尤其是部分投机性游资，却是完全可能的。不仅如此，期货市场作为风险对冲和转移的工具，它本身还可以成为三大蓄水池之间的调节器，平衡三大蓄水池的压力。要利用期货市场实现蓄水池的目标，包括风险管理机制在内的市场基础设置必须固若金汤，期货期权品种必须丰富而广泛，除此之外，还必须：争取更多的现货企业和金融机构参与期货交易；转变现有思维，敢于把风险管理工具交给更多的个人（或俗称散户）使用，个人可以是套保者，也可以是投机者。

五、券商资管：规模缩水、方向多元

2018年以来，资管新规的落地进一步引导资产管理行业回归本源，券商资管业务也不例外。截至2018年11月，券商资管业务去通道效果显成效，据《证券日报》记者了解，证券公司资管产品规模已连续8个月下滑。截至2018年9月末，证券公司资管业务管理资产规模已由年初的16.57万亿元降至14.18万亿元，年内券商资管产品规模已下降2.39万亿元。之所以出现上述情况，一方面是因为券商主动缩减通道产品和资金池产品，改善管理资产结构；另一方面是因为《资管新规》未明确全部业务细节，部分条款灵活性不足，导致券商资管部门对于新业务开展较为谨慎。

（一）资管规模缩水严重

根据中国证券投资基金业协会公布的2018年三季度《证券期货经营机构资产管理业务统计数据》显示，截至2018年9月30日，证券公司及其子公司私募资产管理业务规模14.18万亿元。具体来看，其中单一资产管理计划产品的资产规模为118424.68亿元，占比达83.6%，集合资产管理计划产品的资产规模为19268.88亿元，占比达13.59%，证券公司私募子公司私募基金产品资产规模为3934.91亿元，占比达2.78%，另外还有8只专项资产管理计划产品的资产规模共计43.52亿元。值得注意的是，专项资产管理计划的数量稀少，主要是由于从2017年开始，该数据统计已经不包括在基金业协会备案的证券公司资产支持专项计划产品。ABS产品规模已未计入到证券公司及其子公司私募资产管理业务规模当中。

（二）券商资管发展方向

1. 规范化成长

随着《监管新规》落地，当前国际国内经济形势导致证券市场运行生态和资产管理行业格局发生很大变化。经济的发展催生了资产管理需求的多样化，人们不再仅仅满足于传统原生的金融产品。人们需要量身定制，供给方面必须跟上。而供给的发展一方面归功于技术进步，另一方面是制度的供应，这对行业发展至关重要。而我国资产管理行业在发生深刻变化的同时，统一、全面和严格的监管也将会重塑行业生态。

2018年，资产管理行业相关政策频出。2018年10月份，基金业协会表示将对符合条件的私募基金和资产管理计划特别提供产品备案及重大事项变更的“绿色通道”服务。几乎同一时间，证监会也发布了《证券期货经营机构私募资产管理业务管理办法》（以下简称《管理办法》）及其配套规则，部分监管指标较现行规定略有放宽，在统一标准、压实经营机构主体责任、强化重点风险防控等七个方面进行了规则设定。

《管理办法》及其配套措施在内容上与资管新规及其他资管细则保持衔接一致，且进一步明确了资管产品的投资者适当性管理、非标债权类资产投资的限额管理、流动性指标管理、信息披露等具体指标和监管要求，券商资管部门的相关顾虑有望得到一定程度的化解，行业将进一步走向规范化成长的轨道。

2. 模式转型

2018 年，证监会发布了《证券期货经营机构私募资产管理业务管理办法》和《证券期货经营机构私募资产管理计划运作管理规定》（以下合称《资管细则》），对非标资产的界定进行进一步明确，并确认了私募 FOF/MOM 业务模式的合规性，券商资管私募 FOF/MOM 业务或许迎来新的发展方向。

《资管细则》对 FOF 正式进行了定义，证券期货私募资管计划载体上开展的 FOF 业务，无论投资标的是私募资管产品还是公募资管产品，投资比例达到 80% 以后统一界定为 FOF 业务。也就是说，证券期货经营机构可以开展私募 FOF 或公募 FOF 业务，同时要求 FOF 业务需遵守单层嵌套规定。

与此同时，《资管细则》从多个方面对资管计划投资非标准化资产进行了系统规范，允许集合资管计划投资非标准化资产，统一要求投资应当采用资产组合的方式，并设定了“双 25%”的比例限制。《资管细则》明确了私募 FOF 的产品业务形态，但券商和私募的合作模式可能会因此产生一定的颠覆。

《资管细则》发布之后，以后每一个私募基金设立一个产品，就不是单单的通过一家券商资管来销售。对私募而言，最大可能是变成像公募基金一样，去设立通用的或者是说标准化的常见条款，让各家管理人来选择，就不是以前一对一的模式了。

3. 私募迎来新机遇

《资管细则》首次提出能节约一层嵌套的 MOM 概念，为组合产品形式创造了新的可能。在业内人士看来，当前私募基金资金来源受阻已是不争的事实，MOM 形式有利于向上拓展私募 MOM 的资金来源，使产品形态的私募 MOM 可向上接受最多一层产品投资，而私募 MOM 的发展无疑是私募投资基金的重要资金支撑。

《资管细则》确认了私募 FOF、MOM 业务模式的合规性，为私募资管产品投资主动管理的私募基金以及委托优秀的私募基金管理人进行投资留出了政策空间。此外，《资管细则》对私募 FOF 投资新增筛选标准、费用、关联方情况等多个信息披露要求，私募 FOF 透明度将明显提升。例如，通过披露投资本公司产品的情况，投资者可便利区分内部 FOF 和外部 FOF。但是，无论是现有 FOF 还是新增 FOF，诸如费用等的信息披露在减少利益输送可能的同时，也给母基金管理人产生了一定的困扰，不利于母基金管理人与子基金洽谈合意的战略合作费率。

六、保险资管：行情稳定，重点突出

（一）保险资管行情稳定

截至 2018 年 8 月底，产险公司总资产 23781.90 亿元，较年初下降4.73%；人身险公司总资产 139040.46 亿元，较年初增长 5.22%；再保险公司总资产 3427.13亿元，较年初增长 8.80%；资产管理公司总资产 506.52 亿元，较年初增长 3.07%；资金运用余额 157097.55 亿元，较年初增长 5.29%，其中银行存款 21605.23 亿元，占比 13.75%；债券 55292.81 亿元，占比 35.20%；股票和证券投资基金 19532.4 亿元，占比 12.43%；其他投资 60667.11 亿元，占比 38.62%。

（二）保险资金运用梯次分布

根据上市保险公司已陆续披露的半年报，可以发现保险资金的运用呈现出梯次分布。经统计发现，保险资金运用规模排在第一位的依然是平安资管，达到 2.81 万亿元，相比于 2018 年初的 2.67 万亿元增长5.4%。国寿资产所管理的资产规模能够与平安资管相匹敌，为 2.71 万亿元，在 2018 年初 2.59 万亿元的基础上增长了 4.6%。平安资管和国寿资产从所管理的资产规模看，可以列为第一梯队，超过 2 万亿元。

第二梯队是超过 1 万亿元但还未达到 2 万亿元的。中国太保半年报显示，截至 2018 年上半年末，太保集团管理资产达 15809.01 亿元，较上年末增长 11.5%，其中集团投资资产 11772.49 亿元，较上年末增长 8.9%。

第三梯队是 1 万亿元以下的。依半年报统算，人保资产的总投资资产为 8747.56 亿元，比 2018 年初的 8534 亿元小幅增长约 2.4%。太平资产的投资资产规模约 5770.35 亿港元（折合人民币约 5000 亿元），较 2018 年初增长约 6.9%。

总体而言 2018 年以来，险企投资收益存在较大波动，尤其权益类投资收益普遍下降。各家险企的半年报均提及，《资管新规》等监管政策出台以及去杠杆等因素，对市场预期产生较大影响，导致债券市场利率震荡下行，股票市场震荡下跌，倒逼公司通过多样化资产配置，进一步分散投资风险，降低权益市场波动影响。

（三）保险资金集中化趋势明显

中国保险资产管理业协会最新发布的数据显示，2018年1—11月，25家保险资产管理公司注册债权投资计划和股权投资计划共175项，合计注册规模3483.16亿元。其中，基础设施债权投资计划100项，注册规模2399.86亿元，约占总规模的69%；不动产债权投资计划73项，注册规模1028.30亿元；股权投资计划2项，注册规模55.00亿元。

1. 发力基础设施领域

2018年10月，国务院办公厅印发《关于保持基础设施领域补短板力度的指导意见》，其中明确要聚焦脱贫攻坚、铁路、公路水运、机场、水利、能源、农业农村、生态环保、社会民生等重点领域短板，加快推进已纳入规划的重大项目。

2018年11月份，19家保险资产管理公司共注册各类资产管理产品35项，合计注册规模729.12亿元。其中，基础设施债权投资计划25项，注册规模588.22亿元；不动产债权投资计划10项，注册规模140.90亿元。这意味着，无论是保险资产管理公司注册各类资产管理产品的数量、规模都是年内月度新高。究其原因，这是保险业落实《关于保持基础设施领域补短板力度的指导意见》的具体工作体现。截至2018年11月末，保险资金以债权投资计划形式进行绿色投资的产品注册规模达到7316.55亿元，涵盖清洁交通、清洁能源、资源节约与循环利用、污染防治等多个领域。

从保险机构看，太保资产提供的数据显示，截至2018年10月末，太保资产累计发起设立债权投资计划、股权投资计划和资产支持计划等另类投资产品超过100个，累计投资资产规模近2000亿元。其中，既有关系国计民生的大型工程如京沪高铁、西气东输，有响应国家"一带一路"倡议的投资项目，也有服务区域经济发展的高速公路、地铁、城市基础设施项目，还有服务重点民生工程的棚改、保障性住房等项目。

2. 转型机构投资者

截至2018年12月，国内共有综合性保险资产管理公司24家，还有3家处于批筹阶段；专业性保险资管机构14家；保险资管（香港）子公司11家。此外，还有近20家保险系公募、私募基金公司和8家养老金管理公司。目前，保险资产管理机构除受托管理占比超过 80% 的保险资金外,还管理着很大一部分来自银行、养老领域等非保险资金。

保险资金作为金融市场上重要的资金来源,与其他类型的资金既有一定的共性,又具备自身的特性。相比于其他金融机构的资金运用,保险资金运用有着规模大、期限长、利率敏感性高、资产负债匹配、覆盖完整产业链以及跨市场配置等特点,在与其他资产管理机构既分工合作,又相互竞争的过程中,逐渐形成了自身的核心竞争力。

而当前资管行业正出现两大趋势,一是非标资产转成标准资产,二是间接融资转向直接融资,这两大趋势对保险资管机构而言既有挑战,也有机遇。总体来看,保险资管机构面临的一些挑战主要体现在能力方面。比如,保险资管机构若要发行并主动管理产品,如何设计适合当前监管环境的产品,以及产品净值化管理下的估值能力、客户服务能力的培养等。相比其他类型资管机构,保险资管机构必须具备这些能力,才能赢得市场和客户。从未来发展看,随着保险资金运用规模扩大、投资领域拓宽、投资能力提升和参与社会经济民生建设的广度深度拓展,保险机构作为金融市场的重要主体,要进一步加强自身建设,在维护金融市场稳定运行、支持实体经济发展、服务保险主业、履行受托义务、践行社会责任等方面,充分发挥成熟机构投资者的积极作用。

七、基金子公司:发展受挫,迫切转型

(一)基金子公司资管规模大幅缩水

基金子公司以通道业务为主、多采用资金池模式运作,且投资标的多为非标资产,均为《资管新规》重点监管内容,其业务开展在上述方面将受到较大影响。

2012 年 9 月,监管机构发布《关于实施〈基金管理公司特定客户资产管理业务试点办法〉有关问题的规定》,开启了基金子公司发展的序幕。成立之初,基金子公司仅有不低于 2000 万元的注册资本要求,没有风险资本和净资本的约束,且除了不能直接发放贷款以外,几乎没有业务限制。相比当时已逐步受资本金等约束的信托和券商资管,基金子公司在通道业务上占据了极大的优势地位,其规模快速膨胀。资产规模在 2016 年 9 月达到峰值 11.15 万亿元。此后,随着"八条底线"、净资本要求、风险控制指标管理等的落地,基金子公司资产规模一路下滑。截至 2017 年末,基金管理公司子公司专户规模 7.4 万亿元,比 2016 年底缩水 3.10 万亿元。

（二）基金子公司转型压力明显

由于基金子公司以通道业务为主、多采用资金池模式运作且投资标的多为非标资产，均为《资管新规》重点监管内容，其业务开展在上述方面将受到较大影响。首先，《资管新规》延续此前的监管思路，明确金融机构不得为其他金融机构的资产管理产品提供规避投资范围、杠杆约束等监管要求的通道服务。其次，资管新规对于非标资产投资虽未提出明确的更为严格的限制，仅要求金融机构不得将资产管理产品资金直接投资于商业银行信贷资产，同时资产管理产品投资于非标资产的，应当遵守金融监督管理部门制定的有关限额管理、风险准备金要求、流动性管理等监管标准。由于《资管新规》仅为纲领性文件，不排除相关细则文件中将对非标业务作出进一步的限制。再次，《资管新规》再次明确提出金融机构应当做到每只资产管理产品的资金单独管理、单独建账、单独核算，不得开展或者参与具有滚动发行、集合运作、分离定价特征的资金池业务。同时，为降低期限错配风险，金融机构应当强化资产管理产品久期管理，封闭式资产管理产品期限不得低于 90 天。

回归资管业务本源，拓展主动管理业务将是基金子公司业务转型的重中之重，行业分化亦将进一步加剧。《资管新规》在去嵌套、限制资金池、限制期限错配等方面将对基金子公司造成较大的冲击，整体来看资金子公司业务转型势在必行。回归资管业务本源，缩减通道业务占比，拓展主动管理业务将是基金子公司业务转型的重中之重。

（三）基金子公司重点发力方向

1. 加速转型

基金子公司可以以通道业务积累的机构客户资源为切入点，大力发展合作管理类产品和主动管理类产品。并尽快建立投研团队，依托基金公司在投研方面的帮助，提高投资管理能力，以提供资产项目筛选、产品方案设计、专业建议咨询等服务提升自身的业务竞争力。但是从微观角度来看，目前我国基金子公司行业分化较为明显。业务规模方面，根据基金业协会统计基金子公司专户业务前 20 名管理规模占全行业总管理规模的 60% 以上，行业二八分化明显，业务规模差距悬殊。整体来看，未来行业竞争格局也将进一步深化，马太效应将越来越显著。部分规模小、资金实力弱的基金子公司将面临被重组合并，甚至是倒闭的局面。而对于规模大、资金实力强、可以留存下来的基金子公司，应根据各自的企业特质和优势，确定适合自身的经营特色,依托股东资源进行业务的拓展和转型。

2. 着力发展 ABS 业务

《资管新规》之后,基金子公司踏上去通道的转型之路,作为主要业务方向的资产证券化(ABS)尤其受到重视,2018 年已有 58 单 ABS 产品备案,涉及 25 家基金子公司。截至 2018 年 12 月 15 日,基金子公司共发行了 59 单 ABS,发行金额达到 880.55 亿元。从基金子公司参与的项目类型来看,金融类资产为最大热点,已完成发行的金融 ABS 达到 36 单,占所有发行数量的六成;发行总规模达到 591.8 亿元;占比近七成。其次是房地产 ABS,2018 年以来,共有 12 单房地产 ABS 合计发行 168.63 亿元。此外,基金子公司新发 ABS 还涉及可选消费、公用事业、工业、医疗保健等资产。总体来说,ABS 业务是该公司转型的重点方向,在制度流程规划、人才培养以及系统建设等方面已有一定的积累。《资管新规》要求机构回归资管本源,严控通道业务,禁止多层嵌套,基金子公司的投资范围缩小,业务进一步受到限制。基金子公司向 ABS 业务转型成为新一轮发展趋势。

第二节 2018 年泛资管市场政策解读

2018 年行至尾声,在这个政策跌宕起伏的一年,整个国内财富管理市场发生了巨大的变化。2018 年,为了改革现行体制与金融创新的不匹配,增强货币政策、宏观审慎政策、金融监管的协调性,健全金融监管体系。

一、年度重点监管政策回顾

2017 年 11 月 17 日,资管新规征求意见稿出炉,标志着中国金融业步入新的发展时期,史无前例的严格监管条款,向外传达了监管层的指导精神——打好“防范化解重大风险攻坚战”。此后,一系列的监管文件密集下发。

2017 年 12 月 22 日,原银监会发布《关于规范银信类业务的通知》,分别从银行和信托两个角度规范银信类业务,并提出了加强银信类业务监管的要求。

2018 年 1 月 5 日,原保监会下发《关于保险资金设立股权投资计划有关事项的通知》,规范保险资管机构设立股权投资计划的权责划分,应承担主动管理职责,不得直接或变相开展通道业务。

1 月 12 日，证券投资基金业协会出台《私募投资资金备案须知》，规范私募基金投资范围。

4 月 27 日，《资管新规》正式发布，部分细节有修改，但大方向和监管口径与征求意见稿统一，始终围绕三个关键点：强化金融服务实体经济的职能、逐步优化我国金融市场结构、有效防范化解金融风险。

5 月 14 日，深化整治银行业和保险业市场乱象工作推进会议召开，会议要求，银行保险机构要坚持稳中求进、服务大局，抓住主要矛盾和矛盾的主要方面，扎实推进整治市场乱象各项工作，严厉整治各类违法违规行为，严守不发生系统性金融风险的底线。

7 月 20 日，央行发布《关于进一步明确规范金融机构资产管理业务指导意见有关事项的通知》，银保监会和证监会分别根据央行资管新规框架发布《商业银行理财业务监督管理办法（征求意见稿）》和《证券期货经营机构私募资产管理业务管理办法（征求意见稿）》及《证券期货经营机构私募资产管理计划运作管理规定（征求意见稿）》。三份文件的监管要求基本与 4 月 27 日发布的资管新规指导意见一致，期限匹配、打破刚兑和去通道去嵌套等核心要点不改，但在非标资产投资和过渡期等执行细节上边际放松。

8 月 20 日左右，银保监会下发《关于加强规范资产管理业务过渡期内信托监管工作的通知》，严格意义上讲这是指导各监管局的文件，暂且称为信托版资管新规实施细则。这次银保监会针对信托业务的通知，与《资管新规》一脉相承，强调了严格落实《资管新规》的要求，根据《资管新规》的要求，对于通道业务、存量业务的整改等工作进行了详细部署。

9 月 28 日，银保监会正式发布《商业银行理财业务监督管理办法》（下称《理财新规》），在投资渠道、业务开展、非标资产、产品嵌套等方面做出了新的规定。具体来看，银行需要成立理财子公司独立开展业务，银行公募理财可以通过公募基金投资股市，文件放松了非标资产投资但加入比例限制，并且要求开放式公募理财持有现金类资产不少于 5%。和《资管新规》口径相同，禁止通道和嵌套投资等。

10 月 25 日，中国银保监会发布《关于保险资产管理公司设立专项产品有关事项的通知》，允许保险资产管理公司设立专项产品，发挥保险资金长期稳健投资优势，参与化解上市公司股票质押流动性风险，为优质上市公司和民营企业提供长期融资支持，维护金融市场长期健康发展。

12 月 2 日，中国银保监会发布《商业银行理财子公司管理办法》，《商业银行理财子公司管理办法》为《理财新规》的配套制度，与《资管新规》和《理财新规》共同构成理财子公司开展理财业务需要遵循的监管要求。《商业银行理财子公司管理办法》旨在强化银行理财业务风险隔离，优化组织管理体系，推动银行理财回归资管业务本源；培育和壮大机构投资者队伍，引导理财资金以合法、规范形式进入实体经济和金融市场；促进统一资管产品监管标准，更好保护投资者合法权益，有效防控金融风险。

二、年度重点监管政策解读

（一）《资管新规》之于各子领域的影响

1. 全面颠覆银行理财传统模式

《资管新规》对银行理财的影响可以说是颠覆性的，传统的模式无法继续，主要体现在以下几个方面：

（1）打破刚兑，实现净值化管理

新规要求，对于非保本理财产品，要打破刚性兑付，实现净值化管理。而对于保本理财，目前已纳入银行表内核算，视同存款管理。保本理财在法律关系、业务实质、管理模式、会计处理、风险隔离等方面与非保本理财产品“代客理财”的资产管理属性存在本质差异，两者将清晰划分。净值化转型或将改变当前的银行理财市场。未来，变成浮动收益后，原有非保本理财产品的客户流失将是银行面临的压力。

（2）规范资金池，降低期限错配风险

新规要求，每只资产管理产品的资金单独管理、单独建账、单独核算，不得开展或者参与具有滚动发行、集合运作、分离定价特征的资金池业务。因为不能再期限错配，银行理财产品的周期可能会被拉长，银行会更倾向于发行期限较长的产品。另外，银行理财产品的投资标的、结构也要发生变化。最明显的就是对非标准化债权资产端的投资会受到限制。在最新的《理财新规》中，文件直接限制了非标资产的配置比例，“不超过银行总资产的 5%”。

（3）银行成立资管子公司

在加强公司治理与风险隔离的要求下，银行将成立资管子公司进行专门运作资管产品，分离业务，隔离风险。在 2018 年 9 月 28 日发布的《理财新规》中对理财子公司进行了规范，针对理财子公司在销售起点、销售渠道、委外机构、分级产品等方面进行差异化监管。

2. 重塑信托行业发展模式

《资管新规》对信托行业的影响尤为深远，在降杠杆、去通道的大背景下，信托业难免经历转型的“阵痛”，但就长期来看，《资管新规》对行业发展是利好。新的监管环境下，信托转型不仅是生存的需要，更是防范系统性金融风险的要求。

2018年，信托业实际已经全面进入转型期，任何冲规模、做通道的动作都可能是踩红线的动作，靠通道业务为支撑的外延式发展模式将成为过去。截至2018年2季度，全国68家信托公司管理的信托资产规模达24.27万亿元，去通道、降杠杆背景下的信托业面临着行业收入增长放缓、信托报酬率下滑的挑战。2018年全年，信托资产规模、增速下滑或许会成为现实。《资管新规》具体影响主要分为以下几点：

（1）彻底打破刚性兑付

“资产管理业务是金融机构的表外业务，金融机构开展资产管理业务时不得承诺保本保收益。”对于信托公司而言，一旦明确信托公司不得“刚性兑付”，则投资者是否还会选择购买信托产品，很大程度上取决于信托公司的资产管理能力、项目的增信措施、项目现金流管理等，信托公司将被迫去提升自己的主动管理能力。

（2）禁止产品嵌套

《指导意见》要求，资产管理产品只可以投资一层资产管理产品。站在委托人角度，更倾向于选择一个法律效力高、隔离效果强、投资范围宽泛的通道。目前来看，依据《信托法》赋予信托公司的功能定位、破产隔离效果以及营业范围，嵌套的首选非信托公司莫属，这对于信托公司来说构成利好。但从过去的业务构成看，这会影响信托公司与其他金融机构的业务往来。

（3）强化资金池管理

《指导意见》要求，金融机构应当做到每只资管产品的资金单独管理、单独建账、单独核算，不得开展或者参与具有滚动发行、集合运作、分离定价特征的资金池业务。对于信托公司而言，针对资金池管理具体操作细节，需要以往的基础上，添加对于非标准化债权投资、未上市公司股权及受（收）益权等相关限制措施，其余规定对于信托公司而言冲击并不大。

（4）合格投资者门槛上升

合格投资者认定标准进一步趋严。相对于《征求意见稿》，《指导意见》对于合格投资者认定，新增“家庭金融净资产不低于300万元”要求，且投资者“不得使用贷款、发行债券等筹集的非自有资金投资资产管理产品"，堵住靠借贷加杠杆等方式变为合格投资者的政策漏洞。信托产品作为私募产品，其投资者均为合格投资者，门槛的上升，意味着信托产品的受众范围变小。这也是目前信托公司大力拓展财富管理业务，争取高净值客户的一个原因。

3. 利好公募净值型产品

与其他资管子行业不同，《资管新规》对基金行业的影响是长期利好的。《资管新规》的落地使得银行资管"躺着赚钱"时代过去，进入优胜劣汰的市场化竞争时代，而公募基金因其积累的专业主动管理能力和严格的风险控制能力，将是最有可能承接原银行理财投资者资金的机构。

《资管新规》鼓励理财产品形式逐步从预期收益型向净值化转变，这正是基金在过去几年中已经完成的。随着近两年中国金融市场产品不断丰富，资产配置理念和方法不断成熟，投资人对收益特征的认知逐步理性，资产管理机构有能力为客户设计不同风险等级的金融产品以满足不同的风险收益偏好。这些净值型产品将逐步替代传统理财产品，在未来金融市场中占据重要地位。

《资管新规》发布进一步规范与优化了公募基金行业发展。首先，新规对公募基金与私募基金做了不同安排；其次，公募基金产品定义面临规范与优化；第三，货币基金是否由摊余成本计价改为净值型计价目前还未明确。特别值得注意的是，分级基金与保本基金产品需要转型或者终止。

4. 保险资管时代机遇凸显

对于保险资管来说，首先，《资管新规》明确了保险资管机构的市场地位，指出资产管理业务是指银行、信托、证券、基金、期货、保险资产管理机构等金融机构接受投资者委托，对受托的投资者财产进行投资和管理的金融服务。

这是第一次正式把保险资管列入资管行业，使保险资管机构可以在同一起点上与其他金融机构开展公平竞争，改善了保险资管机构的市场地位。

其次，由于其他资管子行业受到《资管新规》的影响较大，预计各类资管规模增速都会出现较大幅下滑，并且打破刚兑净值化管理后由于无法进行期限错配投资或使各类产品的投资收益率有所下滑，导致保险资管产品的竞争劣势逐渐减小。

业务层面上，在《资管新规》下，虽然保险资管公司可能会流失部分来自银行的委外业务，但却迎来直接面对企业客户的翻身机会。企业客户会被动地开始尝试接受非保本保险资管产品，这样一来，保险资管可以跳过银行、直接赚取利差收益。

5. 券商资管去通道趋势明显

券商资管作为去通道的首要对象，在去通道、穿透监管的大背景下，过去依靠牌照优势冲规模、获得收入的时代难以为继，业务转型迫在眉睫。

对于券商资管而言，新规落地前，大部分文件内容就已经被执行了，开始减少或停止增量通道业务，适应新的监管导向。

为了适应新规，券商资管最主要的调整就是积极提升主动管理能力来适应新规。新规为券商资管产品的健康发展指明了方向——投资经理必须要注重发现优质价值的资产机会，关注新技术、新产业、新生态，加强主动管理能力，在打破刚兑的要求下，回归服务实体经济，创造资产配置价值。

（二）《商业银行理财子公司管理办法》要点及影响

1.《商业银行理财子公司管理办法》要点

备受资本市场关注的《商业银行理财子公司管理办法》（以下简称《办法》）于 2018 年 12 月 2 日正式出台。根据理财子公司管理办法新规要求，未来商业银行可自愿选择是否设立理财子公司开展资管业务，若选择新设理财子公司，商业银行内部只能继续处置存量理财产品，新业务须由理财子公司开展；有两种情况商业银行可选择不新设，一是其暂不具备设置条件，可通过内部资管部门展业，二是选择直接将理财业务整合到已开展资管业务的其他附属机构展业。同时，理财子公司应自主经营、自负盈亏，有效防止经营风险向母行传导。具体来看，相对于理财新规，理财子公司新规对于理财产品投资非标资产、投资股票、销售门槛和私募合作等都有进一步的放松，具体而言其要点包括：

（1）理财子公司投非标限额有所放松

放松非标审批要求，理财子公司投资非标无需纳入全行的信用风险管理体系。此前，《理财新规》规定银行理财投资非标资产必须“比照自营贷款管理要求实施投前尽职调查、风险审查和投后风险管理，并纳入全行统一的信用风险管理体系”，虽然有助于管控非标的信用风险，但进入银行统一信用风险管理体系的非标实际与表内贷款无异，失去投资非标的意义。而理财子公司新规中关于该条的描述是“实施投前尽职调查、风险审查和投后风险管理”，无需纳入母行信用风险管理体系，理财子公司投资非标的监管要求有所放松。

放松非标总量及集中度监管要求。总量方面，理财子公司新规删除了理财新规中非标不得超过本行上年审计报告披露总资产的 4% 的要求，仅留下“全部理财产品投资于非标资产余额在任何时点均不得超过理财产品净资产的35%"，考察目前公告设立理财子公司的18家银行，投资非标多数主要受4%的比例限制，取消这一要求后实际放松理财子公司投资非标的限额。集中度方面，《理财新规》中比照银行贷款的大额风险暴露要求，设定了"商业银行全部理财产品投资于单一债务人及其关联企业的非标准化债权类资产余额，不得超过本行资本净额的10%"，而理财子公司新规明确，理财业务和贷款业务分离后，不需再用类似贷款的大额风险管理。

（2）公募理财产品可直接投资股票

理财子公司新规明确"理财子公司发行的公募理财应主要投资于标准化债权类资产以及上市交易的股票"，在《理财新规》已允许银行公募理财产品通过公募基金间接投资股票的基础上，进一步允许理财子的公募理财产品直接投资股票。

在放开股票投资的同时《办法》也加强了风险管控，参照同类资管机构监管制度，进一步明确交易制度和相关人员从业要求。内控隔离与交易管控包括将投资管理与交易执行职能分离，实行集中交易制度；建立公平交易制度与异常交易监控机制；对理财产品的同向和反向交易进行管控等。从业人员行为规范方面要求建立理财子公司相关人员证券投资的申报制度，防止侵害投资者利益。

此前，公募理财不允许直接进入股市，私募理财虽然被允许，但由于产品主体地位导致私募理财必须通过资管产品嵌套进入股市。过去，银监会允许私募理财投资股票，而中证登规定银行理财可以开立账户但不能交易股票，因此，银行理财一般通过 SPV 或以委外等形式投资，至少存在一层嵌套。为配合理财子公司新规出台，2018 年 9 月中证登修订《特殊机构及产品证券账户业务指南》制度，统一券商定向资管、银行理财等六大类资管产品的投资范围。在各新规相互配合下，银行理财资金直接入股市制度障碍消除。

（3）其他细节要求

①放松销售管理要求：一是不设置公募理财产品的销售起点，但对于私募理财仍有合格投资者的要求。二是宣传管理有所放松，公募理财可以通过公开渠道宣传。三是非机构投资者首次购买理财产品不强制临柜，可通过理财子公司的营业场所和电子渠道进行风险承受能力评估。

②向国际资管机构看齐，允许自有资金跟投：要求50%以上的自有资金投资于高流动性资产；自有资金可投资于自身发行的理财产品，但有额度限制，"不得超过其自有资金的20%，不得超过单只理财产品的10%，不得投资于分级理财

产品"，明确了理财子公司可以将自有资金跟投列为吸引投资者的手段。

③允许发行分级理财：不同于理财新规中规定商业银行不得发行理财产品，理财子公司新规中明确"子公司发行分级理财产品的，应当遵守资管新规中第二十一条相关规定"，即封闭式私募产品可以进行份额分级。

④新增投资股票集中度要求：在理财新规对证券类集中度的要求上，新增"银行理财子公司全部开放式公募理财产品持有单一上市公司发行的股票，不得超过该上市公司可流通股票的15%"，自此，集中度要求与资管新规完全一致。

⑤合作机构范围扩大至私募：公募理财产品所投资资产管理产品的受托机构应当为金融机构，其他理财投资合作机构应当是具有专业资质，依法依规受金融监督管理部门依法监管的机构，表明理财子公司私募资产管理产品的受托机构可以为私募基金管理人。

⑥净资本监管：与信托、券商、基金子公司等资管机构一样，银行理财子公司应当遵守净资本监管要求，相关监管规定由国务院银行业监督管理机构另行制定。

2.《商业银行理财子公司管理办法》的影响

在我国百万亿级的资管市场中，银行体系资管规模第一，银行理财在我国资管行业占据重要地位。资管机构"术业有专攻"，深耕于优势领域。资管产品根据风险和投资标的不同，大致可以分为投资货币市场工具的"货基"及现金管理类产品、债券基金、非标债权类、股票基金等。理论上各类资管机构在牌照范围内可以全面覆盖所有产品，但不同类型的标的对于专业技能的要求不同，而各类机构天资禀赋差异导致其特色领域不同，各自有主攻的优势领域。

考虑到银行理财体量之大，《商业银行理财子公司管理办法》将会对资管行业造成巨大的冲击。从三大投资领域来看，固收类投资方面，银行不仅有长期积攒的固收投资经验及资源禀赋，更在政策上占优，银行理财的现金管理类产品在过渡期内可用摊余成本法估值，可T+0，自由度及收益率均有明显优势，未来将与公募基金在债基、货基等产品上形成正面竞争。在非标投资领域，银行理财子公司投资范围拓宽，基本获得与其他资管产品相同的法律地位，通过嵌套通道进入股票市场、权益市场等的需求减少，通道需求进一步减弱，进一步冲击通道业务为主的券商资管、基金子公司及信托公司。然而在股票投资领域，理财子公司的冲击存在程度以及时间的问题，具体来看：

首先，银行是以债权类资产见长的机构，风险偏好低，而股票市场风险系数相对更高,与银行资产配置经验缺乏匹配度。在过去长期的发展过程中,银行受益于经济发展及政策红利,享受天然高息差,通过不断扩张资产规模即可赚取稳定利息收入,只要银行能够控制好资产质量,就可以有效保持稳定利润水平,所以形成了银行业整体较低的风险偏好。而股票市场波动大、风险系数高,公募基金、券商资管均已在股票投资领域积累近 20 年的经验,在策略选择、择时、风控等领域均有丰富经验,银行理财仍与之存在巨大差距。未来较长一段时间理财子公司或仍将以擅长的债权类、非标投资为主。

其次,从目前银行系基金公司的发展情况来看,虽然管理规模较大,但投资股票比例明显低于行业平均。银行系基金相比其他基金公司的优势是母银行渠道,借此优势其发展成了公募基金中的重要力量,当前 15 家银行系基金中,有 6 家的资产规模在基金公司排名中列于前 20(共 129 家)。而银行系基金明显带有银行的稳健风格,从资产配置结构可以看出,银行系配置股票类资产的比例为 6.6%,远低于 15.2% 的行业平均水平,从发展较好的 6 家[①]银行系基金(位列前 20 名)来看,配置股票的比例仍非常低,为 5.4%,而前二十的公募基金配置股票类资产的比例大多在 20% 以上。

此外,银行投资股票在系统建设及激励机制方面均存在差距。公募基金经过 20 多年的发展,已经形成了较为完善的风控、防火墙、估值、波动率等管理体系,而银行系统及机制的建设及追赶均需要一定的时间。优秀的股票投资机构需要建立完备的投研团队,高度竞争。商业银行与资管机构在管理机制和企业文化上差异大,导致二者激励机制大不相同,前者是以信贷业务为基础衍生的,为审慎严格的体系,后者是以投资管理业务衍生的,为市场化的体系。具体从薪酬制度来看,银行在总薪限制体系下,投研岗位薪酬限制在一定范围内,无法像基金公司、券商等实现市场化安排,因此理财子公司相比公募基金较难给出有竞争力的薪酬待遇,从公募基金"挖人"存在一定难度。

总的来说,短期理财子公司将可能会在发挥债权类、非标类配置优势的同时,与投研体系成熟、权益资产配置经验丰富的基金、券商资管加强合作,切入权益领域,互利共赢,初期大概率通过 FOF 进入权益市场。长期来看,通过 5 ~ 10 年的发展,不排除部分投资能力较强银行将成功打造高效的投研团队和风控体系自行管理理财资金,打通资金—多元资产配置的全链条。

① 指建信基金、工银瑞信、中银基金、招商基金、农银汇理、兴业基金。

第五章

2018 年信托法律法规评述

2018 年出台了一系列重要的法律文件：第一，4 月 27 日，央行、银保监会、证监会、外汇局联合发布《关于规范金融机构资产管理业务的指导意见》（简称《资管新规》）；第二，7 月 20 日，央行发布《关于进一步明确规范金融机构资产管理业务指导意见有关事项的通知》并进行说明；第三，9 月 26 日，银保监会发布《商业银行理财业务监督管理办法》（中国银行保险监督管理委员会令 2018 年第 6 号）；第四，10 月 22 日，证监会发布了《证券期货经营机构私募资产管理业务管理办法》和《证券期货经营机构私募资产管理计划运作管理规定》；第五，12 月 2 日，中国银保监会发布《商业银行理财子公司管理办法》（中国银保监会令 2018 年第 7 号）；第六，9 月 18 日，中国信托业协会发布了《信托公司受托责任尽职指引》。本次的法规评述按照上述规范所牵涉的法律问题展开。

第一节 《信托法》是一切资管领域的基本法

一、《信托法》确立了判断信托法律关系的标准

首先需要澄清的是：判断一个法律关系是否是信托法律关系，需要根据信托法和信托法原理去判断。这是一个常识，但是该常识过去被扭曲了。

信托是一个具有普遍性的概念，不限于任何特定的社会领域，在一个人为另一个人的利益或者为实现特定目的而持有财产的任何领域中都可以适用信托观念。虽然现实中主要存在的是营业性信托机构从事的商事信托，但《信托法》是民事信托、商事信托和公益慈善信托共同的一般法和基本法，这一点是有明确的

规范基础的①。不能说信托法只调整营业信托。

《信托法》要求,信托行为是要式行为。因此只要采取了书面形式,判断一个法律关系是否属于信托法律关系就只凭借该法律关系的具体权利义务关系的实质,不管名字中是否有"信托"二字。只要有设立信托的意图,即使书面文件中没有标明"信托",亦应予以认可②。在民事领域,应在合适的场合运用信托法理对法律关系进行解读③,把信托行为和信托关系辨识出来;而且,法院为了对民事主体提供更充分的救济,可以适用信托法理承认非意定信托的存在④。

从《信托法》的规定和《信托法》的原理可以归纳出信托的以下特征:(1)一方(委托人)对另外一方(受托人)存在关系;(2)信托财产需要转移给受托人;(3)该财产具有一定的独立性,和受托人自己的固有财产区分开来;(4)受托人为了受益人而非自己的利益、以自己的名义对受托财产进行管理和处分;(5)受托人以信托财产为限对受益人支付信托利益;(6)受托人对财产事务的管理原则上享有裁量权;(7)受托人对受益人负有信义义务。⑤《信托法》所提供的财产独立规则、受托人义务(忠实义务和善管注意义务)规则、受益人保护规则在整个信义关系法的领域内均有类似体现。

目前,几乎所有的资管业务都符合信托关系的上述特征,属于信托业务无疑,是金融机构作为受托人的营业信托业务。

二、资管关系是信义关系而非普通合同关系

多数资管关系是通过合同构建,但是,资管关系各方的关系不仅仅是普通的

---

① 《信托法》第3条:委托人、受托人、受益人(以下统称信托当事人)在中华人民共和国境内进行民事、营业、公益信托活动,适用本法。

② 我国有案例把借贷纠纷按照信托关系处理,法院的主要论证理由是原告的弟弟和被告是同事,存在信任关系,所以是信托。参见河南省封丘县人民法院判决:(2013)封民初字第0006号。此种论证颇为牵强。二审法院则以当事人之间不具备书面信托合同、信托财产不具备独立性、受托人不是以自己的名义对外交易等理由认定信托关系不成立。因此,把原审的恢复原状的救济改判为被告按其过错程度赔偿损失。参见:杨广修与马振华委托合同纠纷案,河南省新乡市中级人民法院(2013)新中民二终字第410号。

③ 例如,在日本东京地方裁判所在平成24年(2012年)6月15日判决(金判1406号第47页)中,就甲乙丙丁四人把旅行费用放在甲的账户上积累,法院承认了以甲为受托人,乙丙丁为委托人兼受益人的信托成立。在日本最高裁判所2002年1月17日判决中(民集56卷1号20页),承包人乙承揽地方公共团体甲的公共工程,经保证事业公司丙的担保受领工程预付款,存入银行,法院认定甲和乙之间成立信托关系,预付款为信托财产,当事人之间成立以支付工程必要经费为目的的信托合同。尽管当事人没有明示"设立信托"的意思,信托仍成立。另外,参见,道垣内弘人『信託法入門』(日経文庫、2007年),第25-26页。

④ 在英美法上,衡平法上的救济是在穷尽普通法的救济之后登场;基于这种法理,若其他现存的民商法制度框架就能很好地解释当事人的法律关系并给当事人提供充分的救济,并无适用信托法理之必要。

⑤ 欧洲信托法原则有类似的总结。信托法律关系的存在不依赖于衡平法和普通法的二元划分,不依赖于衡平法财产权和普通法财产权的划分,不依赖于衡平法院和普通法法院的划分。

合同关系。正如公司可以通过契约设立和构造其内部关系，但公司并不是契约一样。

在《合同法》中，财物之债的当事人之间绝少存在信任关系。在劳务之债中，理论上又可以进一步划分为结果之债和行为之债。在行为之债当中，当事人之间的信赖关系越来越明显：当事人之间的关系逐渐长期化；一方对另外一方的依赖在增强；承担义务一方的义务内容越来越无法约定，义务人具有了更多的裁量权。特别是在信托关系中，虽然无法割弃和合同关系的联系，但是，已经出现了很多新的特点。可以说，信托关系为核心的信义关系是从行为之债当中逐渐“生长”出来的。

资产管理关系中，即便投资者是合格投资者，具备一定的投资经验和能力，但是，在专业性方面和时间精力方面都无法和管理人相比。管理人的义务是尽最大努力实现投资者的利益最大化，而并非一个特定的结果（如实现某一个收益率的回报）。

作为对比，储蓄客户和银行之间虽然也存在一定的信任（confidence），但是储蓄客户和银行之间并非信义关系，更非信托关系。法律上看，银行对储蓄客户的债务甚至主要是一种财物之债（金钱之债），只是在附带的意义上有一些服务的提供。银行有非常清晰的约定义务——到期还本付息，在此关系中，银行对此没有任何裁量权。

三、资管业务符合信托法律关系的一切特征

早在 2016 年 12 月 21 日，财政部和国家税务总局发布财税〔2016〕140 号文《关于明确金融、房地产开发、教育辅助服务等增值税政策的通知》，对营改增政策进行了补充，明确资管产品需要缴纳增值税，在市场中引发广泛关注。“140 号文”本身没有对资管产品加以定义，在 2016 年 12 月 30 日，财政部税政司、国家税务总局货物和劳务税司对 140 号文部分条款进行的解读中，对资管产品的内涵进行了解释。“资管产品，是资产管理类产品的简称，比较常见的包括基金公司发行的基金产品、信托公司的信托计划、银行提供的投资理财产品等。简单说，资产管理的实质就是受人之托，代人理财。各类资管产品中，受投资人委托管理资管产品的基金公司、信托公司、银行等就是资管产品的管理人”。《资管新规》中更明确地定义为“资产管理业务是指银行、信托、证券、基金、期货、保险资产管理机构、金融资产投资公司等金融机构接受投资者委托，对受托的投资者财

产进行投资和管理的金融服务。金融机构为委托人利益履行诚实信用、勤勉尽责义务并收取相应的管理费用，委托人自担投资风险并获得收益。”这和《信托法》是资管行业的基本法的原理相一致。可以说，资管产品具有的以下特征均符合信托关系的特征。

（一）出表和信托财产的独立性

根据《资管新规》的规定，资管产品属于各个金融机构的“出表业务”，这意味着，该业务中的财产从管理人自己的资产负债表中脱离出来，属于独立于管理人固有财产的特别财产，这符合信托财产的定义。当然有人会质疑：代理关系中，代理人持有的本人的财产也独立于代理人自身的财产。资管产品不同于代理关系的核心特征在于，资管机构对资管财产的投资运用的过程中是以自己的名义对第三人从事法律行为的；而在代理关系中，代理人是以被代理人（本人）的名义签订合同。另外，资管产品中，资管机构原则上不需要事事征求投资人的意见（想一想银行的理财产品的情形），对资产管理具有自由裁量权和决断权，这在代理关系中一般是不可想象的。

如果表内业务和表外业务不是完全的泾渭分明，比如，表外业务赚了钱，可以划到表内，而表内亏了钱，可以放到表外处理，表内和表外是联动的，违反了《信托法》上禁止在受托财产和固有财产之间进行交易和转化的法理。一笔资金的法律地位应是确定的，不能同时既是固有资金，又是受托财产。

（二）打破刚兑和受益权性质

《资管新规》强调，要强力打破刚性兑付的“陋习”，资管机构不得承诺保本保收益。这和金融信托关系本质上属于一种权益性投资（equity）关系的特性是一致的。《信托法》要求，做到尽职管理的受托人以信托财产为限对受益人承担支付信托利益的义务，原则上没有义务进行所谓的“刚性兑付”。在以银行存贷款关系这种债权式金融关系中，债务人在债务到期时有义务按约定还本付息，直到债务人破产，此为真正意义上的刚性兑付；而在股权投资、信托投资等领域，受益人是剩余索取权人（residual claimant），也是投资风险的最终承担者，受托人没有义务对受益人进行所谓“兑付”。在此一点上，各种资管关系都不负刚兑义务，也是符合信托关系特征的。

（三）禁止担保或回购和理财产品的信托性质

银监会 2013 年出台的《关于规范商业银行理财业务投资运作有关问题的通

知》（“8 号文”）要求，银行今后将不得为非标债权或股权性资产融资提供任何直接或间接、显性或隐性的担保或回购承诺。这是针对部分银行在发行某些理财产品时直接或间接提供所谓的担保或回购承诺所实施的管制，其目的在于促成理财业务与银行信用风险的真正隔离，有助于真实、准确反映银行的整体风险。这也是要求理财产品必须坚持“风险自担、卖者有责”原则。商业银行理财产品以及其他资管产品在这一点上和信托产品的要求并无二致。

在 2014 年 7 月 11 日银监会发布的《中国银监会关于完善银行理财业务组织管理体系有关事项的通知》（银监发〔2014〕35 号）中，首次对银行理财事业部制进行了说明。该文件指出，理财业务事业部制应具备以下特征：在授权范围内拥有独立的经营决策权，在经营管理上有较强的自主性；有单独明晰的风险识别、计量、分类、评估、缓释和条线管理制度体系；拥有一定的人、财、物资源支配权，可根据业务发展需要自主配置资源；拥有一定的人员聘用权，建立相对独立的人员考核机制及激励机制。根据信托法原理，受托人对信托事务应和固有事务分别管理，这种分别包括物理上的分别、财务上的分别及组织（人员和机构）方面的分别 。银监发〔2014〕35 号文似起到了在银行内部划分出一个独立的、兼营信托业务的理财事务部的作用。

《资管新规》第 13 条重申，金融机构不得为资产管理产品投资的非标准化债权类资产或者股权类资产提供任何直接或间接、显性或隐性的担保、回购等代为承担风险的承诺。在原理上具有一致性。

（四）财产名义

资管法律关系中，财产都在作为管理人的资产管理机构（受托人）的名下。不少人主张非信托资管业务属于委托—代理法律关系，但委托代理关系中，管理人不会享有资产的名义的财产权，所以是解释不通的。更为麻烦的是，如果把资管关系解释为代理关系，资管计划成立之后，投资者和投资对象（融资方）之间就直接产生了法律关系，投资者就可以直接向融资方主张权利，例如，商业银行的理财客户可以直接起诉信托公司，这是荒唐的。

资管产品的信托性质在监管规范中逐渐明确。在《中国人民银行、银监会、证监会、保监会、外汇局关于规范金融机构资产管理业务的指导意见》）中，资产管理产品包括但不限于银行非保本理财产品，银行子理财子公司的理财产品，信托公司的资管产品，证券公司、证券公司子公司、基金管理公司、基金管理子公司、期货公司、期货公司子公司和保险资产管理机构发行的资产管理产品等，这些不同的资管产品应该适用统一的法律规则，除了把《信托法》作为基础法律关系之外，别无他途。另外，中国证监会刚刚发布实施《证券期货经营机构私募资产管理业务管理办法》及《证券期货经营机构私募资产管理计划运作管理规定》中，已经明确把信托法和证券投资基金法作为私募资管的基本法律依据。不过，虽然这些规范承认种类繁多的资管业务应该适用统一的法律规则，但在法律和行政法规没有改变的背景下，统一监管规则并不是十分乐观。再加上法院的保守和司法监管化的不良倾向，法院不一定会有意识地在非信托资管领域内适用《信托法》。

四、《商业银行法》《证券法》等关于分业经营的规定不能决定资管产品的性质

对“资管产品为信托产品”的最大质疑可能是，根据《商业银行法》和《证券法》等的规定，非信托公司是不能经营信托业务的，因此，银行理财产品等不可能是信托产品，否则构成违法。该种观点似乎非常有力，也具有一定的代表性。

《证券法》第六条规定：“证券业和银行业、信托业、保险业实行分业经营、分业管理，证券公司与银行、信托、保险业务机构分别设立。国家另有规定的除外。”明确确立“分业经营分业监管”的原则。而《商业银行法》第 43 条的措辞更为强烈：“商业银行在中华人民共和国境内不得从事信托投资和证券经营业务，不得向非自用不动产投资或者向非银行金融机构和企业投资，但国家另有规定的除外。”该条被解释为强制性的法律规范似无疑问。

但是问题是，由此否定银行理财产品和证券资管产品的信托属性是建立在一个错误的逻辑之上的。

如前所述，一个法律关系是否是信托法律关系，是根据《信托法》判断的。例如，商业银行出表的理财产品在法律特征上符合《信托法》对信托的定义，因此属于信托产品无疑。事实上，出表的理财业务除了根据《信托法》被认定为信托业务之外不可能被认定为其他法律关系（例如委托或代理关系）。在当前，商业银行设立的理财子公司并非银行业，从事作为信托业务的理财业务更是少了法律障碍。而《证券法》没有明文禁止证券从业者兼营信托业务；《商业银行法》虽然明令禁止商业银行从事信托投资业务，但是并不能说由于其禁止了这种行为，商业银行所从事的这种业务就不是信托业务。某法律关系是否是信托关系要依照《信托法》判断，《商业银行法》等法律无法教我们判断什么样的法律关系是信托关系。

如果坚持《商业银行法》第 43 条的强制效力，既然理财产品属于信托，商业银行从事这种业务是违法的；银监会作为监管部门允许商业银行如此行事甚至对其进行规范也是违法的。这不是靠把理财产品“巧妙的”解释为代理或者一般的委托业务就能解决的（不少论者就是按照这个逻辑论证理财产品不是信托产品的）。商业银行从事的理财业务这种信托业务是否违反《商业银行法》第 43 条、该如何处理是一个问题，但不能反过来说“由于商业银行法规定商业银行不能从事信托投资业务就证明商业银行从事的业务必然不是信托业务”。

解释上，《证券法》和《商业银行法》等的规范表明了“业”之分离以及分业监管的观念。这些规范只是从业务监管的角度明确禁止商业银行从事信托业。作为强制性规定，也只能算作是管理型强制性规定。而现实的做法是监管部门从来没有严格执行该强制性规定。把商业银行法的相关条款解释为可宣告商业银行理财业务无效的效力性强制规定当然是更奇怪的。判断某以法律关系之属性及效力的权利属于人民法院，其他行政机关或监管机关都没有这个权力。分业经营分业监管的现实，也要承认商业银行等其他机构客观上兼营信托业的事实，在法律关系上承认其为信托关系，向商业银行的理财部门施加信托受托人的义务，更好地保护投资者作为受益人的利益。

《证券法》等规定的分业经营、分业监管的要求不能改变资管业务属于信托业务、资管关系属于信托法律关系这一基本法律定性。《证券法》等确立了银行业、证券业、保险业和信托业等的分业经营分业监管的体制，这只是从监管的角度确立了行政部门在行业监管方面的分工，也确立了各个金融行业的主营业务，但是不能否认信托公司以外的金融机构所“兼营”的资管业务中的法律关系属于信托法律关系。《信托法》被定性为调整民事信托、营业信托和公益慈善信托等信托行为的信托基本法，只要符合《信托法》上关于信托定义的所有的法律关系都属于信托关系，出现纠纷之后，都应当适用《信托法》。

在从顶层上理顺我国的金融监管体制之前，监管规范的制订者似乎不敢理直气壮地确立资管产品的基础法律关系是信托法律关系。但是，法院在处理资管纠纷这种民事纠纷的时候，可以理直气壮地根据法律关系的实质适用作为行为法的《信托法》，而不要受原本就不够合理和完善的支离破碎的监管体制相关规则的干扰。

各个金融机构的监管机构出台的监管规范（部门规章）中，都采取了信托业的相关监管规章类似的法律结构，即便存在着一些术语使用上的差异和具体规范细节上的差异，所有这些法律构造的本质都属于信托关系。如果仅承认信托公司的信托产品可以适用《信托法》，而其他资管产品不适用信托法，就无法对本质上类似的投资者提供《信托法》所能提供的强大救济，这是不公平的。

五、样本分析：商业银行理财子公司的理财业务是信托业务

从《商业银行理财子公司管理办法》（下文简称"该办法"）可以清楚看出，商业银行理财子公司所从事的业务本质上属于信托业务，虽然"该办法"在文字上回避了这个问题，但在精神实质是按照规范信托业务的方式规范理财业务。

如前述，一项业务，其民事法律关系的性质是由民事法律决定的。"该办法"中所揭示出的商业银行理财子公司的理财业务的特征符合《信托法》中信托的特征。

第一，商业银行理财子公司的理财业务是一种基于信任而产生的信义法律关系，这种法律关系不是负债业务，也不是委托代理和经纪等中间业务，而是作为财产管理者的"受人之托，代人理财"（第 3 条）的信托业务。

第二，理财业务是该公司的表外业务，理财财产具有信托财产的独立性特征，或者至少说理财子公司有义务把理财的财产分别管理。例如，"该办法"第 6 条规定，理财产品要"单独管理、单独建账和单独核算"，第 33 条规定，"银行理财子公司应当确保理财业务与自营业务相分离，理财业务操作与自营业务操作相分离"。这和《信托法》上的信托财产要分别管理分别做账（《信托法》第 29 条）的含义是一致的。"该办法"第 22 条还规定，"银行理财子公司不得将理财产品财产归入其自有资产，因依法解散、被依法撤销或者被依法宣告破产等原因进行清算的，理财产品财产不属于其清算财产"。这和信托财产是独立于受托人的固有财产（《信托法》第 16 条）的特征也是一致的。

第三，和信托一样，银行理财子公司的理财业务也是不"刚性兑付"的。"该办法"第 46 条规定，银行理财子公司的董事、监事、高级管理人员和其他理财业务人员不得"向理财产品投资者违规承诺收益或者承担损失"。另外在第 33 条规定，"银行理财子公司不得用自有资金购买本公司发行的理财产品，不得为理财产品投资的非标准化债权类资产或权益类资产提供任何直接或间接、显性或隐性的担保或回购承诺"。其逻辑后果是，理财子公司除非存在过错，只以理财资金残值为限向投资者支付，和《信托法》上受托人以信托财产为限向受益人支付信托利益一致（《信托法》第 34 条）。

第四，虽然“该办法”中含混地说子公司要“接受投资者委托，按照与投资者事先约定的投资策略、风险承担和收益分配方式，对受托的投资者财产进行投资和管理的金融服务”（第 2 条），但是，理财子公司对投资策略、风险承担和收益分配方式具有较强的话语权和裁量权，公募型的项目更是如此。

第五，银行理财子公司的主要义务是和信托受托人一样的信义义务。“该办法”第 3 条规定，银行理财子公司开展理财业务，应当诚实守信、勤勉尽职地履行受人之托、代人理财职责，遵守成本可算、风险可控、信息充分披露的原则，严格遵守投资者适当性管理要求，保护投资者合法权益。这和《信托法》以及其他信托业的规章的规定几乎是一样的。“该办法”第 47 条详尽规定了银行理财子公司的董事、监事、高级管理人员和其他理财业务人员不得从事的行为：将自有财产或者他人财产混同于理财产品财产从事投资活动；不公平地对待所管理的不同理财产品财产；利用理财产品财产或者职务之便为理财产品投资者以外的人牟取利益；向理财产品投资者违规承诺收益或者承担损失；侵占、挪用理财产品财产；泄露因职务便利获取的未公开信息，利用该信息从事或者明示、暗示他人从事相关的交易活动；玩忽职守，不按照规定履行职责；法律、行政法规和国务院银行业监督管理机构规定禁止的其他行为。这些义务从民事上看和《信托法》上受托人的忠实义务、谨慎管理义务、公平义务等的内容是一致的。

如前所述，把商业银行理财解释为信托的最大的障碍是《商业银行法》第 43 条，该条规定“商业银行在中华人民共和国境内不得从事信托投资和证券经营业务，不得向非自用不动产投资或者向非银行金融机构和企业投资，但国家另有规定的除外”。允许商业银行设立理财子公司之后，这种表面化的障碍也就得到了一定程度的化解：理财子公司不是银行，法律至少不禁止其从事信托业，但是，如果坚持营业信托需要银保监会许可或者经营信托业务需要特别的许可的观点，回避这一问题并没有使问题消失。其实，即使在商业银行兼营理财业务的时候，一个法律关系是否是信托法律关系，是根据《信托法》确定的，《商业银行法》等关于分业经营分业监管的规定只是确立了银行业、证券业、保险业和信托业等的分业经营分业监管的体制，这只是从监管的角度确立了行政部门在行业监管方面的分工，也确立了各个金融行业的主营业务，但是不能否认信托公司以外的金融机构所“兼营”的资管业务中的法律关系属于信托法律关系。《信托法》被定性为调整民事信托、营业信托和公益慈善信托等信托行为的信托基本法，只要符合《信托法》上关于信托定义的所有的法律关系都属于信托关系，出现纠纷之后，都应当适用《信托法》。

《商业银行理财子公司管理办法》允许商业银行设立理财子公司之后，该公司虽然不是信托公司，但是其从事信托业务的障碍得到了一定程度的化解：理财子公司不是银行，法律至少不禁止其从事信托业。

六、信托关系是调整资产管理行业的基本法

（一）《信托法》是信义关系的基本法

——"家族类似性"和信义关系法（fiduciary law）

信义关系是在委托法律关系的基础之上构建的法律关系群——代理、居间、行纪、合伙、公司、信托均属于这个大家族的成员。如果认为理论上存在一个信义关系法的话，这个法律领域最典型的规则就是《信托法》的规则。其他如代理、合伙等和信托关系存在或远或近的距离。在英文背景下，代理内部的类型比较复杂，其中有全权代理（discretionary mandate），有所谓的长期代理权（durable powers of attorney）等，其与信托的差异就非常有限了。

事实上，在某些特定的场景下区分代理和信托是不重要的。代理和信托同属于信义关系，代理人也要受忠实义务以及善管注意义务的约束（虽然程度不同）；在资金作为管理标的的情况下，所有权是否转移的区分变得不再重要；若不涉及资管机构破产，信托财产是否独立也变得不再重要。原本，商事信托基本上属于自益信托，在自益信托中，信托对于委托人 = 受益人而言的破产风险隔离功能已经很弱。而且，无论是信托还是代理，该资金在管理人收回之前都应具有和管理人（受托人/代理人）的财产破产隔离的功能。

当然，在某些特定的场景下，信义关系内部的空隙可以无限弥合。毋庸置疑，规范层面上，代理和信托的制度差异仍然是十分巨大的。

从资管行业来看，当然不好说所有的资管计划都是信托关系，比如有不少是以有限合伙作为结构的，理论上也可以存在公司制的资产管理方式。即便如此，把资管关系确立为信义关系是没有疑问的。

但是，在现有的法律框架下，说信义法是资管行业的上位法似乎显得詰屈聱牙。2017 年英国慈善信托委员会的法务官员解释英国的慈善法的各种法律关系，认为慈善法中的法律关系——无论是慈善基金会中的内部构造还是慈善信托的构造，都属于信义关系，但是这个术语对民众而言太艰涩了，所以整个英国慈善法的条文中几乎没有出现信义关系的表述。既然我们已经有了一个《信托

法》，不如把《信托法》解释为信义关系的基本法，所以《信托法》是资管关系的上位私法，应该是可行的。

——资产证券化业务的特殊性?

《资管新规》中排除了资产证券化业务作为资管业务。资产证券化业务和一般的资管计划和信托计划的区别可能在于，证券化更多的是结构化的框架（优先/劣后分级），真正的投资方虽然以优先级委托人＝受益人的身份存在，但是其基本上是固定收益的取得者，因此，类似债权人（参见美国学者 Schwartz 的分析）；而以资产进行融资的劣后委托人＝受益人是剩余索取人，更像是典型的信托受益人，其特殊之处在于结合了债的投资和权益类的投资者/融资者的不同风险—收益偏好。

在实践中，狭义信托业（信托公司从事的信托业）中除了作为信贷资产证券化的载体之外，结构化（类证券化）的运用已经变得非常普及，是一种不符合典型的资产证券化做法的“准资产证券化”。把资管业务称之为投资信托、把资产证券化业务称之为融资信托的划分有一定道理，但依旧存在争论。例如信托公司作 SPV 的信贷资产证券化业务的投资信托的属性是很明显的。实际上，目前的信托公司的信托业务（也包括大量的非信托资管业务）大多是融资方发起的（过去我们一直批评信托计划是“项目导向”而非“委托人导向”，偏离信托的本源），只不过有时融资方是在信托端出现（作为劣后级委托人），有时是在交易端出现（作为债务人或者被投资人）。在资产证券化业务中，信托受托人要为不同类型的受益人提供不同的服务：对投资者（优先级委托人＝受益人）而言，是取得获得预期收益率代表的收益；对于劣后级的受益人而言，其取得的是剩余收益。受托人对两种受益人的信义义务不因受益权的内容不同而有本质的不同。

另外，资管业务即便采取公司制或者有限合伙制，虽然不能直接认为属于信托，也不能否认其基础的法律关系是信义关系。

——一个例证：资产管理业务的美国法立场

美国 OCC 的监管文件中，把资产管理业务划分为传统的受信服务、零售经纪业务、投资公司服务、托管和证券代持服务等（asset management activities include traditional fiduciary services, retail brokerage, investment company services, and custody and security－holderservices），这些业务包括传统的信托业务和所谓的中间业务，其核心仍然是信义关系。该监管文件在其参考文献当中，主要引用的理论文献是《信托法重述》和斯科特等的信托法著作①。另外，作为资产管理业务核心的私人信托业务（personal fiduciary activity）的监管指南几乎可以理解为是对金融信托法的重述。资管业务关系在私法上属信托关系似乎是没有疑问的。

（二）《信托法》适用于广义的信托业

《信托法》调整的信托业不是狭义的信托业（信托公司从事的信托业），而是整个资管领域。整个资管关系的基础法律关系是信托法律关系。

通常认为，我国目前从事营业信托活动的机构有三大类：第一类是信托公司，被称为"信托综合店"，根据《信托法》和《信托公司管理办法》等法律法规开展各种形式的营业信托活动；第二类是基金管理公司等，属于"信托专营店"，根据《信托法》《证券投资基金法》和《基金管理公司管理办法》等法律法规开展公募的证券投资基金信托业务。第三类，保险公司、银行等也可以成为企业年金信托的受托人，也可以兼营部分信托业务，被称为"信托兼营店"。事实上，保险公司从事的资产管理业务以及商业银行从事的理财活动在本质上也属于信托关系。但是，值得关注的是，基金公司、资产管理公司、基金公司、保险公司、银行甚至信托公司在现实中适用的基本上是其各自监管部门制定的相关行政规范和部门规章，《信托法》的基本上被闲置。实践中就此产生纠纷，法院更愿意去适用《合同法》的规定。试想，一个排除了受托人忠实义务和善管注意义务的信托还能算是信托吗？这违背了信托的本质。说其违背了信托的本质在于，完全通过约定排除法定的义务，这等于将信托关系降格为合同关系，违背了信托关系原本并非平等意义的法律关系、受托人是"利他"的这样的《信托法》的基本原则。这样把委托人和受益人仅靠合同法来保护，把信托关系仅仅视为一种新型的有名合同，这对于受益人（金融投资者）的保护是十分不充分的。《信托法》作为信托基本法，《信托法》的原理和原则应在上述广义的营业信托领域有充分的运用和体现。

资产管理行业整体上属于广义上的信托业，其各个行业在功能划分、监管体制、监管规则上应有一个统一的、高阶位的规划，否则法出多门，无法保证规则的统一和体系的协调，也会导致业界适用规则方面的混乱，无助于整个行业的健康

① Restatement of the Law, Trusts, 2nd and 3rd, The American Law Institute; Scott and Fratcher, The Law of Trusts (4th edition, 1988)。虽然信托法重述把商事信托排除在讨论范围之外，但是，并不能反过来说商事信托就不适用信托法理。

有序发展。为此,应逐步确立《信托法》作为资产管理领域的基本法地位。并在时机成熟之时制定信托业法,完善资产管理行业的顶层设计。

在顶层设计的过程中不要立法崇拜,要用解释论解决问题。但是,缺乏作为基础设施的上位监管法律,无法协调和证券法、商业银行法等所确立的"分业经营分业监管原则"的矛盾问题。针对这种矛盾有两种反应:第一种是鸵鸟政策,不承认非信托资管计划为信托法律关系(例如牵强地把银行理财解释为代理关系),以为这样就不违法了;第二种是直视问题,承认现在的资管业务在实质上是信义关系,然后制订信托业法,修改证券法和商业银行法,应对混业的现实和发展趋势。这需要所谓的"顶层设计"。顶层设计法制化的实现途径是制订法律层面的监管规则。

而通过作为部门规章层级的《资管新规》,无论行政部门如何重视,都无法实现中国金融监管的系统性变革,仅能算作是对信托业法等在内的行业和业务监管法律的一个拙劣的替代。

第二节　《资管新规》和打破"刚性兑付"

一、"刚性兑付"的本质

刚兑的本质是,投资管理人(受托人)和投资者通过约定强化了受托人原本的法定义务(《信托法》第 34 条),以补足市场对受托人信用和管理能力的怀疑,有时甚至要掩盖管理人的义务违反。在资管业务的交易端主要是贷款和变相贷款的现状下,这可以说是管理人的理性选择。

这种约定的违法性(或者有效性)问题,不是监管者有能力、有资格做出判断的。反对刚兑的理由主要是基于经济学上的论证:刚性兑付抬高无风险收益率水平,扭曲市场资金价格,影响了实体经济融资成本,导致部分投资者冒险投机;资管业务偏离本质,市场难以真正发展和成熟,等等。这个观点正确至极,无法赞同更多。不过,经济学的语言能否转化为法律的规范语言,即,"刚性兑付的约定是否违反公共利益",还有待观察。毕竟,在法律和行政法规层面上,没有直接的禁止刚兑的规定。

二、警惕“打破刚兑”旗帜下的司法监管化

一个值得警觉的趋势是，作为对《资管新规》所传递出的“强监管信号”的回应，法院会更愿意在“尊重行政权威”的旗帜下做出刚兑无效的判决（如前不久最高人民法院在一个判决中就十分鲜见地宣告：违反部门规章的法律行为无效）。

不过，从法理上讲，仅仅以管理人允诺了刚兑，或虽没有允诺却进行了刚兑为由，宣告资管计划无效，会极大地鼓励背信行为，让原本脆弱的信任建设变得更为岌岌可危。

三、新规中“反刚性兑付”条款无法操作

《资管新规》第18条规定了“打破刚性兑付监管要求”，具体规定如下：

【净值管理】金融机构对资产管理产品应当实行净值化管理，净值生成应当符合公允价值原则，及时反映基础资产的收益和风险。按照公允价值原则确定净值的具体规则另行制定。

【刚兑认定】经人民银行或者金融监督管理部门认定，存在以下行为的视为刚性兑付：（一）资产管理产品的发行人或者管理人违反公允价值确定净值原则对产品进行保本保收益。（二）采取滚动发行等方式使得资产管理产品的本金、收益、风险在不同投资者之间发生转移，实现产品保本保收益。（三）资产管理产品不能如期兑付或者兑付困难时，发行或者管理该产品的金融机构自行筹集资金偿付或者委托其他金融机构代为偿付。（四）人民银行和金融监督管理部门共同认定的其他情形。

我们以为，这些规定的可操作性值得探讨。

（一）靠净值化管理无法打破刚性兑付

所谓净值，主要是对股权和股权投资价值的计算。信托财产可以以债权、物权和股权等方式运用（《信托公司管理办法》第19条；《信托公司集合资金信托计划管理办法》第26条），而对债权、物权和私募股权的投资运用，最后虽然也能计算出“净值”，但是所谓的“净值化管理”是没有可能也没有必要的。

在资管领域应当确立如下的逻辑：不管是什么样的资管产品，特别是信托产品，都不能约定按照以下方式执行合同：项目到期之后，根据约定的预期收益率向受益人支付，剩余财产刨除成本后都归受托人。原理上，信托公司作为受托人

的报酬请求权属于一种债权，该债权对信托财产是一种优先的权利（《信托法》第 25 条虽然没有像规定求偿请求权那样明文规定报酬请求权的优先性，但是，这种权利优先于受益人的受益权应无疑问），但是必须是约定才能取得的一种权利，而且该约定只能是一种固定的数额或者比例。以此来确立信托受益人的剩余索取权人（不刚兑）之地位和受托人债权人之地位（不是吃利差的贷款人）。如果所谓“净值化管理”包含这种含义的话，可能还有一定的道理。

在债权式运用信托中，由于信托财产以贷款的方式加以运用，受托人和交易对手之间是债权债务关系，受托人只能从债务人处取得约定的本金或者利息。这在项目设计最初都是测算好的，预期收益率是基于此而确定，信托公司一般在支付完信托利益之后不会有超出信托报酬之外的额外收入（这也是实务中混淆信托报酬和利差的一个原因）。但是，即便在这里，上述逻辑也要坚持。理论上，刨除信托报酬和相关成本，剩下的全部是受益人的，预期收益之外的哪怕只有一分钱也应归于受益人。

（二）第二款的内容和刚性兑付关系不大

第二款规定，“采取滚动发行等方式使得资产管理产品的本金、收益、风险在不同投资者之间发生转移，实现产品保本保收益。”被禁止的这些做法的错误之处在于：受托人违背了对受益人的信托义务（特别是分别管理义务和忠实义务），模糊了对不同受益人的风险—收益边界，扭曲了风险和收益的匹配，让后来的受益人承担前面受益人应当承担的风险，而不是因为其客观上有可能构成刚兑。这种行为当然要禁止，但不是因为其导致了刚兑才禁止。

（三）正常的“兑付”行为应当容许

“资产管理产品不能如期兑付或者兑付困难时，发行或者管理该产品的金融机构自行筹集资金偿付或者委托其他金融机构代为偿付”。这是实践中比较常见的刚兑方式，因此这也是最重要的条款。该规定禁止此种“兑付”行为，非常不合理。

委托人＝受益人和受托人的关系为信义关系，受托人和融资方/投资对象等是普通的交易关系。由此要注意两个问题：第一，资管产品不能如期兑付并不意味着受托人违反信义义务；第二，虽然信义义务是一种法定义务，但是并不意味着这种义务不可以通过约定的方式加以减轻甚至排除。

在实践中，受托人违反义务的情形主要是因为交易相对人（主要是贷款或者变相贷款方）违约，导致信托公司无法按照信托文件约定的期限完成项目款项回收（市场上很多人在说信托违约的时候根本不知道自己在说什么）。交易相对人对受托人违约，并不意味着受托人违反了对受益人的信托义务。即使是安全性比较高的贷款信托项目，受托人也无法避免交易相对人违约。在交易相对人违约的时候，受托人基于信托合同约定的期限内或者合理的延期期间内自行筹集资金偿付或者委托其他金融机构代为偿付，此种做法如果在信托文件中有约定（而“新规”中的规则恰恰是禁止这种约定）是符合受益人利益的，不违反受托人对受益人的信义义务。

所谓打破刚兑的提法，本身是有问题的。打破刚兑至少要考虑两种情形。第一，在真正的投资信托中，即对信托财产进行权益式的投资的信托产品中，例如证券投资基金信托中，刚兑的潜规则几乎是不存在的，司法中已经有多起案例，只要受托人尽到尽职管理义务，法院驳回了受益人（投资者）的刚兑要求。第二，在债权式运用信托财产的信托产品中，刚兑有其合理性。目前信托产品的大部分是贷款信托或者类贷款信托（明股实债），这种产品的实质是变相的以信托机构为中介的贷款。但是，一旦披上信托的外衣，使得投资者取得了信托法的更强大的保护（委托人和存款人相比具有更强的控制力），如果受托人还能通过约定的方式自愿进行刚兑的话，这就让投资者取得了债法和信托法的双重保护，这在信托市场发育初期也是正常的做法（例如日本）。当然，既然其经济实质是贷款，这一部分的业务应当缴纳存款保险。

要治理刚性承兑，无法靠制订管制规则的方式完成，更不能靠“告发”来解决。“告发”使得原本建立的初步信赖更为脆弱。一个比较合理的方式是，承认债权式运用信托（通常的贷款信托）中刚兑的合理性，直接认定附回购的明股实债的投资属于贷款，然后逐步压缩贷款运用的操作空间——前提是其他金融供给要跟得上。

刚兑的主要成因在于金融供给不充分、不均衡和非市场化。若不在这些方面做出改革，所谓打破刚兑，甚至通过这么低层级监管规范的方式打破刚兑，是南辕北辙。

四、所谓的刚兑不应引起相关法律行为无效

很多信托公司不会冒着违背监管规范的风险在信托文件中做出刚兑的承诺，多数情况下，所谓“刚兑”只是对到期的信托项目的一种处置手法而已。尽量

采取措施避免信托财产产生损失或者损失扩大，这甚至可以被理解为是受托人尽职管理义务的一部分，对这种行为很难看出有任何违法性。

对这种约定之违规性的认定，也可能超出了监管者的能力。在规章层面禁止刚兑早已有之（《信托公司管理办法》和《集合资金信托计划管理办法》等），《资管新规》并没有太多新颖的规定。在其第十九条列举的三种具体刚性兑付行为中，第（二）种“采取滚动发行等方式，使得资产管理产品的本金、收益、风险在不同投资者之间发生转移，实现产品保本保收益”之所以应被禁止不是因为刚兑，而是因为这些行为原本就是违背《信托法》关于信托财产分别管理和信托财产独立性的规定。如果恪守《信托法》的原则，对新发行资管计划的受益人进行了知情告知，滚动发行本身似乎并不违法。第（一）和第（三）点规定可以说了无新意。按照这些规则，监管层无法辨别哪些是《资管新规》禁止的刚兑；无法辨别哪些是必要的刚兑。

例如，一个仅仅是流动性出现问题的项目到期，如果不允许受托人采取必要的措施“刚兑”，对投资者、受托人和融资方而言都是不利的。为了一个虚假的“公共利益”，侵害了一个具体的私人利益，可能是得不偿失的。

刚兑的部分成因是利率市场化程度不高、金融供给不足、金融工具不能满足各种类型的投资者和融资者。日本在 1952 年创设贷款信托制度，出台了作为信托法之特别法的《贷款信托法》，其中直接承认刚性兑付的信托，该法曾经为了日本的重建复兴、促进经济复苏起到了非常重要的作用。从没听说过他们采取什么手段打破刚兑。随着日本经济的复苏，金融投资的多元化，贷款信托逐渐退出了历史舞台。

在我国，大家经常讨论的“无法打破刚性兑付的困境”几乎是不存在的。在浮动收益的信托计划中，刚性兑付早已经被打破。之前的不少司法案例可以证明这一点。

刚兑比较多地出现在固定收益类的贷款和变相贷款项目中，由于这种资管计划在交易端的债性特点，决定了按照预期收益率刚兑和按照受益人剩余索取权支付信托利益二者之间几乎不存在有价值的差异。即便在这些领域，最近也已经出现了不少司法裁决打破所谓刚兑的例子。

根本不需要监管特意制定规则打破刚兑。市场和司法会合力解决这一问题。监管机构有权根据市场的具体情形制定或宽松或严格的监管政策，这一点并无争议。但不能仅仅为了“姿势”好看而积极作为。无法操作才是大问题。解放思想，探寻自由之边界，应是信托人一直的追求。可惜，被管惯了，自我设限、自我清查就内化为习惯。其实，静心观看，门一直都在那里，不需要煞有介事寻找窗户。

从私法层面，笔者还是主张应确立《信托法》为资管领域基本法的地位。

对于实务部门而言，《信托法》的存在感非常有限，实务中应用比较广泛的是监管的规则（较多的是部门规章）。应当承认，在金融领域，监管规则的重要性长期被私法学者所忽视，监管规则的重要性值得我们重新审视。民商法的规则鼓励交易自由，其对恣意自由的限制是通过事后（ex post）的民事责任；在金融领域，由于系统风险巨大，仅仅靠事后责任的救济可能于事无补，事前（ex ante）事中的门槛限制和过程监管对于防范金融风险已经变得越来越重要。甚至可以说，监管规则也在某种程度上重塑了实务部门的交易模式。

但是，不能仅仅靠监管规则去规范资管关系，资管关系背后的基本民事法律关系应当厘清。不厘清资管关系的上位私法，资管纠纷就无法正确地适用法律。司法中过去较多适用《合同法》等处理资管相关纠纷，如此无法确认资管计划管理人的信义义务，而只是按违约处理。包括忠实义务、注意义务在内的信义义务很少被法院引用，这对保护投资者是不利的。在私法层面，承认《信托法》是资管行业的基本法似乎阻力不大；在监管层面，需要一个《信托业法》，作为《信托法》的特别法。另外当然还需要完善作为金融商品交易法（私法和监管法一体）的《证券法》等。

第三节　家族信托的法定标准初见端倪

2018 年 8 月 17 日，银保监会发布《关于加强规范资产管理业务过渡期内信托监管工作的通知》（信托函〔2018〕37 号）（以下简称"信托细则"），作为对《资管新规》的实施细则，该通知第一次在官方文本中出现了对"家族信托"的定义，并从消极方面规定了家族信托不适用《资管新规》，引起极大关注，业界对此甚为雀跃。但是，对什么是家族信托，家族信托该适用什么样的监管规范这样的基础性问题，仍然没有得到很好的回答。

一、“信托细则”中关于家族信托的定义及对其解读

（一）定义

信托新规中，银保监部门给出了家族信托的定义。该定义指出：家族信托是指信托公司接受单一个人或者家庭的委托，以家族财富的保护、传承和管理为主要信托目的，提供财产规划、风险隔离、资产配置、子女教育、家庭治理、公益（慈善）事业等定制化事务管理和金融服务的信托业务。家族信托财产金额或价值不低于 1000 万元，受益人应包括委托人在内的家庭成员，但委托人不得为唯一受益人。单纯以追求信托财产保值增值为主要信托目的、具有专户理财性质和资产管理属性的信托业务不属于家族信托。

（二）家族信托是什么？

“信托细则”中的定义是：主要以家族财富的保护、传承和管理为主要信托目的，提供财产规划、风险隔离、资产配置、子女教育、家庭治理、公益（慈善）事业等定制化事务管理和金融服务的信托业务。该定义分为两部分：

其一，信托目的：家族信托以家族财富的保护、传承和管理为主要信托目的。值得注意的是，定义中严谨地标明是以此作为“主要信托目的”的信托是家族信托。

其二，业务内容：财产规划、风险隔离、资产配置、子女教育、家庭治理、公益（慈善）事业等定制化事务管理和金融服务。

另外，该定义强调家族信托主要是定制化的业务，更尊重委托人之意愿，这和以集合资金信托计划为代表的商事信托是存在差异的。当然，家族信托也离不开信托公司的金融服务。

（三）家族信托不是什么？

——纯粹的资产管理业务不是家族信托。其实，信托公司内部习惯上通常把信托业务区分为私募投行、资产管理和财富管理三大板块，而家族信托属于财富管理业务，和资产管理业务有着根本的区别，自然不应适用《资管新规》，“信托细则”中也明确地排除了家族信托对《资管新规》的适用。只是，家族信托本身并不具有特别清晰的概念边界，往往具有综合性。也有不少信托公司所从事的家族信托业务不过是挂羊头卖狗肉，实质上可能就是资产管理业务或者理财业务，应当适用资管新规，所以，监管部门的澄清有其道理。

——家族信托不能是纯粹的自益信托。自益信托以信托财产保值增值为目的，而非以实现破产隔离等为目的。家族信托则应当具备财产转移功能，有不同于委托人的受益人存在。

——家族信托的金额不能低于1000万元。在信托公司看来，家族信托是面向超高净值客户的一款产品，资金额过低，从效率上讲很难成为一种盈利模式。

二、在信托分类的坐标下理解家族信托

家族信托的概念并不是一个规范的法律概念。家族信托本质上属于民事信托，可以是营业信托（信托机构受托的民事信托），也可以是非营业信托（非信托机构受托的民事信托）。

目前关于信托的分类存在着较大的问题，而产生“家族信托一定是营业信托”理解之诱因是信托法上民事、营业和公益信托的三分法。其实，民事、营业和公益慈善信托三个概念并不在一个维度上，并不是按照一个统一的标准做出的划分。笔者建议首先按照营业和非营业信托进行第一个维度的分类，然后，分别对营业和非营业信托按照民事信托、商事信托和公益慈善信托进行第二个维度的分类。

按照这种划分，家族信托属于民事信托，既可以由信托机构依营业方式为之，也可以由非信托机构按照非营业信托的方式为之。

银保监部门对于营业的家族信托进行监管，对于非营业的家族信托似乎并无监管职权；对于营业的家族信托也要以不同于以往的商事信托之方式进行监管。

“信托细则”中的定义从消极方面澄清真正家族信托不属于资管业务，当然意义巨大，但是，只是对家族信托和资管业务之间进行抽象的定性划分，对具有综合属性的家族信托该如何归类、如何监管似乎没有给出清晰的标准（当然，“信托细则”主体不是探讨家族信托，只是顺便提及而已，讨论太多算是跑题）。

三、监管机关应直面家族信托的综合性

从功能上看，信托有两大功能，即，财产转移和财产管理。以集合资金信托计划为典型的信托主要是承担财产管理功能。而家族信托主要的功能是财产转移、传承，但是并非没有财产管理功能，财产管理功能在家族信托中也依然非常重要。

从信托分类上看，民事信托和商事信托以及慈善信托之间的边界并非截然。作为民事信托的家族信托经常会包括商事信托（投融资）和公益慈善信托的内容。

量身定制还是标准化运作？家族信托主要是要靠信托公司为客户量身定制，但是并非不可以标准化。甚至可以说，就目前而言，一定程度的标准化对于目前的信托公司拓展家族信托业务是必要的。

理论上，家族信托不仅是资金信托，而是一种包括资金和财产权作为信托财产的综合型信托。对于非资金的部分，当然不用适用资管新规；对于资金的部分，也不一定就不能适用资管新规。例如，一个大的家族信托（比如 20 亿元）的部分信托财产（10 亿元）进行资产管理，很难说不适用资管新规。

即使从信托业的角度看，家族信托不是一种独立的信托业务，而是综合性的信托业务，家族信托不是一种独立的信托分类。

很显然，“信托细则”中的界定稍显粗暴。

四、以金额作为标准不恰当

定义中明确规定家族信托不能低于 1000 万元，这可能是存在问题的。

这首先打压了实践中的某些信托公司的探索。目前有一些公司有低于 1000 万元的“Mini 家族信托”，不能全部都认为属于“以家族信托为名行资管信托之实”，更何况，家族信托中也可以包含资产管理的内容。

对于有一些家族信托，可能是分批注入信托财产，首期注入的金额如果低于 1000 万元，如果不认定其为家族信托，可能是荒谬的。

如此强化了家族信托只是营业信托的印象，非营业的家族信托可能会受其消极影响。

对于家族信托，应当采取鼓励的态度，而不是抬高标准。判断是否是家族信托的标准是信托目的，而不管信托财产价值几何，至于信托财产门槛，应该由信托公司自己确定，而不是监管者越俎代庖。

有学者建议，可以区分家族信托和家庭信托，后者可以低于 1000 万元。这也仅仅是对民事信托内部做出的进一步划分而已。就家族信托和家庭信托各自应受到如何的对待，仍然值得探讨。

《信托法》是调整民事信托、商事信托和慈善信托的基本法。《信托法》的规则体系可以说就是按照民事信托原理构建起来的。我国目前《信托法》实施的现状是，商事信托一枝独大，慈善信托和家事信托夹缝中生长。就慈善信托的发展，随着《慈善法》的实施，虽不能乐观地认为前景一片光明，但是其在慈善事业当中的重要作用已经逐渐被认识到，其发展是可期的。但是就民事信托的发展，前景仍然不乐观。我国《信托法》发展的一个重要问题是要促进对民事信托的利用。

和日本、韩国以及中国台湾地区同样，中国内地的信托制度是从（主要以信托公司作为受托人的）营业信托[①]为中心而发展出来的，但是人们很少讨论以民事信托为中心的信托法理，民事信托实务同样也没有很大发展，多年持续处在一种不平衡的状态中。人们在现实中很少采用民事信托制度作为规划自己财产的工具，这实际上减少了人们管理自己财产的一种便利的途径。

民事信托在现实中有着其他财产法制度（合同、代理、公司等）所不能替代的、重要的财产管理功能[②]。比如，为了老人的财产管理而设置信托，为了精神障碍者设置信托，以及精神障碍人的父母以子女作为受益人而设置的信托。我国社会也面临老龄化、家庭结构原子化的急速发展，社会保障制度还远远不能满足人们的需要，信托在高龄人和残疾人等的财产管理方面所持有的功能深值关注。

支持高龄人和残疾人生活的财产除了存款、债权、证券之外，还有自有房屋出租、停车位的出租等财产。这些财产具有很强的个性，很难进行定型化、集约化的处理，而且兼具一定的社会保障的性质，因此由以营利为目的的营业信托去担当并不一定适当。这样就需要民事信托的出场。

民事信托的发展取决于两个方面的需求：一方面，法律的革新需要适应社会的需求，另一方面，民事信托的需求同样需要被创造出来、被发现出来。如何让信托法的制度和理论研究满足现实的民事信托需求，促进民事信托的发展，是一个非常值得关注的方向。

目前，包括信托公司在内的财富管理机构开始关注民事信托的发展，也有为数不少的家族信托落地。不过，要激活民事信托制度的应用，不能完全靠财富管理机构从事以超高净值客户为对象的“家族信托”。随着经济的发展，普通民众通过信托机制对自己的财产进行规划的需求在逐渐增加。在笔者看来，把民事信托从高高在上、高不可攀的“家族信托”中解放出来，是促进《信托法》发展的

① 不过，《信托法》为信托基本法，其中并没有直接的调整信托业的规范。第4条：“受托人采取信托机构形式从事信托活动，其组织和管理由国务院制定具体办法”。

② 樋口範雄『アメリカ信託法ノートⅠ』（2000年・弘文堂），第10－11页。

重要方式。

——民事信托让更多的主体成为信托受托人。委托人信任的自然人和其他机构都可以是受托人。委托人的亲友、律师等专业人士都可以成为受托人。而且，认清家族信托的民事信托本性之后，家庭成员或者律师可以加入到高大上的家族信托之中成为共同受托人；家族成员自身和律师等专业人士可以组成家族办公室成为家族信托的受托人。《信托法》原本的灵活性得以体现。“信托机构以外的主体从事家族信托受托人是违法的”观念纯粹属于自我设限。

——不受过分严格的金融监管机构的监管。民事信托是以家庭财产的管理、分配和传承为目的。民事信托的受托人的信托事务管理内容很少涉及影响金融安全从而需要金融监管机构监管的投融资行为。

——让信任自发生成，而不是依靠生硬的法律构成要件的约束。信托从产生之日起，就是不断在探寻自由行为的边界。信托所涉事务基本上属于私人事务，除了家庭成员之外，很少存在法律意义上的善意第三人。信托结构中的各方主体只要诚信行事，信托即被自我执行（self – enforced），法律配套制度的不完备（如信托登记）也不妨碍信托的有效成立。

民事信托让普通民众有亲近感，相比之下家族信托更需要完善制度本身带来的信任感。所以，民事信托存在极大发展空间。盯准家族信托发展的信托机构也要宣传民事信托观念，共同促进市场的发育，倒逼制度革新。

五、小结

要强调家族信托的本质是一种民事信托。如此强调至少有两重意义：

其一，除了信托公司以外的其他主体，只要不构成“经营信托业务”，都可以成为家族（家庭）信托（family trust）的受托人。应清除只有信托公司才能做信托的观念，如此才能促进民事信托作为一种有生命力的民事制度的普及。

其二，对于信托公司所从事的家族信托业务，只要符合家族信托的基本定义：“以家族财富的保护、传承和管理为主要信托目的”，就算作是家族信托（或者至少可以称之为家庭信托）。营业的家族信托不应按照过去的商事信托（投融资为目的的信托）进行监管。监管部门如何监管家族信托业务，值得探讨。

家族信托一时间变成一个新潮的事儿，虽然它根本不是。家族信托的原理实际上就是信托法，没有什么独立于信托法的家族信托法，需要再学习下家事法和其他民商法而已。

第四节 受托人义务明确化的重要规则

2018 年 9 月 18 日，中国信托业协会组织制定的《信托公司受托责任尽职指引》（以下简称《指引》）正式发布。从法律内涵上看，该指引所规范的受托人责任包括两个大的方面：第一是忠实义务，第二是注意义务（勤勉义务、谨慎义务）。这两大义务都是抽象的义务和法定的义务。

一、受托人义务是抽象的义务

经常有人抱怨信托法关于受托人义务规定的抽象性，抱怨其不具有可操作性，实务工作者也无法对规则产生清晰准确之预期。相应的就会有人建议修改法律，完善相关规定，以达到法的实现的效果。

其实，这是一种误解。对立法迷信是其根源。一个没有经过谨慎论证的崭新立法可能会带来更多的混乱和不公。受托人义务规则的抽象性是不可避免的。

义务的产生主要有三种方式。第一是当事人的约定（约定义务），第二是法律的规定（法定的义务），第三是基于司法的裁量。对于司法能够为当事人创设义务，人们考虑得太少。

当事人仅有有限理性。在信托法中，信托行为当事人（委托人和受托人）在知识、信息、专业技能方面是不对等的。对于委托人而言，无论其如何努力，都无法通过完美合同条款的设计来保护自己（不完备合同理论，Incomplete contract）。所以，受托人义务不能仅仅是约定义务。

立法者的有限理性。为了保护委托人和受益人，现代信托法基本上都把受托人义务规定为一种法定义务。即使当事人没有对受托人的义务进行详尽的约定，受托人的行为应当符合法律对其的基本的要求。但是，要求立法对受托人的行为标准作出事无巨细的规定是不现实的。原因在于立法者也是人，而人的理性是有限的——过分严厉的受托人行为标准会限制受托人的裁量权，不利于受托人积极履行职责；过分宽松的受托人义务对受托人不能产生实质的约束。立法者面对社会生活的复杂性无法扮演全知全能的上帝角色。这是法典化必然要面临的困境。

英国的詹金斯委员会（Jenkins Committee）曾经在其公司法修改报告中指出：“将董事义务法典化不仅在立法技术上不可行，即便在当事人能将董事义务完备规定，也会因成为法所固有的滞后性而出现法律漏洞”。[①] 信托受托人义务也是如此。

其实这个问题在侵权法、公司法中都有集中的体现。侵权行为的复杂性、人的注意义务的标准等都无法用一个详尽的法典加以概括的规定。行为自由和社会秩序之间一直存在着紧张关系。

因此，在抽象的受托人义务的规范之下，立法、行政监管部门等当然可以努力归纳受托人行为的类型化，做出规范的受托人行为指引，但是，就受托人的某一特定行为是否违反了信托义务，仅仅靠立法是无能为力的。

在公司法和信托法为代表的广泛的商事管理法的领域，这一问题普遍存在。

解决这一问题的主要方法，是明确承认法院的裁量权，让法院在立法和契约确立的规则框架中，根据具体情形，综合平衡各种价值，做出裁决（事实上司法也只能这样做的；人们也只能让司法这样做——不管这个司法是不是完美的）。基于对法院滥用这种裁量权的担心建立“遵循先例”的原则，确立法官的论理义务，恰恰构成对法院裁量权滥用的限制。不管是大陆法系还是普通法系，承认法官的裁量权，逐渐确立判例的约束力，都是一种必然。

二、谨慎义务的内涵

有一种很普遍的抱怨，说《信托法》对受托人的谨慎义务规定太过于模糊，太概括，不具有可操作性，这导致信托公司等受托人无法判断自己行为的边界，受益人也无法判断受托人是否尽到谨慎义务或者尽职管理义务，信托公司为了保险起见，才把“刚性兑付”搞成行业潜规则。这种抱怨是基于对谨慎义务内涵的不理解。

谨慎义务不是约定义务，或者至少说主要不是约定义务。这是理解谨慎义务的非常关键的一点。即使受托人没有在信托文件中约定他有某种义务，如果其行为没有达到作为受托人的一般的行为标准，比如，作为信托公司这样的专业受托人所应采取的管理方式，其责任也成立。

① 转引自林少伟：《英国现代公司法》，中国法制出版社，2015 年版，第 10 页。

例:在某证券投资基金信托纠纷中,信托公司抗辩说信托文件中没有约定整体止损线,所以信托公司在股票下跌时不能整体止损,造成的损失属于市场风险,自己不应承担责任。这种认识是不正确的。约定止损是一个受托人应当采取的防止损失扩大的基本方法,信托公司没有在信托文件中加以约定,即为违背义务。

谨慎义务作为一种法定义务,是基于信托关系为信赖关系的特点而生的。信托关系中,委托人和受托人地位不平等,受托人是在专业能力、信息和经济能力等方面处于强势的一方,二者不可能通过约定的方式在信托合同中完全约定受托人的义务。委托人无论如何努力,也不可能如上帝一般对未来受托人的行为边界做出界定,必须授予受托人以裁量权。信托关系虽然多是通过合同设立,但是这种合同是不完备合同(incomplete contract),为了保护委托人和受益人的利益,信托法把受托人义务规定成法定条款,借以制约受托人的裁量权。

一方面,为了充分利用受托人的专业能力,必须授予受托人以裁量权;为了防止受托人裁量权滥用,法律对受托人规定了法定义务,补充委托人约定的不足。

立法者也不可能完全规定受托人违背谨慎义务的所有情形,所以,谨慎义务的立法规定是抽象的。中西法域概莫能外。

抽象的关于受托人义务的法定规定如何实施,只能仰仗司法之判断。这也是为什么即使在自命为大陆法和成文法的我国,也必须逐步建立判例或者类似判例制度的原因。当然,法学者也并非不能通过对法理进行解释,对案例进行归纳,使受托人谨慎义务的内涵变得更为清晰。

除了上面所介绍的受托人谨慎义务是法定义务的特征之外,还可以通过以下几个方面加深对其理解:

①受托人违背谨慎义务而生的责任是过错责任。受托人管理信托事务过程中给信托财产带来损失(loss)因受托人是否尽到尽职管理义务而产生不同:如果尽到尽职管理义务,则该损失变成委托人应当承担的风险(risk);如果没有尽到职责,就成为应当由受托人承担的损害赔偿责任(damages)。学理上,受托人应享有一种类似公司董事所享有的经营判断规则(business judgement rule)——损失有时是产生于不可避免的市场风险,不能由管理人承担。

在这种意义上,受托人并无法律义务进行"刚性承兑"。

实务中之所以出现刚性承兑,不仅仅是因为投资者缺乏必要的风险教育,主要是因为作为受托人的信托公司在早期无法赢得投资者的信赖，靠隐性的刚性承兑才能取得一定的竞争力；受托人运用刚兑行为隐藏其管理中的不尽职反倒是一种理性的选择。

鉴于投资者很难证明受托人的过错，信托法和相关监管规章才给受托人施加了非常严格的信托披露、报告、保存相关文件等法定义务，以弥补投资者能力的不足。

②谨慎义务的内涵有一个历史演变的过程。历史上，信托主要体现财产转移功能，受托人主要是无偿的、非专业的自然人，所以更侧重"谨慎"这个词的原本内涵——重视对信托财产的安全，受托人主要承担被动管理职责；但是在现代社会，信托主要体现财产管理功能，受托人更多的是由取酬的专业机构承担，对受托人的要求不再仅是对信托财产安全性的保障，而是普遍授予受托人以投资权，让其运用现代投资和金融工程学的理论，组合投资、分散和对冲风险，为信托财产谋求更大的利益。这也就是英美信托法上受托人义务从遵循"prudent man rule"到遵循"prudent investor rule"演进的原因。相应的，关于受托人投资权规则也有如下演变：从"除非法律或信托文件允许受托人原则上不能有投资权"到"除非法律或信托文件禁止受托人原则上有投资权"。

规则的如此演变授予了受托人宽泛的几乎不受约束的裁量权。据此，受托人在管理信托事务的过程中，除非信托文件有授权，原则上不受委托人干涉，不需要听从委托人的指示；换言之，受托人有义务不听从委托人的指示。

例：某信托公司在管理某证券投资信托过程中，因股市大跌，到委托人处寻求指令是否止损，委托人指令观望，结果导致损失扩大。委托人反而指责受托人没有及时止损，欲追究信托公司责任。此时，如果委托人没有在信托文件中为自己保留指示权，信托公司没有义务听从委托人的指示，信托公司就损失的扩大应承担责任。

③谨慎义务虽然是法定义务，但是和约定义务有着密不可分的关系。

若信托文件对受托人做出特别的行为要求（信托法上的信托文件遵守义务），违背之就构成违约。

受托人的谨慎义务虽然是法定义务，但可以通过约定加以提高或者减轻。只是不能通过约定加以排除。后者表明谨慎义务是受托人义务中的不可削减的核心（irreducible core）。

正是在这种意义上，不能一律说受托人违背义务是违约。市场上动辄说信托违约云云，多数情况下是交易对手违约，导致信托公司无法向投资者按约定支付投资本金和收益。只要受托人尽到尽职管理义务，即便交易对手违约，受托人也未必违反义务。

④监管规范中对信托公司尽职管理义务的规定，可以作为理解受托人谨慎义务的参考，也可以作为司法裁判的参考。

例：2014 年 4 月，银监会发布了《关于信托公司风险监管的指导意见》（业界称之为“99 号文”），可从中总结出来对信托业“七个尽责”的要求：产品设计尽责、尽职调查尽责、风险管控尽责、产品营销尽责、后续管理尽责、信息披露尽责及风险处置尽责，这是对信托公司作为营业信托的受托人事前、事中和事后谨慎管理义务的细化，可作为判断受托人是否履行了谨慎义务的重要参考。2018 年的《信托公司受托责任尽职指引》（以下简称“指引”）承继“99 号文”的规定，进一步做出了更为细密的规定。

三、忠实义务的内涵

英国信托法教授 J. E. Penner 曾经在其著作中半开玩笑地说：如果你明白了忠实义务的内涵，那你就可以自信地把自己归类为这个国家真正懂得信托法的少数人之一。因为律师、法官和学者经常误解忠实义务。当然，忠实义务虽然难以理解，还是比谨慎义务（善管注意义务）更容易一些，原因在于，忠实义务可以被初步类型化。

如果仅仅告诉大家说忠实义务是上升为法律义务的道德义务，以道德玄学教人，实际上相当于什么也没有说。法律义务必须能被细化为人的行为规则。

忠实义务主要体现为一种消极义务（相比之下，善管注意义务是一种积极的义务），简单地说：受托人不能做和受益人利益相冲突（conflict of interests）之行为。

忠实义务和善管注意义务一样，主要体现为一种法定义务，这种义务不可以通过约定加以排除，因此被称为信托法中不可削减之核（irreducible core）。

忠实义务目前比较成熟的类型化有：

——自己交易；

——双方代理；

——竞争行为（我国信托法对此没有规定，从法理）；

——收取回扣（我国信托法对此没有规定，从法理）；

——其他关联交易行为等。

违反忠实义务和违反善管注意义务不同，后者是过错责任，违反忠实义务基本上是一种无过错责任。即使受托人是诚实的，善意的，他/她也不会因此被免除责任。

而且，即使受托人没有给信托财产带来损害，受托人违背忠实义务亦应承担责任。有一些行为压根是不能做的，受托人只要做了某种行为，即有可能承担责任。

这种严苛的责任只能通过类似28条但书的规定加以缓和：经过正当程序，经过委托人和受益人的知情同意（informed consent），受托人从事的形式上的利益冲突行为是允许的。

可能承担忠实义务的不仅仅是狭义的受托人，信托的律师、会计师，受托人的利益相关方（亲属、股东），受益人中的部分，监察人（保护人）等，因其地位和决策可能对信托财产有影响的人，都有可能受忠实义务约束。

违反忠实义务的效果并非无效，一般是可撤销。违反忠实义务的责任方式除了一般民事责任的回复原状、损害赔偿之外，还有在信义法中（fiduciary law）中所特有的归入权。归入权的救济可以牵强地和英美法上的返还救济（restitutionary remedy，或称"吐出救济"）类比。

在国外，违反忠实义务的责任非常严厉，多有刑责作为悬诸于受托人首上的达摩克利斯之剑，因受托人地位之险要、信任构建之脆弱故也。我国法律对于受托人的忠实义务违反的行为过分姑息，诚可叹矣。

四、《信托公司受托责任尽职指引》（以下简称《指引》）的内容和意义

《指引》共十章六十四条，包括总则、尽职调查与审批管理、产品营销与信托设立、运营管理、合同规范、终止清算、信息披露、业务创新、自律管理及附则等内容。

《指引》制定遵循了四个原则：一是贯彻"卖者尽责、买者自负"原则。二是以现有规则为主，辅以个别创新规则。三是注重普遍适用性。四是强制性规范与任意性规范相结合。

《指引》主要依据"一法两规"制定，将银行业监督管理部门出台的监管政策以及其他信托业监管规定中关于明确金融交叉产品的风险责任承担、产品推介、存续期管理等相关内容和要求均纳入《指引》，参考了其他类型金融机构资产管理业务的监管规定，并广泛借鉴了国际上信托法及信托业法规的相关规定。

《指引》作为引导信托公司经营行为的行业自律规则，是对国家法律法规、银行业监督管理部门规章及规范性文件、信托公司内部规章制度的有益补充。

《指引》的发布实施对进一步规范信托公司的经营行为，明确信托公司受托责任尽职要求，促进信托公司认真履行受托人职责，保障信托当事人的合法权益，维护信托业健康有序发展，具有重要的现实意义。

第五节 我国信托立法的展望

一、概述

由于信托法为英美法制度，立法当时坚持“宜粗不宜细”的原则，再加上对“法律移植”和“本土化”如何进行衔接客观上有难度，16 年前我国制定的《信托法》虽然引入了成熟信托法律制度中的大部分原理和规则，但因配套制度的欠缺，整体上操作性较差，仅仅依靠出台行政法规和其他规范性法律文件，无法从根本上解决信托法律制度的完整性问题，更不能满足社会发展对民事信托、营业信托及公益信托的多样化需求。现行《信托法》除了大量细节性条款需要修订外，还有三个制度性问题亟须解决：

一是信托登记制度。《信托法》第 10 条规定的信托登记制度，与我国现行法律规定的特定财产或财产权的设立、变更或终止的登记或注册制度之间缺少衔接和配套的法律制度。目前，我国尚未形成统一规范的信托登记制度，但在信托实践中，涉及信托登记的领域越来越多。《信托法》对于信托的登记机构、登记主体、登记内容、登记程序等问题均没有明确规定，现行财产登记机构一般以没有相关规定为由，对于相关信托活动的财产登记均不予办理，导致许多需要登记才能设立信托的财产和财产权，被排除在信托活动之外。国务院在 2014 年出台了《不动产登记暂行条例》及其实施细则没有解决信托登记的问题；之后的中国信托登记公司的成立没有、也不能解决信托财产特别是不动产的登记问题。这些都严重抑制了信托功能的发挥和信托活动的开展。

二是信托税收制度。信托本身原则上没有法人地位，在国外也有立法赋予商业信托以一定的实体地位以方便税收征缴。信托涉及委托人、受托人和受益人三方主体，存在信托设立、信托财产运营和信托利益分配三个环节，在征税的对象和征税的环节方面都需要一些特殊的规则。但是，由于配套的税收制度不健全，可能导致重复征税或者少征税的后果。信托税制的不完善是制约我国信托业发展的第二大瓶颈。

三是信托业法制度。现行《信托法》没有对信托业作出具体规定，仅在第四条中授权国务院制定具体管理办法，但是国务院至今尚未出台信托业的管理办法。信托是国际上资产管理活动的基础制度安排，信托业是我国发挥信托功能、从事资产管理活动的主要组织，《信托法》对于信托业规定的长期缺位，一方面，导致资产管理行业“政出多门”，目前各金融部门均在从事信托或者类似信托的资产管理业务，但在市场准入、监管规则等方面，极其不统一，致使行业竞争环境不公平，不利于行业的健康发展；另一方面，也不利于投资者保护。具有信托本质的各类资产管理产品，由于缺乏统一的法律标准，导致实践中对于管理人的责任机制、投资者的权利保护机制具有巨大的差异性，宽严不一，极不利于投资者的保护。目前，我国资产管理市场“乱象丛生”，与信托业立法内容的欠缺，有着直接关系。根据全国人大五年立法规划，信托法和信托业法的修改和制定工作均没有提上日程，但据称有关部门在推动制定信托公司条例，希望该条例的制订能为规范信托公司的经营活动和监管提供更明晰的行为指南。

目前，《信托法》为资产管理基本法的观念还没有确立起来。如前所述，我国目前从事营业信托活动的机构有三大类：第一类是信托公司，被称为“信托综合店”，根据《信托法》和《信托公司管理办法》等法律法规开展各种形式的营业信托活动。第二类是基金管理公司等，属于“信托专营店”，根据《信托法》《证券投资基金法》和《基金管理公司管理办法》等法律法规开展公募的证券投资基金信托业务。第三类是保险公司、银行等也可以成为企业年金信托的受托人，也可以兼营部分信托业务，被称为“信托兼营店”。事实上，保险公司从事的资产管理业务以及商业银行从事的理财活动在本质上也属于信托关系。但是，值得关注的是，基金公司、资产管理公司、基金子公司、保险公司、银行甚至信托公司在现实中适用的基本上是监管部门制定的相关行政规范和部门规章，《信托法》基本上被闲置。

资产管理行业整体上属于广义上的信托业，其各个行业在功能划分、监管体制、监管规则上应有一个统一的、高阶位的规划，否则法出多门，无法保证规则的统一和体系的协调，也会导致业界适用规则方面的混乱，无助于整个行业的健康有序发展。

因此，应修改和完善信托法的规则，确立信托法作为资产管理领域的基本法地位，并在时机成熟之时制定《信托业法》，统一规划资产管理行业的业务类型、市场划分、监管模式等，完善资产管理行业的顶层设计。

为此，应在行业内外澄清以下基本观念：

①应逐步确立《信托法》作为资产管理领域的基本法地位。并在时机成熟之时制定《信托业法》，统一规划资产管理行业的业务类型、市场划分、监管模式等，完善资产管理行业的顶层设计。

②应确立资产管理行业整体上遵守的法理为信托法理。信托关系多是根据合同关系设立，但是并非合同债权债务关系，而是一种财产管理关系，资产管理行业从业者的责任为受托人责任，而非简单的约定的合同责任。

③受益人原则上为资产的剩余受益人；资产管理者（受托人）原则上仅能取得固定报酬。

④相应地，根据权责一致原则，除非受托人违反义务，受益人也是资产最终风险的承担者，此即"买者自负"原则；受托人亦无所谓"刚性兑付"责任。

为了适应社会对信托制度的急迫需求，充分挖掘和发挥信托制度的经济和社会促进功能，促进信托业的健康发展，充分保护资产管理产品投资者权益，防范金融风险，法学理论界、实务界和监管部门应在民众特别是投资者中普及信托法的原理和观念，信托法修改和信托业法制订工作也应尽早提上日程。

二、继续期待《信托公司条例》的出台

《信托法》第 4 条规定："受托人采取信托机构形式从事信托活动，其组织和管理由国务院制定具体办法"，授权国务院制定《信托机构条例》。但是《信托法》实施后的十四年间，《信托机构条例》并没有出台，信托公司作为狭义的信托业一直由央行和银监会先后制定的《信托投资公司管理办法》和《信托公司管理办法》调整，抱怨调整信托业的规范层级较低的声音一直不绝于耳。如果能尽快出台《信托公司条例》，可以认为是对《信托法》第 4 条的一个姗姗来迟的回应。

虽然业界对条例的制订充满期待，但是，条例似乎无力解决制约信托业发展的几个瓶颈问题。

第一，是信托财产登记制度和信托税制问题。根据现有的立法和规则制订程序，从银监会的层面无法实质推动信托财产登记和信托税制的建立和完善。

银监会在 2016 年推动设立中国信托业登记公司，2017 年出台的《信托登记管理办法》的主要规范信托产品及其受益权的集中登记、统一发行交易、信息披露与行业监测等，仍然解决不了信托财产登记特别是不动产作为信托财产登记的问题。由于《信托法》的修改和信托业法的制订遥遥无期，人们期待这些问题可以在国务院的层面得以推动解决。但《条例》似乎并没有特别关注这些问题。

关于信托财产登记中的不动产登记，本可以在国务院在早些时候颁行的《不动产登记暂行条例》中加以规定，但是《不动产登记暂行条例》中没有相关规定，其实施细则中也没有解决这一问题；在《信托业条例》（征求意见稿）中只有两个条文的原则性规定，并且仍然有混淆信托财产登记和信托产品登记之嫌。

关于信托税制，即使考虑到税收法定的原则，由于信托税制几乎无关“税种的设立、税率的确定和税收征收管理等税收基本制度”（《立法法》第 8 条第 6 项），似可由国务院推动解决，但是在本条例的草案中并无任何相关迹象。

第二，信托业的分业经营和分业监管体制的重新梳理问题。银行、证券、保险、基金等金融行业从事的资管业务，和信托公司的信托业务并无本质区别，各监管部门出台的监管规则亦和信托监管的规则暗合。基于此，由国务院出台条例，按照“行为监管”的原则，把包括信托公司在内的广义的从事信托行为（信托业务）的金融机构纳入统一监管范围，把本条例（改称为“信托机构条例”）和《信托法》作为资管行业的上位法，是非常值得期待的。但是，本条例很显然不想也没有能力解决这一复杂的、涉及监管政策选择和监管权力分配的问题。在没有理顺现有的金融监管格局、没有理顺现有的立法（规则制定）体制之前，《信托公司条例（或者信托机构条例）》在短期内很难出台；即便出台，也无法解决上述信托业的核心关切。

从之前银监会一系列的监管规范的出台来看，显示出对信托业有从严监管的迹象。严格监管对于维护金融稳定、维护交易秩序和保护投资者均属必要之举，不过，立法者更应注意基本制度设施的完善，为市场主体提供便捷的、可预期的制度工具，让信托制度以其灵活性为社会、经济的发展提供动力。

第六章

“大信托”时代来临：格局重塑与变量分析

第一节 “大信托”背景下格局重塑与信托公司定位

伴随《证券期货经营机构私募资产管理业务管理办法》和《商业银行理财子公司管理办法》的相继出台，中国证监会和中国银保监会官方宣称上述办法均以信托法律关系为基础。这一体制性突破对我国的信托行业和资管行业产生了重大影响，传统意义上的信托业定义发生了颠覆性的变化，信托行业的内涵和外延得以全新明晰和界定，“大信托”时代已然全面开启。

一、“大信托”时代信托业的新边界

2001年全国人民代表大会常务委员会颁布的《中华人民共和国信托法》规定，“信托”是指委托人基于对受托人的信任，将其财产权委托给受托人，由受托人按委托人的意愿以自己的名义，为受益人的利益或特定目的，进行管理和处分的行为。确切地说，“信托”是一种法律关系和制度安排。在特定的历史发展阶段，我国信托业务基本由信托公司专营，形成传统意义上的信托业似乎主要指信托公司业。而且由于仅有信托公司明确受《信托法》约束，导致行业实际发展中，信托、信托公司业和信托业经常相互指代，业界对其也并未进行明确区分。

近年来，随着资管业务的融合与开放，资管行业交叉混业经营成为常态。银行、券商、保险、基金等其他资管机构开始从事业务形式和内容均与信托公司极其相似的类信托业务。但在法律关系上，除信托公司明确其信托业务适用《信托法》规定的信托法律关系外，其他各类机构则大多刻意回避或模糊其理财业务、资管业务属于信托范畴的实质，进而导致虽然各类机构开展的业务相同，但依据的法律基础和监管政策却不相同，政出多门，乱象丛生，苦乐不均。因而业内含糊其辞地将其称之为“大资管”业。

2018 年 10 月，证监会发布《证券期货经营机构私募资产管理业务管理办法》及其配套规则，并明确说明各类私募资管产品均依托信托法律关系设立；12 月，银保监会在《商业银行理财子公司管理办法》答记者问中，也首次明确了商业银行和银行理财子公司发布的理财产品均依托信托法律关系设立。至此，原来模糊不清刻意回避的法律关系定位问题得以明确和肯定，所有金融机构开展的理财业务和资产管理业务均属于信托法律范畴，均属于受《信托法》约束的信托业务，信托业务主体多元化的“大信托”时代已经正式来临。

“大信托”业意味着，信托作为一种法律关系和制度安排已经不再是信托公司的专利，而是可以被广泛运用于各类资管理财机构，所以今后信托业将不再等同于信托公司业，信托公司也不等于信托业更不等于信托。这更意味着，信托的永恒，并不意味着信托公司的永恒。因此，当信托的制度优势可以被其他资管机构广泛运用时，传统概念上的信托公司如果不能创新发展，彰显信托本源主业，甚至仍然热衷于“耕别人的田”，则以后信托行业的主角有可能将不再是信托公司。与此同时，在此“大信托”背景下，现行的《信托法》作为一个行业基本法，已不能满足信托行业的快速发展和监管要求，“大信托”业迫切需要《信托业法》的制定和出台。

二、2019 年“大信托”背景下信托公司面临的挑战

（一）宏观金融体制创新的挑战

《商业银行理财子公司管理办法》的出台正式拉开了我国商业银行混业经营的序幕。商业银行混业经营的大幕已经正式开启，商业银行传统盈利模式转型进入实质性阶段。

根据商业银行理财子公司管理办法规定，凡是符合条件或者符合要求的商业银行都可以建立自己直接控股的理财子公司。在这种背景下，实际上我国的商业银行已经朝着通过异业子公司实现混业经营的方向迈出了实质性的一步。因为世界上金融机构混业经营的模式可以采用三种模式：一是全能银行模式，二是金融控股集团，三是异业子公司形式。所以，今后如果商业银行普遍都设立理财子公司的话，那么就意味着我国商业银行已经开始迈入通过异业子公司来实现回归混业经营模式的发展阶段了。而伴随商业银行这一对传统金融监管体制和经营体制的重要突破，可以预期，是保险业、证券基金业等其他金融机构的混业经营举措会接踵而来，信托公司保留的所谓专属业务将很快被蚕食，各种“制度

红利”“牌照红利”迅速丧失殆尽，各类以规避监管约束、政策约束而大行其道的所谓同业合作也会逐渐退出历史舞台。而主动资产管理能力必将成为信托公司立于不败之地的不二法门。

（二）《资管新规》背景下的强监管挑战

2018年4月，中国人民银行、中国银行保险监督管理委员会、中国证券监督管理委员会、国家外汇管理局联合印发的《关于规范金融机构资产管理业务的指导意见》，为今后我国资产管理机构的发展和资产管理市场的运行树立了统一的监管标准，从而也使得过去推动信托公司爆发式增长的“通道业务+融资业务”模式丧失了生存空间。另外打破刚性汇兑、限制层层嵌套和资金池等也都对信托行业的短期发展产生着不利的影响。因此，信托公司应积极进行业务创新、去杠杆、去嵌套，在积极压缩通道业务，回归本源定位，助力实体经济发展的过程中，利用其过去积累的资产端、客户端、渠道端、品牌端以及人才团队等资源优势，深挖信托制度优势，依托其他资产管理机构尚不具备的信托“目的功能”，不断创新信托业务。

（三）同业竞争的挑战

大信托业背景下，信托行业已不再单单指代信托公司，凡依托信托法律关系设立、发挥信托制度优势的商业银行理财子公司、证券投资基金、基本养老保险基金、证券期货经营机构的私募资产管理业务等其他信托业务也均应纳入信托行业范围，这也预示着信托公司在未来的发展过程中将面临更加严峻的同业竞争挑战。

首先是信托公司“牌照红利”的终结，仅存的少数制度垄断被进一步打破。银行理财子公司的经营范围、理财功能和资本规模全面超越信托公司，在主流理财市场形成压倒性优势。实际上就是批多少家银行理财子公司的牌照就等于批了多少升级版的信托牌照。所以说从这个意义上来说，也可以理解为所谓信托牌照冻结的时代已经结束了。一个更高层次的更加完善，更加规范，也更加惨烈的理财市场或者资管市场的竞争时代已经来临了。其次，银行理财子公司的经营范围既包括公募理财，又包括私募理财，同时还包括咨询和顾问业务。如此实际上不仅几乎涵盖了信托公司主流资金信托的业务范围，而且在公募理财业务方面，已经大大地超越了信托公司所谓传统的优势。进而大大地拓展了银行理财子公司的市场空间和竞争能力。同时银行理财子公司资本实力雄厚，四大银行设立的子公司注册资金均超百亿。再次，信托公司传统主流业务模式受到颠覆性冲击。特别是对所谓银信合作通道业务产生巨大的影响。所谓银信合作，如果从正面意义理解，是因为商业银行在分业经营条件下，某些业务由于一些所谓政策约束、监管约束，或者是一些工具上的约束，才导致银行借用某些资管工具或渠道加以实现，其中包括信托工具和信托渠道。而现在既然银行可以通过理财子公司来开展混业经营，那当然今后此类同业合作都会大大的弱化，信托公司不可能置身于事外。传统意义上的银信合作必然会大大的削弱，减少乃至绝迹退出市场。最后，信托产品销售将进一步受阻，银行代销模式难以依赖。毋庸置疑，银行理财子公司全盘承接了原银行总部所有的理财业务功能，必将在银行转型创新业务战略中占有非常重要的地位。在商业银行资管理财板块中首当其冲的地位是不可撼动的。这就是说今后理财子公司和他们母公司之间的业务协同，资源共享，特别是产品的销售渠道和产品的销售手段以及理财子公司的客户群的覆盖面来说，与信托公司相比都占有无可争议的绝对优势和优先地位，在产品代销份额上形成此消彼长的格局。

三、2019年“大信托”背景下信托公司再定位

（一）积极推动制定出台《信托业法》

自2007年“新两规”颁布实施以来，已整整过去十年了，在这期间信托公司持续稳健发展，这一切都离不开有效的监管。经历了近10年的不断优化和升级，现有监管体系已经相对完善和成熟。然而随着“大信托”时代的来临，信托行业的主体更加多元，除信托公司外，银行、证券、保险、基金、期货等金融机构均可依托信托法律关系被赋予受托管理资产业务资格，开展信托性质的资产管理业务，过去仅仅依托《信托法》和《信托公司管理办法》《信托公司集合资金信托计划管理办法》对“信托行业”的监管已然无法适应当前“大信托”时代的混业监管要求。另外虽然《信托法》已实施十多年，但在内容上只是对信托当事人、信托行为及信托法律关系等做出了规定，属于《民商法》范畴，缺乏对《信托行业法》的具体规定，即缺乏对信托行业监管的规定。过去，信托行业的主体仅为信托公司，如果说银监会通过制定《信托公司管理办法》《信托公司集合资金信托计划管理办法》等明确了银监会对信托公司监管的法律地位，稍稍填补了信托行业立法的空白。那么现在，在“大信托”背景下，随着各类金融机构争相进入信托业，信托业已演变为从事信托业务的所有金融机构的总和或相应业务的市场总和，

在分业监管体制下，难免陷入经营运作的法律困境，《信托业法》空白的弊端再一次显现，顶层设计落后于行业发展将成为“大信托”业未来发展的桎梏。

另外，虽然在法律关系上已明确其他资管机构的某些业务属于信托业务，然而在分业监管的模式下，当前对信托公司的监管要求对其他资管机构并不适用，因此《信托业法》的缺位使得其他机构在客户门槛、业务准入、监管标准、分支机构设立、业务创新等方面具有明显的监管优势。这在日益激烈的“大信托”业竞争中使得信托公司处于不利地位。因此无论是从行业监管还是从“大信托”业的发展来看，“大信托”业都迫切呼吁《信托业法》的制定和出台。

（二）彰显信托制度优势，回归本源信托业务

导源于英美法系的信托法律关系具有独特的法律架构和运行原理，其强大的灵活性“可以与人类的想象力相媲美”。通过信托财产的受益权与所有权的两权分离，实现委托人破产隔离功能。在赋予受托人可以自身名义管理运用和处分信托财产的同时，又严格约束受托人的权利，强调受益人利益最大化原则。由此造就信托通过自益信托、他益信托、公益信托等方式满足各种社会需求的广泛适应性与灵活性，这也是信托公司的核心竞争优势。虽然当前信托制度优势已不再仅仅是信托公司的专利，但是信托公司作为过去以及现在信托行业的主角在此次行业竞争中理应当仁不让，信托公司应充分利用其资产、渠道、人才等方面积累的经验优势，对信托制度优势进行深度剖析，依托其他资管机构暂不具备的“目的功能”，不断创新信托业务，回归本源，发挥其在财富管理、企业管理、社会公益、事务管理等方面的制度优势，在金融资产证券化、信托基金、不动产信托、养老金信托等营业信托方面，在子女教育信托、抚养信托、赡养信托、生活护理信托、遗产信托、慈善信托、家族信托等民事信托方面，开辟出自己的康庄大道。进一步拓展信托服务社会经济的潜能，并与其他信托受托人一道，共同构筑中国“大信托”的宏伟大厦，一起描绘中国“大信托”的美丽蓝图。

（三）创新经营模式，构建差异化核心竞争能力

当前大信托时代背景下，信托公司在此次行业竞争中倍觉压力的一个主要原因是信托业务的同质化，信托业务的“同质性”体现在“外同”和“内同”两个方面。所谓“外同”是指信托公司的主流业务和商业银行等其他资管机构开展的信托业务具有很大程度的同质性，并且在此类业务的开展上其他机构可能具有更大的优势；所谓“内同”则是指信托机构之间的业务结构极其雷同。例如，在信托

产品设置和信托业务的执行方面，信托产品无论是在期限安排、目标群体锁定还是产品结构上都存在很大的相似性。而在信托业务的设置上也有同类特点，目前我国大部分信托公司主要采用以债权贷款为主的业务模式和盈利模式。平台贷款、房地产融资、证券投资、通道业务是大多数信托公司的增长来源，相较于国外成熟的信托业务发展模式，我国信托公司业务结构较为单一，且存在突出的同质性经营问题。这种同质性造成信托公司业务模式定位模糊，过去过度追求综合性、多元化的"金融超市"模式弊端逐渐突出。因此在未来的行业竞争中，信托公司应专注于打造差异化竞争模式，各信托公司通过正确审视自身的资源禀赋，依托自身的比较优势，精确定位适合自身的业务模式和投资领域，实现业务品种的专业化、精细化、特色化与链条化。

第二节　2019 年信托业十大猜想

2019 年是我国现代信托业发展四十周年的重要时点，这期间也仅有十多年的时间是相对稳定的发展阶段，所以说我国信托业依然处于成长阶段。机会型业务策略以及类信贷模式决定了信托业务具有很强的周期性，而且周期变化时间越来越短，未来信托公司需要解决的核心问题是确保商业模式具有更强的可持续性，更快适应资管新规的要求，打造安家立命的专业水准和市场地位。

猜想一：监管政策会有期待

这种期待不是指监管政策的放松，这也与大的监管导向不相符，2019 年严监管、严处罚的趋势不会变。主要还是指监管政策可能会有更多作为的空间，2018 年信托年会监管层发言已经给出了很多信息。当然，像《信托法》修订、《信托公司条例》的推进是多个部门协调的事情，短期难有成果，反而更可能是在现有监管权力范畴内解决信托公司的关切问题。诸如，资管新规细则方面，银行理财业务、证监会监管下的私募产品都已出台了实施细则，2019 年监管部门会针对信托业务有更详细的解读，这也为更好地落实资管新规奠定基础，尤其是对于涉及净值化管理、打破刚兑等核心问题，必须由监管部门给出更明确的方向，否则落地难度比较大。当然，对于产品报备、信保合作中的监管处罚程度认定等方面可能有放松，但也会在流动性管理等有更严格的监管要求。

整体上看，监管政策会在风险监管、提高效率以及推进行业发展之间寻求平衡。当前，信托业务监管制度供给不足，一方面是制度缺失阻碍了信托业务的发展，而另一方面监管制度的不足也导致部分信托业务的不规范经营。未来，监管的思路需要转变以保刚兑为主的风险处置型监管，需要更加注重信托公司行为监管，进一步细化和落实受托人责任，在真正确立起信托文化和信义基础之前，部分情况下需要更加严格限制受托人自由发挥的空间。从发达国家看，信托业的良好发展都离不开较为完备的信托法律制度，这也将是个漫长的过程，不会一蹴而就。

猜想二：信托规模继续下滑

2018 年，受到严监管、去通道等因素影响，在到期清算规模增大以及新增信托规模大幅下降的情况下，信托资产规模增速出现了有统计数据以来的首次负增长，预计年底信托规模可能在 22.2 万亿元，全年增速约为 -10%。虽然监管部门对于通道业务有边际放松的迹象，但是难以扭转去通道的大趋势，整个资管行业都会经历挤水分的过程。2019 年信托项目到期量增速有所放缓，但是绝对规模仍较高，加之新增信托规模动力不足，这也决定了 2019 年信托资产规模仍然呈现下降态势，预计降幅会有所扩大，信托规模可能降至 18 万亿元左右。由于信托通道占比达到了 60% ~70%，而且大部分委托人为银行资金，在银行理财转型尚未完成前，以及监管严格限制银行表内资金同业投资时，去通道趋势将会不断削弱信托规模增长驱动力，预计这种趋势在 2020 年前难以实质缓解，最终信托规模可能降至 10 万亿元以下，之后逐步稳定。

2020 年之后，主动管理业务规模可能会受到净值化管理、去刚兑等影响而增速进一步放缓，而事务管理类会逐步保持稳定增长。未来，信托公司可以加强资产证券化、阳光私募专业服务、股份代持等事务管理类信托业务以及真正的财产权信托业务，缓解现有业务增长动力不足的问题，但是根本上还在于需要提升主动管理能力，放弃简单粗放的拼规模增长方式。

当然，去通道趋势也有促进信托业务结构的优化，预计信托公司主动管理业务占比会有明显提升，不过这种提升更多是被动结构调整的产物，主动管理能力的强化仍需要一个逐步培育的过程。

猜想三：转型发展优先解决核心痛点

这些年信托业一直都在提转型发展，而且信托制度的灵活性也赋予了其与各类社会经济需求相结合，产生新的模式和火花，但是实际转型的效果并不好，现实完全成功的案例并没有，很多创新业务都是昙花一现，很难固化盈利模式和规模化发展。这说明转型更多不在于外部机会不够，而更多在于信托公司自身内部的问题。所以，信托公司在转型发展的时候，需要解决其中的关键点或者痛点，否则在传统业务仍可以挣钱的时候，转型很难持续。

信托公司的经营思路很明确，是个混合杂糅体，这跟信托制度在大陆法系下的另类风貌很切合，信托公司业务发展呈现投行化的考核、信贷化的思路、缺失受托人文化。这种机制下，如果把业务创新交给一般业务团队做，那么最终收入导向的考核必倒逼团队做最拿手、最容易挣钱的业务。而如果成立专门的业务部门，则需要更加量体裁衣的考核机制，诸如股权类业务的考核机制可能就很难与现有的债权业务考核机制相容，这就考验信托公司对于牺牲短期利益的容忍度。

所以，转型很难自下而上，对于信托公司更要至上而下，需要从战略角度去作出改变和成本投入。而且，需要明确，传统业务的升级和创新业务的布局，都需要背后一整套能力体系的建设，是一个全面的转变和配合。目前，信托公司可能接近了顶层设计、业务部门也进入了角色，但是可能卡在了风控、后台运营等方面，这也是需要特别的注意。

信托公司转型不再是一个推动单个业务创新的简单概念，而是一个系统工程，需要共识、远见和成本投入，很多时候可能只看到了部分信托公司在孵化新兴业务成功的挣钱效应，却没有看到它成功前的长期探索和付出。

猜想四：财富管理体系构建需要兼顾数量和质量

2018 年，信托行业发展有很多热点和关注焦点，财富管理绝对是核心关注点之一。越来越多的信托公司将财富管理建设放在了更加重要的位置上，加快在经济发达、高净值人口密集的一二线城市布局，客户争夺日益激烈。财富管理业务离不开理财经理队伍的建设，部分信托公司制定了非常庞大的财富管理团队建设目标，2018 年信托公司下大力气招聘理财经理，除了信托公司之间的人员流动，更主动从银行、券商等机构吸引人才。信托公司财富管理业务发展的这种转变，除了与货币政策变化引发的产品募集难度增加等因素有关外，更与资金端的部分长期因素变化有密切关联。一方面，以往大量机构资金的存在可以在不同程度解决募资难的问题，《资管新规》后，银行理财面临整顿，配置长期信托产品的需求大幅下降；严监管下银行表内资金投资信托产品受到更多约束，诸如农商行在资金运用上多了地域上的监管限制；财务公司对于信托产品的投资兴趣也在降低。另一方面，我国老龄化趋势下超高净值客户传承需求上升，推动家族信托需求的持续升高，目前有一半以上的信托公司开发和落地了家族信托产品。与国外资产管理资金中80%左右为机构资金不同，我国居民理财意识才刚刚觉醒，金融脱媒逐步加快，而且养老金、保险资金这些重要机构资金规模还有限，更多存量财富仍集中于个人客户手中，这也凸显了未来一定时期内开发个人客户成为各个信托公司资金来源的重中之重。

2019年，财富管理的问题依然是行业关注的核心问题，招人、设立网点的趋势仍会持续下去，这种趋势有望持续2～3年，这个过程是从数量到质量发展的必经过程。当然，高质量发展的直销体系聚焦点在销售人员达到一定规模后，不再是简单招人卖产品这么简单。首先是解决好招来的人如何用好的问题。提高个人效能很关键，需要在扩张人数的同时提高人员质量，包括后续的人员培养、与企业文化的认同、在现有平台和产品服务基础上建立客户关系。其次是明确激励机制，在简单销售阶段，合理的激励机制最重要，否则在当下这个财富管理人员需求旺盛的情况下，很难留住人。还有就是，明确财富管理的最终方向，是否有更高的目标，诸如提供以资产配置为核心的产品配置还是仅是满足信托产品的销售。最后就是，需要逐步解决客户精准销售问题，不同类别客户的需求不太一致，一般高净值客户更需要具有较高收益的产品，而超高净值的客户需要的是服务，包括财富传承、家族事业、资产配置建议等。

猜想五：信托产品收益率有下行趋势

2018年，在去杠杆政策以及房地产企业、平台企业紧张的资金需求推动下，信托产品收益率追随银行信贷定价，持续上升，四季度后企稳趋势。在银行理财收益率下行、P2P爆雷的情况下，信托产品投资具有了较高的性价比。

2019年，货币政策将保持相对宽松状态，宽信用传导机制逐步畅通，有利于实现融资渠道的畅通，同时企业融资需求有进一步回落趋势，这在一定程度上将推动融资定价下行，从而实现宽松货币政策推动融资成本的下行。在此背景下，信托行业所聚焦的房地产、平台公司整体资金需求仍较紧张，不过从风险方面考量，信托公司自身风险偏好会下降，客户准入将有所提升，高信用资质客户的融资渠道会更畅通，议价能力会更强，也会有较好的资金成本把控能力。从资金端看，充足流动性有利于改善机构资金的供给，信托产品在各类固定收益类产品中依然具有一定收益率优势，资金供给也会相对增多。整体看，信托产品市场供给和需求会相对平衡，从而促进预期收益率的走低，但是难以出现 2016 年的情况，毕竟机构资金只是边际改善，而不会主导信托资金端。

猜想六：净值化非标产品有可能诞生

根据《资管新规》要求，资管产品需要进行净值化管理，这对于投资标准化金融资产的资管产品相对容易，而对于非标类资管产品相对较难。信托产品净值化管理面临较大挑战，《资管新规》还有两年过渡期，需要加快探索净值化产品，从理念到实践实现转变，也给予投资者适应的过程。

信托产品净值化管理将改变信托业务模式。过往信托产品主要是类信贷模式，在支付投资者固定收益后，依靠收取类利差的信托报酬作为主要盈利来源。采取净值化管理后，则需要在信托产品销售阶段清晰列示信托报酬率、销售费率等，明确计提方法，投资标的价值扣除上述费用后，剩余部分全部为投资者所有，以产品净值的形式反映出来。这意味着信托公司信托报酬的来源不再是类利差，而是管理费，此时更需要通过专业水平赢得客户信赖，通过专业管理为投资者创造更高价值而分享超额收益。

2019 年信托版资管新规细则出台后，监管部门可能指导信托公司集中解决净值化管理这一难点，推出首批净值化非标信托产品，否则如果过渡期不能完全处理净值化管理问题，《资管新规》完全实施后，信托公司主动管理产品面临无法发行的问题。从实践看，信托公司拟需要搭建净值化管理的政策、流程和管理架构；需要建立估值所需要的系统、基础数据、校验体系；需要信托公司促进信托产品净值的稳定性，推动组合化、基金化管理，提高风险分散力度，避免单一融资主体违约后对投资者造成一次性过大损失。

猜想七：信托业务风险形势仍不乐观

2018 年，信托公司信托风险项目显现较明显，存续信托风险项目尤其是集合类风险项目增速非常快，达到 116%，诸如华信、凯迪、中弘、海航、乐视等大型企业均涉及了较多信托公司的风险项目，整体看 2018 年工商企业、平台项目风险有较快显现。

2019 年，在宏观经济下行压力增大、企业综合绩效承压的情况下，宽信用政策以及支持民企、小微企业的宏观政策，有可能促进工商企业的信用风险边际改善，但是难以实质改善，依然需要特别关注，好在 2018 年工商企业类信托项目风险已经有较大出清，2019 年更多是聚焦处置存量工商企业信托的风险，预计新增风险会有一定下降。2019 年需要特别关注平台类、房地产类项目的风险。2019 年，中央经济工作依然强调了要解决地方政府债务问题，还在于堵旁门，开正门，加大债券发行，而会限制其他融资。目前看，很多地方平台资金链非常紧张，而且在融资成本方面也很高，这也是个非常危险的信号，虽然融资平台有政府背书，但是不排除有流动性风险的问题。房地产方面，2019 年房地产调控会边际放松，由于这一轮房地产调控主要是因城实策，所以未来房地产调控难有一刀切的刺激，而且居民高杠杆下，大规模刺激房地产虽然在短期可以解决投资问题，但是在长期可能引发居民去杠杆的问题，那么金融风险、消费滑坡的风险需要关注。所以，需要关注中小企业、三四线项目风险，2019 年将是房地产信托到期量较大的年份。同时，在近年大力发展个人消费金融后，个人过快加杠杆的问题将会在收入增速放缓的环境下，有部分显现，信用卡违约率已经开始明显上升，循着宏观经济增速下降—企业绩效下滑—个人收入下降的路径，明年个人偿债方面的风险值得关注。

猜想八：信托公司业绩继续承压

2018 年，信托公司经营业绩下滑，信托业务基本持平，而固有业务由于资本市场的波动而托了后腿，加之信息科技投入、财富管理网点建设、风险增大的减值压力等使得利润增速出现了明显的下滑，营业收入与利润增速差异拉大，这种情况多数出现在信托业下行阶段。

2019 年，信托公司经营业绩依然承压，可能仍面临负增长态势。

从收入方面看，通道业务继续收缩，但是难以再现 2018 年年初费率高升的情况，主动管理业务方面，近年来持续高歌猛进的房地产业务存在放缓的可能，尤其是在房地产景气度下行阶段；基建投资有一定作为，但是需要提升客户资质，选择优质平台；工商企业信托依然受困于风险和可布局的较少而作为不大，而其他新兴领域收入贡献难以超越传统业务。固有业务在资本市场平稳后，会有所改善，有利于提振营业收入。

从支出方面看，信托工商直销渠道建设依然加快进行，相关支出会继续增加；信息科技建设投入力度会更大，在整体风险没有实质下降前，拨备计提压力仍会不小，从而带动整体支出增速可能超越营业收入增速。

综合来看，信托公司2019年利润方面依然承压，仍然呈现负增长态势，信托公司会因展业形势以及风险状况的不同而会呈现较大的差异。

猜想九：理财子公司来了，信托公司面临的机遇与挑战

从市场竞争看，整个资管市场上，理财子公司作为新面孔，将会在上半年正式亮相。考虑到银行理财子公司具有的先天的业务资源、客户资源和品牌等优势，确实将会搅动资管行业新的变化。理财子公司的到来首先就会削弱过往的绝大部分通道业务，继续加速信托去通道的趋势，而且其还会在优质非标资产、高净值等方面与信托公司进行争抢，降低信托公司的市场空间。从合作方面，理财子公司参与非标贷款等业务，仍需要借助信托通道，同时信托公司可与理财子公司在非标业务创新发展等方面进行深度合作。当然，理财子公司充分发挥其天然禀赋，需要内部机制体制、人才、风险体系的建设和成熟才可以，这需要一个过程，也为信托公司发展壮大自我提供了有利时机，需要信托公司提前作出对策，发挥比较优势，在非标业务、财产权信托、高端客户综合服务等方面寻求更大的突破口。

从信托行业内部看，《资管新规》不仅改变整个资管行业，也会很有可能改变信托业的竞争结构，低质量发展的信托公司面临业绩低增速甚至下滑的问题，而能够成功实现高质量发展的信托公司继续表现出优质的增长潜力。信托业正在经历10年来最关键一次的转变，这考验信托公司领导者的战略眼光和思路。资管新时代，行业成功关键因素在于客户服务能力、资产管理能力、风险控制能力、创新能力。在统一监管下，大类产品同质化程度会越来越高，客户需求对于市场的决定性作用会越来越大，市场对于客户的争抢越来越激烈，对于客户服务的能力越来越关键，提升客户服务体验，增强客户黏性，针对不同层次和类别的客户，提供更有针对性的产品服务和金融服务方案。资产管理能力主要是专业水平的提升，信托产品募资难，更在于说明产品本身并不是市场需求的，而且大部分资产都是其他机构客户或个人不难获得的。资产管理能力一方面体现在大类资产的配置能力，另一方面体现在根据经济和金融市场运行规模，为客户提供较优质的资产类别。风险控制能力是做金融的最根本的要求，未来信托公司需要摆脱信贷文化以及刚兑思维，建立针对特定风险、特定产品特点的风控体系和风险管理工具，风险控制的目的是

降低产品波动性，提升对于客户资产的保护，能够更好地尽职履责。创新能力是信托所具有的特质，但是这种创新不是绕监管、规避监管，而是以服务客户需求为根本出发点，创设既合规又能满足客户需求的资管产品，诸如针对打破刚兑又要保持投资收益稳定，可以加大组合类投资、FOF 投资，在部分牺牲收益率的同时，提升组合分散风险能力。这也为部分具有发展潜力的信托公司赶超提供了很好的机遇，信托公司内部的竞争格局也将发生非常大变化。

猜想十：夯实基础管理成为适应复杂环境的必然要求

面对不断变化的市场环境，保持管理弹性成为一种必然，当然信托公司的扁平具备了这种快速应对的能力。但是也需要看到信托公司的这种应对相对僵化，只能说是在自身比较优势的领域是可以的，而应对更多监管变化、转型发展变化并不足够，所以必须要夯实管理基础。这个基础包括更加完善的信息系统、更加快速的学习能力以及更高效的内部资源整合能力。

信托公司信息系统建设相对薄弱，在应对内部经营决策、监管信息报送要求等方面，都不充足或者反应相对滞后。这两年来，信托公司已高度重视信息科技开发和建设，相关投入更加重视，弥补这个发展短板，未来信托公司仍需要结合金融科技发展趋势，提高信息化建设水平，通过科技赋能展业能力、客户服务能力以及经营管理能力，更好地应对内外部情况的变化。

信托公司的学习能力较强，模式复制比较快，不过这主要体现在非标领域，而在其他领域可能就不会这样了，所以信托公司想要把自己打造得更加完善，就需要不断强化这种能力。学习的能力来自于新环境下的吸收、创新和突破，这就需要打造内部研发、学习型组织，内化到企业文化当中，提高信托公司的敏锐性和前瞻性，更好地捕捉发展趋势和内外部动向，从而及早作出应对策略。更多信托公司在加强建设研发部门，当然对于研发部门的定位以及具体切入点仍需要继续探索和完善。

高效的内部资源整合是通过良好的组织架构，实现各种资源的配置和布局。为促进专业化发展，更多信托公司开始建设专业化的业务部门，形成准事业部的架构，部分信托公司在探索把业务团队和风控环节更好地结合，以此达到形成最优的展业能力。随着信托公司的发展壮大、转型，信托公司需要有能力及时通过组织架构调整、各类业务资源的重新组织和调配，形成最具效率和优势的组合方式，从而适应内外部经营环境的变化。

附录

2018 年之前的信托法律法规综述

一、"一法三规"体系基本形成

2001 年是中国信托法制划时代的一年。在这一年，《信托法》颁行，确立了其民事信托、营业信托和公益信托的共同基本法的地位，同时也确立了其资产管理行业基本法的地位。该法虽失之粗略，但也明了地确立了信托法基本原理，例如，信托财产的独立性及信托破产隔离功能，受托人的忠实义务、注意义务[①]和信息披露义务，受托人对受益人的有限责任，受益人的最终风险承担者的法律地位等基本规则得以确立，成为之后一系列信托相关法律法规的基础。

2001—2002 年，《信托投资公司管理办法》和《信托投资公司集合资金信托计划管理暂行办法》（"旧两规"）相继由人民银行颁布施行，之后在 2007 年《信托公司管理办法》和《信托公司集合资金信托计划管理办法》（"新两规"）由银监会重新修订颁布。这两个"办法"的法律层级虽然较低，但部分起到了"信托业法"的功能，信托法律体系和监管框架也随之逐步建立完善，信托业开始走上规范化发展的轨道。特别是"新两规"的颁行，使得信托功能定位更清晰，信托主业更加突出。这些规范起到引导信托行业发挥信托制度优势，立足本源业务，提高自主管理能力的作用。

2010 年，银监会颁布了《信托公司净资本管理办法》，该办法旨在引导信托公司从事主动管理业务，逐渐转向提升业务技术含量的内涵式的发展模式。至此，所谓"一法三规"的信托法律框架初步形成。

《信托法》为"形式意义上的信托法"，确立了信托领域适用的基础性的、根本性的规则。但是值得注意的是，信托法理不仅仅适用于信托公司所从事的业务。由于《证券投资基金法》和《企业年金基金管理办法》中都明确规定是根据《信托法》制定，二者和《慈善法》中关于慈善信托的规定都可以被理解为信托法的特别法（规），在这些特别法没有规定的时候，应适用作为一般法的信托法之规

① 虽然《信托法》条文使用的是"诚实、信用"和"谨慎、有效"这样的术语。

定。而且，在更广泛的意义上，基金公司、资产管理公司、基金公司、保险公司甚至商业银行等机构在从事资产管理业务的时候，虽然在监管上应按照分业监管的模式由其各自监管部门对其业务进行监管，但是在出现纠纷的时候，均应适用《信托法》以及信托法所确定的原理。由此，与信托行为相关的一系列法律规范构成“实质意义上的信托法”。但是，在分业经营、分业监管的现实面前，在资产管理行业和民众中普及和深化信托法理仍然任重道远。

二、信托公司监管法律法规体系逐渐完善

立法部门和银保监会颁布了一系列关于信托公司监督管理法规。除了上述《信托公司管理办法》和《信托公司净资本管理办法》之外，立法部门在 2003 年通过了《中华人民共和国银行业监督管理法》（2006 年 10 月 31 日修正），该法为银行业监督管理的基本法律。另外，监管部门还具体制定了《信托公司治理指引》、《信托投资公司信息披露管理暂行办法》、《信托公司监管评级与分类监管指引》、《金融机构高级管理人员任职资格管理办法》、《非银行金融机构行政许可事项实施办法》（2015 年已修订，之后不再调整信托公司）、《关于进一步加强信托投资公司内部控制管理有关问题的通知》、《关于支持信托公司创新发展有关问题的通知》、《金融许可证管理办法》、中国银监会关于印发信托公司净资本计算标准有关事项的通知（银监发〔2011〕11 号，2011 －01 －27）、银监会与财政部共同起草了《信托业保障基金管理办法》（银监发〔2014〕50 号）、《信托公司行政许可事项实施办法》（中国银监会令 2015 年第 5 号，2015 －06 －05）、《信托登记管理办法》（银监发〔2017〕47 号，2017 －08 －25）等规则。这些法律法规确立了我国信托业机构的法律属性、内部治理结构、经营体制、经营范围和经营规则，并确立了信托业的监管机构及其监管权限、监管职责、监管内容和监管手段。

除了对信托公司的综合监管规范之外，为了对特定的信托业务加以规范，我国还在各具体信托业务领域制定了专门的规范。例如，对证券投资基金，我国制定了《证券投资基金法》（2003 年），并在 2012 年底进行了大幅度修改（2015 年的修改删除了原第 17 条）；对于企业年金，人力资源与社会保障部制定了《企业年金试行办法》和《企业年金基金管理办法》等规定；而中国银监会针对信托公司具体的信托业务，发布了《信托公司集合资金信托计划管理办法》、《信托公司受托境外理财业务管理办法》、《信托公司私人股权投资信托业务操作指引》、《信托公司证券投资信托业务操作指引》、《银行与信托公司业务合作指引》、《信

贷资产证券化试点管理办法》、《保险资金间接投资基础设施项目试点管理办法》、《信托公司参与股指期货交易业务指引》、《关于加强结构化信托业务监管的通知》、《关于加强信托公司房地产、证券业务监管有关问题的通知》、《关于规范银信类业务的通知》（2017 年 12 月 22 日，简称 55 号文）等一系列的规章和规范性文件。另外，在 2014 年，银监会《关于信托公司风险监管的指导意见》（银监办发〔2014〕99 号）（下称“99 号文”），对信托公司的风险防控、转型方向和监管机制三个主要方面做了规定，“99 号文”是 2014 年乃至今后一段时期信托公司监管思路的总纲。2015 年银监会颁行的《信托公司行政许可事项实施办法》（中国银监会令 2015 年第 5 号）又对信托公司从事需要行政许可的特殊业务进行了重新规范，这些法律法规和文件为监管信托公司的业务开展提供了较为全面的规范基础。

另外，2015 年中国信托业协会（以下简称协会）秘书处在监管部门指导和各信托公司的支持和配合下，组织制定并通过了《信托公司行业评级指引（试行）》及配套文件。与监管评级相比，行业评级更侧重于评价信托公司为投资人和社会提供的服务，目的是增强信托公司社会公信力。该规范的出台对于加强信托行业自律管理，全面评价信托公司经营管理情况，引领行业规范健康发展，提升信托业整体实力具有重要的意义。2017 年的 1 月，银监会下发《信托公司监管评级办法》，根据该办法，信托公司监管评级是指监管机构结合日常监管掌握的情况以及其他相关信息，按照该办法对信托公司的整体状况作出评价判断的监管过程，是实施分类监管的基础。监管评级结果将与信托公司允许从事的业务类型直接挂钩。目前，中国信托业继续保持监管评级和行业评级的双重评级体系。

但是，我国信托业的法律规范存在以下基本问题：

第一，顶层设计欠缺。因没有统一的信托业法，《信托公司管理办法》和《信托公司集合资金信托计划管理办法》又仅仅适用于信托公司，很多资产管理行业有意或者无意回避适用信托法理，导致《信托法》和信托法原理被虚置，不利于资产管理的安全、投资者利益的保护和资产管理行业规范发展；而且，在资产管理行业的业务高度同质化的今天，由于无法用统一的机构和规范对广义的信托行业的业务进行监管，导致规范之间的协调性、整体性较差，无法达到监管目标。在 2018 年，中国人民银行、中国银行保险监督管理委员会、中国证券监督管理委员会和国家外汇管理局联合发布《关于规范金融机构资产管理业务的指导意见》，业内期待的《资管新规》正式发布，各个监管部门也分别针对信托资管、银行资管、银行理财子公司资管、证券资管、保险资管分别制订细则，甚至多个细则明文或者默认信托法为其基本法律关系，但是，顶层设计所涉及的基本问题仍然没有解决。

第二，配套制度不完善。信托法最重要的配套制度，如信托登记和信托税收制定尚未建立，由此严重制约了信托业的规范发展和信托业务的开展。由于这些配套制度不属于包括银监会在内的监管机构的职责，监管机构只能推动和协调相关部门制定规则。配套制度的缺位成了严重制约信托业发展的瓶颈。

第三，重监管，轻责任。所谓“轻责任”，是指缺乏信托公司的民事责任规则。从信托法到监管法律法规，规范的是信托公司的行为，重视的是对信托公司的处罚，对于信托公司的不规范经营行为对投资者或者交易对手造成损害如何救济，规则并不清晰。

三、信托公司特色信托业务的规则体系逐渐充实

（一）银信合作业务

信托公司与银行之间的业务合作始于信托回归本业之后的2002年。银信合作主要包括以下几个方面：第一，银信理财合作；第二，信托公司委托银行进行信托资金代理收付协议业务；第三，信托公司委托银行代为推介信托计划业务（《中国银监会关于规范商业银行代理销售业务的通知》（银监发〔2016〕24号）中对于商业银行代理销售信托产品在内的金融产品做出最新的规范）；第四，银行和信托公司开展信贷资产证券化合作业务；第五，银行和信托公司合作的其他业务（例如家族信托）。

目前，我国商业银行依据监管部门的规定，普遍开展了理财业务，其理财产品的形式包括“一对一”的单一理财产品，也包括“一对多”的集合理财产品即理财计划。为了拓宽银行理财资金的运用渠道，商业银行与信托公司携手开发了“银信理财合作业务”，整合银行的客户资源和资金优势以及信托公司能够跨越货币市场、资本市场和实业投资市场进行信托资产配置的制度优势，实现了银行“理财业务”与信托公司“信托业务”的成功对接，并在实践中获得蓬勃发展，银信理财合作业务已经成为信托公司的主要业务品种。

与此同时，银信合作业务的快速发展也带来了一些问题，主要是信托公司的主动管理能力得不到体现，信托公司成为商业银行理财业务的“通道”和“工

具”，甚至出现了借此规避监管的情形。2008 年以来，银监会先后下发了《银行和信托公司业务合作指引》（银监发〔2008〕83 号）、《关于进一步规范银信合作有关事项的通知》（银监发〔2009〕111 号）、《关于规范银信理财合作业务有关事项的通知》（银监发〔2010〕72 号）、《关于进一步规范银信理财合作业务的通知》（银监发〔2011〕7 号）（银监发〔2010〕72 号）、《关于规范商业银行理财业务投资运作有关问题的通知》（银监发〔2013〕8 号）、《关于进一步加强信托公司风险监管工作的意见》（银监办发〔2016〕58 号）等多项监管规定，2017 年 12 月 22 日，银监会发布《关于规范银信类业务的通知》（以下简称 55 号文），对银信合作业务进行指导和规范，提出了更高的监管要求，引导信托公司向自主管理方向发展。2018 年《资管新规》及相关细则实施之后，银信合作面临新的局面。

（二）房地产信托业务

从广义上讲，与房地产相关的信托活动都可以被称为房地产信托，包括房地产资金信托和房地产财产信托。从资金信托的角度出发，房地产信托是指委托人将自己的资金作为信托财产设立信托，由受托人为了受益人的利益或者特定目的，将信托资金运用于房地产公司或者房地产项目以获取投资利益的行为，信托资金的运用方式按照信托文件的规定，可以采取债权方式、权益方式或者两者的组合运用方式。从财产信托的角度出发，房地产信托则指委托人将自己的不动产作为信托财产设立信托，由受托人为了受益人的利益或者特定目的，对作为不动产的信托财产加以管理、运用与处分的行为，信托财产的管理方式由信托文件加以规定，包括但不限于出租、出售、维护等。从狭义上讲，房地产信托仅指房地产资金信托，即将信托资金运用于房地产公司或者房地产项目的信托。

房地产信托业务一直是监管部门的监管重点，中国银监会发布了一系列规范房地产信托业务的规定，主要有：《关于加强信托投资公司部分业务风险提示的通知》（银监办发〔2005〕212 号）（“212 号文”）、《关于进一步加强房地产信贷管理的通知》（银监发〔2006〕54 号）、《关于加强信托公司房地产、证券业务监管有关问题的通知》（银监办发〔2008〕265 号）、《关于支持信托公司创新发展有关问题的通知》（银监发〔2009〕25 号）、《关于信托公司开展项目融资业务涉及项目资本金有关问题的通知》（银监发〔2009〕84 号）、《关于加强信托公司房地产信托业务监管有关问题的通知》（银监办发〔2010〕54 号）、《信托公司房地产信托业务风险提示的通知》（银监办发〔2010〕343 号）、《关于印发信托公司净资本计算标准有关事项的通知》（银监发〔2011〕11 号）等。《中国银监会关于规范银信类业务的通知》（银监发〔2017〕55 号）重申不得将信托资金违规投向房地产等领域。

简单总结一下，我国根据上述规范，我国的房地产信托业务具有下列特点：

第一，由于不动产信托登记制度和信托税制的阙如，目前的房地产信托多为资金信托，而非财产信托；

第二，这些监管规定以房地产融资信托的规范及其风险防范为主要内容，较少涉及真正的房地产投资信托；

第三，房地产业的发展受到政府宏观调控和国民经济周期波动的影响，因此，房地产信托的监管规则随国家宏观经济政策的调整不断变化，带有鲜明的调控色彩，形式上具有灵活性。当然，也可以说是具有不稳定性。

（三）证券投资信托业务

证券投资信托业务，是指信托公司将集合信托计划或者单独管理的信托产品项下资金投资于依法公开发行并符合法律规定的交易场所公开交易的证券的经营行为。根据相关规定，目前证券投资信托业务的投资范围主要包括国内证券交易所挂牌交易的 A 股股票、封闭式证券投资基金、开放式证券投资基金、企业债、国债、可转换公司债券（含分离式可转债申购）、1 天和 7 天国债逆回购、银行存款，以及中国证券监督管理委员会核准发行的基金可以投资的其他投资品种。证券投资信托业务的投资方式包括一级市场申购（包括网上/网下申购、以战略投资人身份参与配售等）和二级市场交易。证券投资信托业务属于高风险业务，中国银监会专门制定了《信托公司证券投资信托业务操作指引》（银监发〔2009〕11 号），其他关于证券投资信托的规范还有：《关于加强信托公司房地产、证券业务监管有关问题的通知》（银监办发〔2008〕265 号）、《关于信托公司信托产品专用证券账户有关事项风险提示的通知》（2009 年 8 月 18 日）、《关于加强信托公司结构化信托业务监管有关问题的通知》（银监通〔2010〕2 号）等加以规范。2012 年 8 月份，中证登公司发文对信托开立证券账户予以解禁，资金信托配置证券资产的限制客观上消除。

另外根据中国银监会办公厅下发了文件《中国银监会关于进一步加强信托公司风险监管工作的意见》（银监办发〔2016〕58 号），该意见要求，对于结构化信托产品，优先受益人与劣后受益人投资资金配置比例原则上不超过 1∶1，最高不超过 2∶1，不得变相放大劣后级受益人的杠杆比例。证监会严查场外配资，伞形信托的配资方式基本上无法继续开展，但结构化信托产品并未叫停。有些信托公司的单账户配资业务随着股市行情好转逐渐复苏。

配资或者通过优先劣后加杠杆的方式投资并不为法律所禁止。信托投资为权益型投资（equity），信托公司作为受托人除了根据法律的规定或者信托文件的约定履行管理职责之外，不得承诺投资信托保证固定收益或者不受损失。《信托公司管理办法》第 34 条规定："信托公司开展信托业务，不得有下列行为：（三）承诺信托财产不受损失或者保证最低收益"。另外《信托公司集合资金信托计划管理办法》第 8 条也规定："信托公司推介信托计划时，不得有以下行为：（一）以任何方式承诺信托资金不受损失，或者以任何方式承诺信托资金的最低收益"；同办法第 11 条也规定："认购风险申明书至少应当包含以下内容：（一）信托计划不承诺保本和最低收益"等。需注意的是，这里禁止作出保本或者固定收益承诺的行为主体都是信托公司，信托公司不得承诺信托财产不受损失或者保障最低收益。

但是，在分层的信托计划当中，由一部分投资者（劣后）向另外一部分投资者（优先）提供担保、约定补足义务等是投资者内部基于不同的风险/收益偏好自行作出的安排，并不违反上述监管规范。

原因在于，这些规范的规范目的是禁止受托人为投资者提供保证或者兜底安排（刚性承兑），以防信托事务变成银行业的负债业务，混淆不同金融业务的界限。但是，并不妨碍不同的投资者在内部作出不同的安排来转移风险。

一个类比是，股东之间的对赌在不少情况下会得到法院的认可。不同的信托投资者之间进行重新的风险分配并无问题。投资和融资是一个硬币的两面，在一个分层的信托计划中，劣后的委托人可能既是投资者，又具有一定的融资（加杠杆）者属性。

理论上，分层的信托计划中劣后投资人具有两个方面的功能：一是加杠杆投资，成为真正的风险收益取得者（剩余索取权人）和最后风险的承担者；二是提供增信或担保，对优先级的投资者而言，劣后的资金构成担保。有些劣后投资者甚至同意承担保底和补足的义务。

多数情况下劣后投资者都是专业的风险投资机构，所谓利益险中求，加杠杆是为了取得更多的利益。若非其承诺担保和保底，估计普通投资者未必会加入到该项目中来。

有人或许会争辩说：配资也是来自于银行的资管计划，也是专业机构，凭什么要把投资风险转嫁给别人。这种争议并没有道理：虽然商业银行作为理财计划的管理者也是专业投资者,但是相关监管法规决定着这种资产的风险结构可能是稳健型的,若无劣后资金的增信或者担保,理财资金几乎没有可能投资到高风险的二级市场。当然,出于金融安全的考虑,监管层对加杠杆的比例做了强制性的要求。但只要是在监管所要求的杠杆范围内,优先劣后之间的内部增信安排是有效的。

即便监管部门没有关于配资比例的限制,信托公司(受托人)能否放任一个信托计划中机构投资者和普通投资者"自由约定"杠杆比例而无任何审查责任,值得进一步探讨。

目前,证券投资信托业务已经逐渐发展成为资金信托中和工商企业与基础产业比肩的第三大配置领域。在现有的规则下,我国的证券投资信托业务一般具有以下特点:

第一,产品的投资时间相对较长。虽然也有不少证券投资信托的存续期间比较短,但是,更长的期限符合证券价值增长和发现的规律。同时,为了解决流动性问题,在一定的封闭期之后,一般都设立开放日,允许申购和赎回。

第二,不能规定预期年收益率,受益人的收益为浮动收益。根据银监会的规定,证券投资信托产品和其他信托产品一样不得"以任何方式承诺信托资金不受损失,或者以任何方式承诺信托资金的最低收益"之外,还不得"为证券投资信托产品设定预期收益率"。

在产品说明中规定预期收益率是很多信托产品中为了吸引投资者所采用的做法。信托产品计划中规定预期收益率的主要作用是,在规避信托公司不得"承诺信托财产不受损失或者保证最低收益(《信托公司管理办法》第 34 条第三款)"之规定的同时,起到吸引投资者的作用;但是有趣味的是,这种预期收益率在事实上还起到了规定受益人能取得收益之上限的功能;普通投资者(作为劣后受益人或者普通合伙人的机构投资者例外)最终还是变成了固定收益索取人,这或多或少偏离了典型信托的本质。相比之下,在证券投资信托中,受益人更接近于投资风险的最终承担者的地位。根据 2018 年出台的《资管新规》,要推动资管产品向净值化产品演变,不再允许设置预期收益率,资管产品如何展示其内部间的差异,如何吸引投资者,是值得探讨的问题。

第三,目前,证券投资信托产品资金规模一般不大。和证券投资基金的形式相比,证券投资信托受制于投资人数(信托合同份数)和投资者门槛的限制(《信托公司集合资金信托计划管理办法》),具有私募的性质,这妨碍了证券投资信托资金规模做大，无法做到高度分散投资。

第四，证券投资信托产品普遍采取保障普通投资者的措施。根据不完全统计，信托公司设立的该种产品更多采取结构化①或者有限合伙等形式，并规定了止损线，以确保普通投资者的利益。许多信托产品在设计上都规定，在信托单位净值触及预警线时，受托人将通知一般受益权委托人追加资金②。追加信托资金后，信托单位净值应当恢复至 1 元以上。受托人密切关注信托单位净值情况，一旦信托单位净值降至止损线或以下时，受托人将拒绝授权代表的任何委托人指令，并对信托计划财产进行连续的变现操作，将信托财产强制变现，保障优先受益人本金安全。在许多证券投资产品中，投资管理人不是由受托人而是另由一个专业证券投资机构担任，通常这个投资管理人也同时是劣后受益权的持有人（结构化中的劣后受益人、有限合伙中的普通合伙人）或其关联人。私募证券投资基金也可以借助信托通道实现阳光化操作，信托公司和私募基金的投资管理机构以及广大的投资者实现了多赢。

证券投资信托为投资信托之一种，由于这种信托类型更多地需要受托人的积极的专业管理，而且，这种信托中受益人更有机会取得浮动利益或者剩余利益，受益人为信托利益的最终权利人这一本质体现得更为明显，因此，证券投资信托应为信托业的核心业务之一。可以预见，随着信托公司全市场配置信托产品的发展以及资本市场的回暖，证券投资信托业务将获得进一步的发展。在“泛资产管理时代”，证券投资信托如何发掘自己相对于证券投资基金的比较优势，是一个值得思考的问题。

信托业界有所谓“刚性承兑”一说，其实是一个伪命题。说信托业不敢打破刚性承兑，更是个伪命题。目前在证券投资信托领域有多起司法案例，在这些案例中，人民法院裁决受托人只要尽到谨慎管理义务，可以按照低于信托单位面值的信托残值向受益人支付信托利益③。

（四）私人股权投资信托业务

私人股权信托业务在我国为信托公司创新业务资格类业务。

私人股权投资信托，又称私募股权投资（PE），是指投资于拟上市公司股权

① 在中国银监会《关于加强信托公司结构化信托业务监管有关问题的通知》中，设计结构化的信托产品被认为是“信托公司依法进行业务创新和培养自主管理能力”的体现。

② 根据上述通知，结构化信托业务运作过程中，信托公司可以允许劣后受益人在信托文件约定的情形出现时追加资金。

③ 赵廉慧：《信托法解释论》，中国法制出版社 2015 年版，第 420 页。

或者上市公司非公开交易股权（即私募股权）的一种投资方式。而所谓私人股权投资信托业务，是指信托公司将信托计划项下资金投资于未上市企业股权、上市公司限售流通股或中国银监会批准可以投资的其他股权的信托业务。据此，私人股权投资信托业务属于一种集合资金信托计划，与其他集合资金信托计划的不同之处在于信托资金的运用领域，其主要投资于未上市企业股权、上市公司限售流通股或中国银监会批准可以投资的其他股权。私人股权投资信托是近年来信托公司发展较快的信托业务，2008 年中国银监会发布了《信托公司私人股权投资信托操作指引》（银监发〔2008〕45 号），对私人股权投资信托业务进行了特别规范。私人股权投资是借助信托的集资平台，通过发行信托的方式募集资金的一种投资方式，本质上为基于信托关系而设立的集合投资制度。

与证券投资信托业务一样，私人股权投资信托业务也属于高风险信托业务，虽然不要进行特别许可，但信托公司开展此项业务，也应当具备监管法规规定的实质条件和形式条件。

对于信托公司而言，股权投资信托的一个关键的环节在于股权的变现和投资者的退出。由于私募股权缺乏好的流通性，通常信托公司会通过下列的方式实现股权的变现：可以通过股权在主板交易市场上市，由投资企业的实际控制人买入，由非上市公司或者其实际控制人寻找关联方承诺接盘，由信托公司（受托人）寻求关联方接盘（协议转让），由被投资企业回购、股权分配等方式，实现投资退出①。和主板市场明晰的信息披露制度相比，场外市场（柜台交易）没有严格的信息披露要求，交易双方存在严重的信息不对称，从而导致双方在议价、决策等方面存在很大的主观性。

（五）信贷资产证券化业务

信贷资产证券化业务在我国为信托公司创新业务资格类业务。

我国证券化试点启动于 2005 年。2005 年 3 月 21 日，国务院批准了国家开发银行和中国建设银行作为我国银行资产证券化试点单位，分别进行信贷资产证券化（ABS）和住房抵押贷款证券化（MBS）的试点。我国信贷资产证券化业务受到中国银监会和中国人民银行的双重监管，其中中国银监会对信贷资产证券化参与机构的活动进行监管，中国人民银行对资产支持证券的发行与交易进行监管。目前，对信贷资产证券化业务的主要监管法规有：中国人民银行和中国银

---

① 《信托公司私人股权投资信托业务操作指引》（2008）第 15 条。

监会《信贷资产证券化试点管理办法》（中国人民银行和中国银监会公告〔2005〕7 号）、中国银监会《金融机构信贷资产证券化试点监督管理办法》（银监会令〔2005〕3 号）、财政部《信贷资产证券化试点会计处理规定》（财政部财会〔2005〕12 号）、中国人民银行《资产支持证券信息披露规则》（中国人民银行公告〔2005〕14 号）、中国人民银行《资产自持证券交易操作规则》（银复〔2005〕53 号）、中国银监会《关于信贷资产证券化备案登记工作流程的通知》（银监办便函〔2014〕1092 号）等。信托公司从事资产证券化业务申请特定目的信托机构资格需要遵照《信托公司行政许可事项实施办法》（2015）的规定。根据该规定，在信贷资产证券化过程中银监会规定必须由信托公司设立 SPV 完成基础资产的转移（和发行人破产隔离）和投资人持有资产支持证券的基础资产保障。在 2015 年新规中还增加了监管评级为良好和最近 2 年重大违法违规记录要求。

与此相关的是中国银监会在 2016 年 4 月 28 日下发《关于规范银行业金融机构信贷资产收益权转让业务的通知》（银监办发〔2016〕82 号），就银行业金融机构信贷资产收益权转让业务的交易结构不规范不透明、会计处理和资本、拨备计提不审慎等问题，提出具体要求，概括如下：①转出方银行依然要对信贷资产全额计提资本，即会计出表，资本不出表，以防规避资本要求；②不得通过收益权转让的形式藏匿不良资产；③不得承担显性或隐性回购义务；④不良资产的收益权不得转让给个人投资者，包括个人投资者购买的理财产品，即叫停了以理财资金对接不良的做法。“82 号文”是对之前监管层所提的“穿透”原则的落实，改变了之前仅仅基于会计科目（形式）的监管，而是深入到业务实质，有助于银行各项监管指标的真实化，也压缩了银行信贷资产出表和监管套利的空间。从法律上看，信贷资产收益权转让并非真实的转让，因为转让的标的没有明确的边界；在信托法的背景下，信贷资产收益权转让无法达成资产证券化业务的真实出售（true sale），受托人没有取得真正意义上具有确定性的信托财产，因此，财产的管理权和相应的风险并没有真正转移给受托人，因此，不能成立真正的信托。

理论上，根据证券化的基础资产不同，可以将资产证券化分为不动产证券化、应收账款证券化、信贷资产证券化、未来收益证券化（如高速公路收费）、债券组合证券化等类别。我国的信托公司所从事的证券化业务主要集中在信贷资产证券化领域，相关的法律法规也主要集中在该领域。国外对证券化多有专门的立法，我国在此领域应加强立法，为现实的各种证券化需求提供法律工具和行为规则。

（六）企业年金信托

企业年金信托业务在我国为信托公司创新业务资格类业务。需要注意的是，企业年金信托仅仅是广义的年金信托制度的一部分。

在我国，企业年金是企业及其职工在依法参加基本养老保险的基础上，自愿建立的补充养老保险制度，企业年金基金由企业缴费、职工个人缴费和企业年金基金投资运营收益构成。所谓企业年金信托，则是指设立年金计划的企业和职工作为委托人，以企业年金基金作为信托财产，以参与年金计划的企业职工作为受益人，以具备资格的机构作为受托人，设立信托，由受托人及其委托的服务机构（包括账户管理人、投资管理人、托管人和投资顾问等中介机构）对企业年金基金加以管理、运用与处分的行为，性质上属于资金信托的一种。我国的企业年金信托主要由人力资源与社会保障部负责监管，企业年金信托的受托人及相关服务机构从事企业年金基金管理业务，需要向人力资源与社会保障部提出申请，其管理活动接受人力资源与社会保障部的监管，同时，企业年金信托的受托人及相关服务机构的业务监管部门，按各自的监管职责对其经营活动进行监督。

目前，关于企业年金基金管理的监管法规主要包括：《企业年金试行办法》（原劳动与社会保障部第 20 号令，2004 年 5 月 1 日实施）、《企业年金基金管理办法》（人力资源和社会保障部、中国银监会、中国证监会、中国保监会 2011 年第 11 号令，2011 年 5 月 1 日起实施。该“办法”前身为 2004 年的《企业年金基金管理试行办法》，2011 年、2015 年分别进行了修订）以及《企业年金基金管理机构资格认定暂行办法》（原劳动与社会保障部第 24 号令，2005 年 3 月 1 日实施）、《关于企业年金证券投资的有关问题的通知》及其配套的附件《企业年金基金证券投资登记结算业务指南》（原劳动与社会保障部劳社部发〔2004〕25 号）、《企业年金基金管理运作流程》和《企业年金基金账户管理信息系统规范》（原劳动与社会保障部劳社部发〔2004〕32 号）、《关于企业年金方案和基金管理合同备案有关问题的通知》（原劳动与社会保障部劳社部发〔2005〕35 号）、《关于信托投资公司申请从事企业年金基金管理业务有关事项的通知》（中国银监会银监发〔2005〕25 号）、《关于企业年金基金银行账户管理等有关问题的通知》（原劳动与社会保障部劳社部发〔2006〕40 号）、《企业会计准则——第 10 号企业年金基金》（财政部 2006 年 2 月颁布）、《关于企业年金基金进入全国银行间债券市场有关问题的通知》（原劳动与社会保障部劳社部发〔2007〕56 号）、《关于扩大企业年金基金投资范围的通知》（人社部发〔2013〕23 号）等。信托公司申请企业年金基金管理机构资格还需要遵照《信托公司行政许可事项实施办法》（2015）的规定。这一系列办法的颁布与实施为我国企业年金信托模式的运作提供了统一的规范，同时也增加了企业年金财务管理的复杂性和多维性。

企业年金信托中存在两个重要的法律问题：

1. 共同受托人问题

利用信托机制，可以把企业年金基金与企业自身的经营风险和管理机构的风险隔离起来，相当于使信托财产独立于委托人和受托人的财产，这有利于确保企业年金财产的安全性，确保企业年金各方当事人的权益尤其是受益人的权益能够得到比较有效的保护。

在中国企业年金信托市场上，主要有四种主体：受托人、投资管理人、托管人、账户管理人①。他们之间的关系也和中国的年金信托管理体制有着密切的关系。与银行、证券、基金、保险业不同，中国企业年金市场并没有单独的市场主体，商业银行、证券公司、基金管理公司、信托公司和保险公司控股的养老保险公司和资产管理公司等现存的金融机构，共同参与到这个市场中来。《年金试行办法》第 19 条第 3 款规定："受托人与账户管理人、投资管理人和托管人确定委托关系，应当签订书面合同"。至少从字面上看，在受托人管理信托财产（年金基金）方面，基本上采取的是委托的方式②而不是共同受托方式，即，受托人（包括年金理事会受托人和法人受托人）与投资管理人、账户管理人之间属于委托关系。

由于受有关法律、法规及资格的限制，受托人在处置企业年金基金财产时并不能完全承担自己管理（亲自执行）的义务，企业年金基金的管理体制中，必须将账户管理、托管和投资管理等业务全部拆分，委托给具备相应条件的第三方金融机构。

2. 企业年金理事会受托人的问题

第一，委托人和受托人角色的混乱。作为受托人的理事会自身并没有承担很多的管理职责（虽说选择功能管理人也算是一种"管理"），反倒像是一个对信

① 另外还包括为企业年金管理提供服务的投资顾问公司、信用评估公司、精算咨询公司、律师事务所、会计师事务所等中介服务机构，《企业年金基金管理试行办法》第 41 条。

② 根据中国《信托法》第 30 条规定，受托人的自己管理义务是准许有例外的。这也符合信托管理的专业化和分工协作的社会现实需要。

托基金有过多指示权的委托人。在客观上，年金理事会也无法独立于委托人，成为一种新的"发包方"，交易环节增加宜滋生腐败。

第二，管理信托财产的专业性方面的不足。年金理事会由企业代表、职工代表以及企业聘请的企业外的专业人士等人员构成（《年金试行办法》第16条），知识结构相对单一，通常并非专职和专业的人员，无法很好地履行受托人的职责，不能很好地处理企业年金基金的日常管理事务。

第三，缺乏制度化的对理事会受托人的监督。由于年金信托的受益人并非特定，且人数众多，由受益人行使监督受托人的职责比较困难。年金理事会作为受托人，应是被监督的对象，但是事实上其所起的管理信托财产的功能较为有限，其受托人和委托人身份有一定的重合。

第四，责任承担方面的不足。年金理事会是由特定自然人组成的，其设立不需要到政府有关部门登记，在管理信托财产的过程中也无法独立承担民事责任。在管理年金基金产生损害赔偿责任的时候，各个理事作为共同受托人应承担连带责任。不过在实际运作中，一方面，理事的个人财产通常非常有限，况且他们也没有财产担保措施，因此会危及债权人的利益；另一方面，理事们不得因管理信托财产取得利益，让并非专业的，且无偿管理信托财产的自然人理事承担这么严重的连带责任并不合理。相比之下，作为专业法人受托人，其承担责任的机制已经比较完善，且中国的法律法规对法人受托机构的注册资本（不少于人民币1亿元）及净资产（不低于人民币1.5亿元）都有严格的规定，使得法人受托机构有着比较强的赔偿能力。

除了企业年金之外，根据《国务院关于机关事业单位工作人员养老保险制度改革的决定》（国发〔2015〕2号）等相关规定，制定了《机关事业单位职业年金办法》，出现了机关和事业单位年金，企业年金、机关年金和事业单位年金合称"单位年金"，单位年金和基本养老金、私人年金构成了我国的年金制度。

（七）其他创新业务资格类信托业务

1. 信托公司受托境外理财业务

受托境外理财业务在我国为信托公司创新业务资格类业务。2007年，银监会发布了《信托公司受托境外理财业务管理暂行办法》（银监发〔2007〕27号，2007－03－012）和《关于调整信托公司受托境外理财业务境外投资范围的通知》（银监办发〔2007〕162号，2007年7月19日），确立了信托公司从事境外理财业务的基本规则。

信托公司申请境外理财业务资格还需要遵照《信托公司行政许可事项实施办法》（2015）的规定。该办法规定，新增“投资设立、参股、收购境外机构”，其中权益性投资余额原则上不超过净资产 50％。

2. 金融衍生品信托业务

金融衍生品信托业务在我国为信托公司新业务资格类业务。2011 年 1 月，中国银监会发布了关于修改《金融机构衍生产品交易业务管理暂行办法》的决定，允许信托公司申请衍生产品交易资格，信托公司从事衍生产品业务，适用《银行业金融机构衍生产品交易业务管理办法》。根据该办法，金融衍生产品是一种金融合约，其价值取决于一种或者多种基础资产或者指数，合约的基本种类包括远期、期货、掉期（互换）和期权。衍生产品还包括具有远期、期货、掉期和期权中一种或者多种特征的混合金融工具。对于信托公司而言，中国银监会在 2011 年 6 月 27 日颁布的《信托公司参与股指期货交易业务指引》具有最直接的规范意义。

信托公司参与股指期货交易需要遵照《信托公司行政许可事项实施办法》（2015）的规定申请相关资格。

（八）公益（慈善）信托

在 2016 年之前，我国关于公益信托的法律规范除了《信托法》第六章的直接规定之外，《中国银监会办公厅关于鼓励信托公司开展公益信托业务支持灾后重建工作的通知》（银监办发〔2008〕93 号）中也提供了一些初步的规则，该规则虽然对《信托法》第六章做了一些细化，但是仍然没有解决《信托法》所没有解决的问题。

《慈善法》已经在 2016 年通过，该法对慈善信托做出了规定，2017 年银监会和民政部又出台了《慈善信托管理办法》。

（九）结构化信托业务

2010 年 2 月 5 日，中国银监会发布了《关于加强信托公司结构化信托业务监管有关问题的通知》（银监通〔2010〕2 号）；2010 年 3 月 9 日，发布《关于加强信托公司房地产信托业务监管有关问题的通知》，确立了信托公司从事结构化信托业务的基本规则。根据上述规则，所谓结构化信托业务，是指信托公司根据投资者不同的风险偏好对信托受益权进行分层配置，使具有不同风险承担能力和意愿的投资者通过投资不同层级的受益权来获取不同的收益，并承担相应风险的集合资金信托业务。

在金融法律领域，结构化融资（包括资产证券化、有限合伙等）和债权方式、股权方式属于并行的融资方式。结构化信托业务的重要性逐渐增加，我国相关法律法规仍有进一步完善之余地。证券投资信托当中多运用结构化的方式，前文已讨论过，此处不赘。

四、信托公司运作的基础设施和业务标准正在完善

（一）信托受益权统一流转平台的搭建

1.《信托登记管理办法》出台的背景

长期以来，信托产品登记制度和信托受益权转让平台缺失，成为桎梏信托产品转让的重要因素。2016 年 12 月中国信托登记公司的成立和 2017 年《信托登记管理办法》的出台为解决这一问题提供了制度框架。根据《信托登记管理办法》，中信登主要负责对信托机构的信托产品及其受益权信息、国务院银行业监督管理机构规定的其他信息及其变动情况予以记录。其主要功能就是对信托产品进行登记和对受益权转让提供平台。

其实，早在 2006 年 6 月，浦东新区就设立了上海信托登记中心，成为国内首家信托登记中心。此后，北京金融资产交易所、天津金融资产交易所等产权交易中心相继成立。而且，不少信托公司也开始自建平台。据不完全统计，68 家信托公司中，近半数信托公司在官网开设了转让平台或栏目。除中信信托的“信惠财富”、华宝信托的“流通宝”外，包括用益信托网在内的部分第三方理财公司也都有自己的信托流转服务。但是，由于上海登记中心、北京和天津的金融资产交易所、各个公司的受益权交易平台和第三方流转平台缺乏统一性、规范性和专业性，为顺应统一信托登记的业内需求，银监会批准设立统一的中国信托登记公司，发布《信托登记管理办法》并依此从事信托产品登记和受益权转让等业务。

2. 此登记非彼登记

《信托法》第 10 条规定：“设立信托，对于信托财产，有关法律、行政法规规定应当办理登记手续的，应当依法办理信托登记。未依照前款规定办理信托登记的，应当补办登记手续；不补办的，该信托不产生效力”。该条规定的为作为信托公示制度之一环的信托财产登记制度。设立信托作为一种财产处分方法，要达

到信托财产独立性、信托财产破产隔离、实现信托财产不被强制执行的效果,需要有第三人能辨识的外观,因此,需要对信托财产和信托关系进行公示。但是,我国信托公示制度存在以下主要问题:

第一,仅规定了信托财产的登记。我国《信托法》仅粗略规定了作为信托公示之一环的信托财产登记制度。《信托法》规定,信托财产中"有关法律、行政法规规定应当办理登记手续的",才有登记要求,这主要包括土地及其地上物等不动产(权利)的登记和知识产权等的登记。相应的,公示的手段单一化,只规定了"应当登记"的,但是有些权利是采取其他公示方法的,例如动产、债权等,由于不需要登记,就没有相应的信托公示制度。

第二,我国《信托法》上没有区分信托财产的公示和信托文件的公示。信托法律关系兼具债权、物权和组织的特性。欲进行公示,需明确公示的对象为何。公示的对象既可以是对信托财产的公示也可以是对信托关系的公示。而我国《信托法》第 10 条的规定似乎只规定了对信托财产的公示。但是,由于信托财产的复杂性,对信托财产的公示方法和公示机关并不相同,此时第三人似乎并不能得知信托财产之法律状态的全貌。因此,还应公示信托关系。在美国,就是对信托文件(trust instrument)进行登记①。《信托法》法条上使用的是"信托财产登记",其与信托登记的关系如何不甚清楚。而且,《信托法》第 10 条并没有明确需要登记的细节和程度。例如,是否仅仅登记某些特定财产是信托财产,而不披露其他的细节,或者是否要披露信托文件的细节——委托人的身份、受托人的身份或者受益人的身份,甚至是信托的条款等,并不明确。

第三,信托登记和物权登记的关系不清。信托登记是否等同于物权登记、信托文件能否作为登记的依据等问题一直没有得到解决,这也是财产信托特别是不动产信托无法设立的主要原因。

第四,信托财产登记生效主义及其程序存在不足。我国就信托财产的公示采取登记生效主义,即法律或行政法规要求办理登记手续的财产作为信托财产,若没有最终履行登记程序,则信托不生效。但是,不登记的后果暧昧不清。《信托法》第 10 条第 2 款规定,应当办理信托登记而没有办理的,可以补充登记,但是对补充登记的时间期限和程序没有明确规定。既然没有时间的限制,似乎随时都可以补充登记,信托永远也不会因为没有补登记而无效——除非当事人明

① George T. Bogert, Trusts, sixth edition, West Publishing Co. 1987, pp62 – 64.

确拒绝登记。合理的解释是，该条款要求在信托合同成立后的合理期限内进行登记。如果不澄清这一点，信托合同成立后而信托没有登记之前的法律地位是不清楚的。

仅就信托财产的登记而言，在物权法的领域，原本就一直缺乏统一的不动产登记部门和统一的登记制度。同时，登记被作为国家管理的一种方式，登记主管机关和权限被严格地法定化。而且，相关的登记主管机关目前还不承认和认可的信托文件作为财产权登记的法律依据，致使目前设立资金信托以外的财产信托非常困难。国务院在 2014 年 11 月颁布的《不动产登记暂行条例》原本可以将信托中的不动产登记问题涵盖在内，把物权变更登记和信托财产登记做一体的规定，可惜该条例中并没有包括相关内容。而 2016 年颁布实施的《不动产登记暂行条例实施细则》第 106 条也仅仅规定“不动产信托依法需要登记的，由国土资源部会同有关部门另行规定”，仍然回到问题的起点。

客观地讲，银监会出台的这个规范是具有误导性的。该办法全称《信托公司登记办法》，其第一条把规范目的确定为“规范信托登记活动”，但第二条对“信托登记”的定义却是“对信托机构的信托产品及其受益权信息、国务院银行业监督管理机构规定的其他信息及其变动情况予以记录的行为”，其重要内容是对资金信托等的信托产品设立信息的登记，为受益权的转让提供平台，其最理想的效果是创设了一个新型的金融商品交易所，虽然包含了信托关系登记的部分内涵，但是和《信托法》上的信托财产登记是完全不同的概念。作为制约信托制度发展之瓶颈的信托登记主要是信托财产登记，完成信托财产登记主要涉及不动产登记部门等其他行政部门，银监会既无职权也无能力制定信托财产登记的相关规范。

3. 信托受益权的转让基本原理

信托受益权的核心为财产权，原则上具有可转让性，所以《信托法》规定受益权原则上可以转让，可以用来清偿受益人债务、可以成为受益人的遗产或者清算财产，在我国的信托实务中，由于基本上都是资金信托，集合资金信托计划又按基金化管理，所以受益权应具有较好的可转让性。但是，受益权的转让仍然受有一定限制：

——自身性质上不得转让及法律法规限制转让的受益权。例如，以抚养受益人为目的的信托（残疾人抚养信托、养老金信托等）是为了保护特定的人而授予的受益权，在原则上属于专属权，是不能转让的。再如，法律法规在确认受益权可以转让原则的前提下，对受益权拆分转让施加明确的限制。《信托公司集合资金信托计划管理办法》第 29 条明确要求，信托计划存续期间，受益人只可以向合格投资者转让其持有的信托单位；而且，信托受益权进行拆分转让的，受让人不得为自然人。机构所持有的信托受益权，也不得向自然人转让或拆分转让①。

——当事人约定不得转让的效力。在信托文件中，当事人限制受益权的转让是契约自由的具体体现（《信托法》第 48 条但书）。但是，受益人违反委托人的限制，将受益权转让给他人，此转让行为的效力如何？

在民事信托中，委托人或可以通过限制受益权转让的方式来保护受益人的利益。但是，目前大量存在的营业信托中的受益权，是一种纯粹的经济利益，是一种财产，若当事人能通过约定限制受益权的转让，有违第三人的信赖，不利于财产的流通性和对交易安全的保护。申言之，约定不允许转让的当事人是委托人（兼受益人）和受托人，受益权转让是在委托人（兼受益人）和受让人之间进行，受让人一般并无从得知委托人和受托人就受益权转让有约定的限制，因此善意的受让人不应受该约定的限制。因此，似应参考《日本信托法》第 93 条但书，增加“信托行为中的约定不得对抗善意第三人”的规定②。

——当事人约定不得转让和“反挥霍信托”“裁量信托”及“保护信托”③的关系（第 47 条但书、第 48 条但书）。可以认为，《信托法》第 47 条但书和第 48 条但书为承认英美法上的反挥霍信托等信托类型提供了制度空间。委托人可能愿意授予受益人信托利益，但是如果受益人破产，或者产生某种恣意的、挥霍性的运用其受益权的时候，受益人可能被迫用信托受益权偿还债权人的话，这可能违背委托人的初衷。因此，英美法上就出现了反挥霍信托、保护信托和教养信托等形态④。

——受益权转让的事实上的限制。在受益权并非专属权利的时候，例如营业信托的受益权，只要委托人和受托人之间没有约定的限制，一般是可以转让

① 这种转让限制的目的是防止信托受益权转让给合格投资者以外的人，但是，只要受让的对象是合格投资者，限制把受益权拆分转让缺乏合理性。周小明：《信托制度：法理与实务》，中国法制出版社，2012 年版，第 437 - 438 页。

② “台湾信托法”第 20 条规定受益权之让与准用民法债权让与的规定。“民法第 294 条至 299 条之规定，于受益权之让与，准用之”。相应地，“台湾民法典”294 条关于债权让与的规定：“依当事人之特约，不得让与者。不得以当事人之特约，对抗第三人”。

③ 反挥霍信托、裁量信托、保护信托、教养信托等之间的实质区别逐渐淡化。

④ 实务界可能更重视反挥霍信托等通过合理的事前安排来达到未来财产安全的功能，这也正是信托作为财产规划法（estate planning）所应体现的功能。但是根据《美国法信托法重述》，反挥霍信托条款不能用来保护委托人的保留利益，即，财产权人不能为其自身设立反挥霍信托来使自己的财产免于债权人追索。See Restatement (Third) of Trusts § 58 comment f。

的。不过要注意，即使在法律上可以转让，但如果没有受益权转让的成熟的市场，事实上是不可能进行转让的。目前受益权转让受制的最大制度欠缺即属于此。一个典型的例子，信托受益权质押也属于受益权转让的一种特殊的形态。信托受益权类似于股权或者基金份额上的权利，原则上应能转让，亦能设立质权融资。但是，根据《物权法》第226条："以基金份额、证券登记结算机构登记的股权出质的，质权自证券登记结算机构办理出质登记时设立；以其他股权出质的，质权自工商行政管理部分办理出质登记时设立"。在操作的层面上，信托受益权登记结算部门是谁并不清楚，需要在立法上明确。似乎可以期待中国信托登记中心担当这一角色。

4.《信托登记管理办法》（以下简称《办法》）的适用范围

——机构方面的适用范围。《办法》第二条第二款规定，"本办法所称信托机构，是指依法设立的信托公司和国务院银行业监督管理机构认可的其他机构"。这里采取了一种广义的信托机构概念，尝试把信托公司之外的其他资管机构也包括在内。这样也保留一种可能性：其他机构的资管产品之受益权也可以在中信登登记转让，以实现流转。

——产品方面的适用范围。

《办法》第三条规定："信托机构开展信托业务，应当办理信托登记，但法律、行政法规或者国务院银行业监督管理机构另有规定的除外。"根据该条，凡是作为信托业务而存在的信托项目，不论家族信托、商事信托或者慈善信托，均需要在中信登登记，登记是对信托机构所有信托业务的强制性要求①。

但是在实际上，只有商事信托才有登记之必要，家族信托和慈善信托均无在中信登登记的必要性。

（A）商事信托。以投融资为目的的信托。目前信托公司所从事的大部分业务均属此。根据《信托公司集合资金信托计划管理办法》的规定，集合资金信托是进行类基金化管理的信托产品，受益人所享有的受益权是一种同质化程度很高的类似股权的权利。这种权利如果能够便捷地转让，可以解决受益权的流动性或者信托产品作为高端私募产品的流动性问题。

《信托公司集合资金信托计划管理办法》第29条对信托受益权转让施加了限制，该条规定：信托计划存续期间，受益人可以向合格投资者转让其持有的信

① 不过，该办法对其他出产资管产品的资管机构没有约束力。

托单位。信托公司应为受益人办理受益权转让的有关手续（1 款）。信托受益权进行拆分转让的，受让人不得为自然人（2 款）。机构所持有的信托受益权，不得向自然人转让或拆分转让（3 款）。第 1 款重申了信托法上的受益权原则上可以转让的原则，只要受让人是合格投资者即可。后两款构成了对信托受益权转让的法定限制。重点在后两款。后两款分解开来，涉及如下几种情形：

附表 1　信托受益权转让条件对比

情形	转让人	拆分或整体转让	受让人	是否允许
A	自然人	拆分	自然人	否
B	自然人	拆分	机构	可
C	机构	拆分	自然人	否
D	机构	拆分	机构	可
E	自然人	整体	自然人	可
F	自然人	整体	机构	可
G	机构	整体	自然人	否
H	机构	整体	机构	可

从上表可以看出对机构投资者是更为信任的。猜测该条的立法意图，这种转让限制的目的是防止信托受益权转让给合格投资者以外的人，但是，只要受让的对象是合格投资者，限制把受益权拆分转让缺乏合理性①。

《集合资金信托计划管理办法》第 29 条构成了对于信托受益权转让的一个极大的限制。这种限制既有规则制定的不合理（或许，规则制定当时谨慎一些是合理的）的原因，也产生于实务当中对某些基本概念的理解偏差。第 29 条如果把受让人限制在合格投资者的范围之内，将会极大地释放受益权转让的供给与需求。

2016 年 12 月 26 日，中国信托登记公司成立。该公司的最核心的使命是变成信托受益权这样一种金融商品的交易平台（交易所），解决受益权转让的供方和需方信息不对称问题，发现受益权的价格。为了解决受益权流转的问题，首先要考虑放松《集合资金信托计划管理办法》第 29 条过分严格的转让限制，对这一条进行修改的必要性就变得紧迫起来。单一资金信托，如果能拆分转让给多个受益人，因属自愿的交易，对增加信托项目的流动性有着重要的意义，而并无其

① 周小明：《信托制度：法理与实务》，中国法制出版社，2012 年版，第 437－438 页。

他风险，只需要求受益人属于合格投资者即可。中信登要求一个受益人只能有一个信托账户，能够在中信登开设受益权账户的人，都符合合格投资者的要求，即使分拆转让给多个受益人，并不增加信托项目风险，受让人无论受让额度多少，都属于合格投资者（当然，还需要考虑《集合资金信托计划管理办法》对受益人人数的要求）。所以《集合资金信托计划管理办法》的第29条属于管制过度，可以删除。

（B）家族信托或民事信托。家族信托非标准信托，很难被基金化，几乎没有可以标准化转让的信托受益权。家族信托的主要目的是家族财富的传承和分配，虽然兼具投融资和理财的需求，但是本质上并没有一般性的要把受益权向家族以外的人进行转让的需求。个别受益人转让受益权的需求可以通过单独契约转让的方式完成。

家族信托还有更强的私密性的要求，更多地要靠信托文件保护委托人的利益，监管部门在此介入的必要性不大。强制家族信托实行此种登记，可能会给家族信托客户增加不小的困扰，既不合理，又不必要。

（C）慈善信托。慈善信托中不存在特定的受益人，因此不存在可以转让的受益权。目前，《慈善信托管理办法》第22条要求慈善信托应在中信登登记，实践中也已经存在慈善信托在中信登登记的实践。但是如上所述，家族信托和慈善信托在中信登登记只有数据统计的意义。

5. 中信登在促进受益权的流通方面的功能

——信托受益权转让的统一平台。

信托受益权被认为是属于非标资产，其原因在于受益权内容的复杂化，有的受益权的内容是取得动产，有的是取得不动产，有的是取得信托财产的收益，有的是取得信托财产的本金等全部剩余财产。即便是在以资金信托为主的信托公司实践中，不同信托项目的信托受益权也因信托财产的运用对象、运用方式和运用领域而有所不同。但是这都不是主要的理由。信托受益权流通的主要障碍是缺乏一个统一、高效的转让的市场，该市场能对受益权背后的信托产品和信托项目的相关信息做充分披露，该市场能产生交易者汇集功能和受益权转让价格的形成机制。中国信托登记中心的成立，为实现这一目标的重要一步。

——信托受益权的证券化？——以日本法为参考

在日本旧信托法中，没有预先考虑受益权转让的情形，只限于在特别法（《投资信托法》和《贷款信托法》[①]等）有规定的情况下才允许受益权的证券化。信托受益权基本上和民法上的指名债权（债权人特定的债权）受到同样的对待，虽说原则上可以转让，不过，可以通过特别的约定限制其转让。而作为转让对抗要件的转让人通知受托人、受托人的承诺等要求和《日本民法典》第 466 条以下关于债权让与的规定是同样的。按照指名债权的方式转让受益权十分繁琐不便。欲使受益权成为投资对象，受益权应能频繁地且便捷地转让，所以需要法律提供更为简单可行的转让方法。在投资信托中，受益人有时会产生中途把受益权向别人转让的需求，而且，投资信托等商事信托在财产运用方法等诸多方面其实际形态和公司很接近，因此要求把信托受益权像公司股份一样进行快捷的流转是很自然的。为了应对这种需求，应把受益权有价证券化。

在日本旧法下的投资信托和贷款信托中的受益权已经被有价证券化。但这些信托类型都需要根据个别的法律明文认可受益权的有价证券化（投资信托及投资法人相关法律第 5 条 1 项 49 条之 5 第 1 项，《贷款信托法》第 8 条等）。有力的见解认为必须要为受益权证券化提供法律的根据。

顺应这种要求，《日本信托法》第 185 条以下设定了“受益证券发行信托的特例”，明文规定了受益权可以成为有价证券，共涉及 31 个条文。该法第 185 条第 1 项规定：“在信托行为中，可依本章之规定，发行一个或两个以上的受益权的证券（以下称‘受益证券’）”，相应地，这样的信托被称为“受益证券发行信托”。

在受益证券发行信托中，受益证券的交付产生受益权转让的效力（同法第 194 条）。除了在受托人处的信托受益权原簿上进行记载和记录作为对抗的要件之外（同法第 195 条），取得受益证券交付的人就取得了该受益证券上记载的受益权（同法第 196 条 2 项本文）。可以看出，这里适用的是有价证券法原理[②]。而且，在受益证券发行信托中，由于其预想的是向社会投资者转让受益权，受托人不得通过特别的约定减轻其注意义务标准（同法第 212 条 1 项）。

未来，中国信托登记公司应当研究并制订信托受益权证券化的相关规则。

6.《信托登记管理办法》出台的意义

金融监管机构设立中国信托登记公司、搭建转让平台的实质是建立一个新

① 根据《日本贷款信托法》，“贷款信托”是信托银行从顾客的手中汇集信托资金，把这些金钱用做长期贷款，把贷款所取得收益按照本金的份额进行分配的信托类型。

② 虽然说对于前手的无权利抱有恶意或者重过失的时候不能取得权利，不过，证明取得权利人有恶意或者重过失的举证责任由争夺权利的人承担。

的金融产品交易所。目前的信托公司实务中，主要是资金信托，其中不少的比重是集合资金信托，单一资金信托分拆转让的时候也适用《信托公司集合资金信托计划管理办法》按集合项目调整（第53条），而集合资金信托计划基本上是基金化结构，每一元信托资金代表的是一个信托单位（第5条），因此，具有极强的标准化权利凭证的特点，这为信托受益权解决流动性提供了很好的制度基础。但是，长期以来信托受益权转让缺乏像证券交易所等统一的交易市场，信托项目信息、转让需求和受让需求等无法有效传递，信托受益权无法高效流通。而第三方交易平台不规范、缺乏公信力；信托公司自己的转让平台作用亦有限；现有的金融交易所也具有地域性，且并非专门针对信托受益权转让而设置，其参与主体受限，所以不能实现受益权的高效转让。

建立全国统一的信托登记公司，可以发挥其交易所的交易平台、交易者聚集功能和受益权价格发现功能。

不过，即使建立统一的登记公司或信托受益权交易所，该登记也不会起到为信托收益担保的作用。投资者风险自负仍然是不变的市场法则。该办法的出台，将为信托在金融服务领域的健康发展提供重要的基础性制度，为逐步健全和完善信托产品登记制度，改善信托市场的微观结构，保障信托各方当事人的权益，提高信托金融产品的公信力和影响力奠定坚实的基础。

信托受益权作为一种财产权，如果能比较顺畅地转让，将会最大化其价值，增加信托财产的流动性。这样也会减少受托人所谓兑付的压力，对受益人而言也增加了信托产品的吸引力。

该办法对信托业发展和监管具有积极意义，能够促进信托业务更加规范开展，完善行业信息披露，提升监管力度。该办法发布能降低信托产品被“冒用”等风险，有助于减少金融乱象，规范金融秩序。此外，该办法有助于提高信托业公信力，保护信托当事人的合法权益，推动信托市场深化发展。

（二）信托监管分类的尝试和通道业务

1. 背景和问题

根据银监会和信托业协会目前的统计口径，信托业务分类按资金来源分为单一类、集合类和管理财产类，按功能区分为融资类、投资类和事务管理类，按投向区分为基础产业、房地产、证券市场、金融机构、工商企业、其他等。

2017年4月中旬，银监会下发《信托业务监管分类试点工作实施方案》（以下简称《方案》）以及《信托业务监管分类说明》（试行）（以下简称《说明》），启动八大业务分类试点改革。试点启动时间为 4 月 21 日至 4 月 30 日，试点开展时间为 5 月 1 日至 12 月 30 日。十家试点信托公司分别为平安信托、中融信托、重庆信托、外贸信托、安信信托、陕国投信托、交银信托、中建投信托、百瑞信托、中航信托。根据《方案》，信托业务大致分为八大业务种类，具体而言是指债权信托、股权信托、事务信托、标品信托、同业信托、财产信托、资产证券化信托、公益慈善信托。虽然该试点工作并无进展，但是因信托产品分类的重要意义，以此作为标本进行理论的探究是有意义的。

监管部门所作的分类和分类监管的尝试是具有现实意义的。但是，监管分类作为监管的基本框架，需要经过严谨的论证，需要研究行业的具体操作，遵照金融产品分类的基本原理和法律原理，否则可能会造成实践和理论的混乱。第一，《方案》和相关《说明》并没有说明为什么是八项业务。例如，与标品业务相对的是非标品业务，而作为非标品信托业务典型的家族信托为什么不能作为一种重要的分类纳入其中？第二，在《信托业务监管分类说明（试行）》中作为基础概念出现的主动和被动信托业务为什么没有纳入？第三，许多定义是不严谨的。例如，债权信托、股权信托和事务信托和传统的业务分类——融资信托、投资信托和事务管理信托大致是一致的，是按照信托财产的运用和管理方式进行的划分。过去一直沿用的这种分类方法虽然有亟待厘清的地方，比如融资主要指的是把信托财产以债权（贷款或者类贷款）的方式加以运用，而广义的融资是包括债权融资和权益性融资；至于明股实债的安排、夹层的安排如何处理，也需要进一步明确划分标准。但是，新的债权信托、股权信托和事务信托的分类仍然没有澄清这只是在信托财产运用端的分类，在信托财产设立端也可以有以债权或股权设立的财产权信托，因此这种分类是不严谨的。再如，关于标品信托的分类，之前是闻所未闻，文件中也没有给所谓标品信托一个可以操作的分类标准。而关于同业信托的描述为"同业信托就是资金来源和运用都在同业里，主要包括通道、过桥、出表等。监管层认为，同业非标产品，包括拆借、短融、理财、资管计划等，都可以归为此类，信托公司可以做"，几乎不能算作是规范的语言。而对资产证券化信托甚至不能算是给出了定义。

在此仅就该《方案》和《说明》中涉及的被动管理信托、通道业务等重要的实践和理论问题进行分析和评论。

2. 主动管理信托和被动管理信托

《说明》明确，主动管理型信托是指，信托公司具有全部或部分的信托财产运用裁量权，对信托财产进行管理和处分的信托。被动管理型信托是指，信托公司不具有信托财产的运用裁量权，而是根据委托人或是由委托人委托的具有指令权限的人的指令，对信托财产进行管理和处分的信托。而被动管理型信托应当具有以下主要特征：①信托设立之前的尽职调查由委托人或其指定的第三方自行负责。信托公司有权利对信托项目的合法合规性进行独立的尽职调查。②信托的设立、信托财产的运用和处分等事项，均由委托人自主决定或信托文件事先明确约定。③信托公司仅依法履行必须由信托公司或必须以信托公司名义履行的管理职责，包括账户管理、清算分配及提供或出具必要文件以配合委托人管理信托财产等事务。④信托终止时，以信托财产实际存续状态转移给信托财产权利归属人，或信托公司根据委托人的指令对信托财产进行处置。

对被动信托和主动信托的分类提供标准的尝试，一直都在进行中。在中国人民银行 2014 年 10 月 16 日发布的《信托业务分类及编码》这样区分："信托机构在信托财产管理和运用中发挥主导性作用、承担积极管理职责的信托业务"为主动管理信托，"信托机构在履行管理职责中，自主聘任投资顾问等代为处理相关信托事务的，仍可划分为主动管理"；而被动管理信托则是"信托机构根据委托人或其指定的人的指示，对信托财产进行管理、运用和处分，不承担积极管理职责的信托业务"。已经初步厘清了被动信托和主动信托的区分标准。

区分二者除了在监管上的功能之外，主要的动因是厘清受托人在信托管理当中的责任。这里涉及的法理问题是：受托人能否在信托文件中通过约定的方式限定自己的责任？

受托人的义务主要为法定义务。但是信托法关于受托人义务的规范是任意规范，可以通过约定加以变更（虽然不能排除）。因此，如果委托人和受托人签订的信托文件中约定受托人只承担消极的功能（保管、分配等），信托仍然是有效的。在内部关系上，受托人可以以约定对抗委托人。但是在外部关系上（如对交易对手），责任主体依然是受托人。

3. 被动信托和通道业务

关于被动信托和通道信托业务的关系可以初步描述为：通道业务大多数是被动信托，而被动信托不仅仅是通道业务。通道业务在大资管行业中可谓是高频词汇，关于通道业务中受托人的义务问题在实践中也屡有争议。最大的问题是：通道业务中受托人应尽怎样的义务？义务范围有没有明确的法律规定？

受托人的义务包含约定的义务和法定的义务，本质上是法定的，目的是对受益人进行法定的保护。这种义务可以根据信托文件进行约定，但是不可以根据约定加以排除，否则很难想象会存在一个受托人不存在任何信义义务的信托，受益人的利益也无从保护。

在通道业务中，受托人可以通过约定免除主要的管理职责，但是，受托人至少还保留着剩余的、最低限度的管理职责和义务。而且，受托人的义务除了积极的管理义务之外，还有消极的忠实义务（不作为）。因此，受托人只承担消极职责的通道信托业务仍然是信托业务，仍然需要遵照信托法。

通过约定只能降低受托人的注意义务标准和减少受托人的责任范围，并不能免除受托人的义务；通过约定也可以以知情同意的方式明确地免除部分忠实义务，但不可以约定受托人对受益人不负任何忠实义务，否则是违背信托的本质的。

关于通道业务中受托人的义务范围，法律并没有明确的规定（《信托法》第 2 条关于信托的定义勉强可以算作是一个相关规范），而是通过对受托人义务的法定属性和任意法属性演绎出来的，主要是涉及委托人如何通过约定来限制受托人的职责、减轻其义务，主要涉及委托人和受托人的权利与义务关系。

4. 通道业务的法理适用和《信托法》第 30 条没有关系

有不少学者在讨论通道业务的法律适用的时候，会讨论《信托法》第 30 条。虽然通道业务的法律关系不应说与第 30 条完全无关，但至少可以说关系不大。《信托法》第 30 条规定的是受托人亲自执行义务和转委托，该规定在实务中是聘请投资顾问等行为的法律基础。虽然有时投资顾问可以是委托人，但是第 30 条主要是调整受托人在做出对外转委托行为的时候应对受益人（信托）的义务问题（受托人和受益人的关系问题），和通道业务是没有关系的。

再具体一点，如果信托受托人（例如信托公司）在信托文件中得到许可，可以聘请投资顾问、把管理职责转委托，若因投资顾问之过错给信托财产造成损失，此时信托公司不管有无过错都需要根据《信托法》第 30 条承担损害赔偿责任。在这个关系中，投资顾问可以是信托关系之外的第三人，也可以是委托人，后者是造成误解的主要原因——在通道业务下，受托人把管理信托的职责转委托给了委托人。实际上，在通道类信托中，不一定会涉及投资顾问，委托人通过信托文件的约定对信托事务的处理保持指令等权利，或者对受托人的管理职责（甚至是主要职责）加以限制或者部分免除，这涉及受托人信托当事人内部的权利和职责通过约定加以安排问题。而第 30 条受托人转委托的情形包括两种情形：第一种是当事人通过约定转委托，第二种是在出现“不得已情形”之时的转委托，确定的是合法转委托之后受托人的法定责任规则（这种责任规则是不可约定的）。